JN439201

이희건재단과 함께 돌아본

# 韓流축제의 再발견<br>〈왔소〉에 오이소~

李熙健財団と共に振り返る

# 韓流祭りの再発見<br>＜ワッソ＞にいらっしゃい

이희건재단과 함께 돌아본

# 韓流축제의 再발견
# 〈왔소〉에 오이소~

李熙健財団と共に振り返る

# 韓流祭りの再発見
# ＜ワッソ＞にいらっしゃい

목차

## 目次

목차

**제2장**
## 〈왔소〉를 만든 사람들



**제3장**
## 일본 땅 한반도 도래인들을 찾아서

## 目次

### 第2章
# 「ワッソ」をつくった人々



### 第3章
# 朝鮮半島出身の渡来人をたどる

## 프롤로그

오사카 신사이바시心齊橋라 하면, 무엇이 가장 먼저 떠오르시나요?

도톤보리 강가에 있는 만세 부르는 민소매차림의 글리코맨 네온사인?

가게 앞에 줄지어있는 사람들과 코끝을 진동하는 타코야키 냄새?

역사한류韓流축제 〈사천왕사왔소〉를 알기 전까지, 필자의 신사이바시 이미지는 그랬다.

하지만 지금은?

신라가 가장 먼저 떠오른다.

신사이바시의 원래 이름은 시라기바시新羅橋. 즉 신라교였다.

## まえがき

「大阪・心斎橋」といえば、真っ先に思い浮かぶものは何だろうか？

道頓堀の川沿いにある、グリコのネオン看板だろうか？

お店の前にできる長い列や、たこ焼きの香ばしい匂い？

歴史韓流フェスティバル「四天王寺ワッソ」を知るまで、心斎橋のイメージといえばその程度に過ぎなかった。

しかし、今では？

新羅が真っ先に思い浮かぶ。

心斎橋は、かつて新羅橋と呼ばれていた。つまり、「新羅の橋」なのだ。

無知な筆者の目を覚ませたのが、在

무지한 필자를 일깨워준 건, 재일동포가 창시한 역사한류 페스티벌 〈사천왕사왔소〉다. 일본으로 건너간 한반도 도래인들의 발자취를 퍼레이드로 재현한 축제. 〈왔소〉는 해마다 11월 첫째 주 일요일, 오사카에서 열린다. 놀랍지 않은가? 축제를 한나절 구경하는 것만으로 우리나라 역사와 한일교류사를 배울 수 있단 사실이...

日韓国人がつくった歴史韓流フェティバル「四天王寺ワッソ」だ。日本に渡ってきた朝鮮半島出身の渡来人の足跡をパレードに再現したもの。毎年11月第1週目の日曜日、大阪で開催されている。大変すばらしいことではないか。この祭りを一日見るだけで、韓国の歴史と韓日交流史を学ぶことができる事実が…。

신라교는 제 이름을 잃었지만, 신사이바시로 불리며 한국인들도 많이 찾는 관광 스폿이 됐다. 곁에 붙어있는 '도톤보리道頓堀'에는 저렴한 술집과 포장마차가 즐비하다. 글리코맨 네온사인 앞 다리는 언제나 사진 찍는 관광객들로 넘쳐난다. "나도 오사카에 왔다"는 인증 샷을 찍기 위해서다. 도톤보리 역시 한국과 관련이 깊다. 17세기에 완공된 도톤보리는 자연하천을 운하로 정비한 것인데, 당시 건설책임자가 백제의 후예였다.

新羅橋は本来の名前を失ったものの、心斎橋と呼ばれ、韓国人も多く訪れるスポットになった。近くの道頓堀には手ごろな値段の居酒屋や屋台など多彩な店が立ち並ぶ。グリコのネオン看板前は常に観光客でにぎわう。大阪に来た「証拠」を残す写真を撮るためだ。この道頓堀も朝鮮半島と深い関連がある。17世紀に完成した道頓堀は自然の川を運河として整備したものだが、当時の工事責任者が百済の末裔なのだ。

분명 실존했던 역사임에도, 이 사실을 아무도 모르는 것 같다. 현장에서 만난 한국인이나 일본인이나 전혀 모른다는 반응이었다. 신사이바시가 신라교였단 사실도, 도톤보리 건설책임자가 한반

実在した歴史であるにもかかわらず、こんな事実を知っている人はあまりいないようだ。韓国人も日本人もほとんど知らない。心斎橋が新羅橋だったことも、道頓堀の工事責任者が朝鮮

도 도래인이란 사실도 말이다. 근데 오사카에 백제와 고구려의 다리는 아직도 건재하단 사실은 아는가?

＊ 백제대교百濟大橋

오사카 남쪽 히가시스미요시구에 있다. 이 다리 근방에는 백제버스정류소, 백제역, 백제시계점 등 곳곳마다 백제인의 자취들이 남아있다. 하긴 고대부터 이 동네 지명은 구다라군, 백제군이었다.

신神의 장난인가. 피의 끌림인가.

여기서 그리 멀지 않은 곳에 일본최대의 코리아타운이 있다. 이쿠노生野코리아타운과 쓰루하시鶴橋시장이다. 1400년 전에 바다를 건너온 고대 도래인들과 100년 전 일제강점기 때 현해탄을 건너온 재일동포들이 옆 마을에 따닥따닥 붙어살아온 이웃주민이라니 신기할 따름이다.

＊ 고려교高麗橋

문자 그대로 고구려 다리다. 고구려의 원래 이름은 고려다. 훗날 탄생한 고려와 구별 짓기 위해 고와 려 사이에 구句자를 넣었다. 지금도 일본에선 고구려

半島出身(百済)の渡来人であることも。一方、大阪には百済と高句麗の橋は健在していることを知っているのだろうか。

＊ 百済大橋

大阪市南部の東住吉区にある。近くには百済バス停留所、百済駅、百済時計店など、百済人の名残が残っている。それもそのはず。かつてこの辺の地名は百済郡だったのだ。

神のいたずらなのか、それとも血のつながりがそう導いたのか。

ここからそれほど遠くないところに日本最大のコリアタウンがある。生野コリアタウンと鶴橋市場だ。思えば不思議でたまらない。1400年前に海を渡って来た古代の渡来人と、100年前の日本植民地時代に玄海灘を渡って来た在日韓国人が近くの町に住んでいた隣人だったとは…。

＊ 高麗橋

言葉通り、高句麗の橋だ。高句麗はもともと、高麗と呼ばれた。後日に誕生した高麗と区別するため、高と麗の間に「句」を入れた。百済·新羅に対応す

는 고려(일본어 발음으로 고마)로 통한다.

일본인들은 고려교를 「오사카 최초의 철교」로 기억한다. 반면 한반도와 얼마나 인연이 깊은 역사장소인지는 잘 모르거나 애써 무관심해 보인다. 다리 동쪽에는 고구려 사절과 상인들이 머물던 숙소 '고려관高麗館'이 있었다. 16세기 도요토미 히데요시豊臣秀吉 시절에는 조선과의 교역거점이었다. 오사카의 현관구이자, 조선통신사가 상륙 직전에 들어가는 길목이 바로 고려교였다.

뿐만 아니다. 고려교는 관서지방의 이정표다. 일본이 도쿄로 수도를 옮긴 에도시대부터 이곳은 서일본(관서지방)의 도로거리를 계산하는 기점이다. 한국의 이정원표里程元標가 서울 광화문 교보문고 앞에 있는 걸 보면, 여기도 분명 번창한 동네였을 것이다. 고려교 앞 이정원표 표석과 마주한 순간, 소름이 돋았다. 그 옛날 우리나라 상인들이 "오이소", "잘 왔소"라 외치며 앞다퉈 손님을 부르던 소리가 들리는 듯했다.

이렇게 일본 곳곳에 있는 도래인의 흔적들을 찾아다닌 계기는 〈왔소〉였다. 1990년 재일동포 민족금융기관인 '오사

る日本語での古名は「高麗(こま)」であり、日本で高麗は高句麗のことを指す。

高麗橋は日本で「大阪初の鉄橋」として知られる。ただ、日本人は朝鮮半島にゆかりのある歴史的場所であることは知らず、あえて関心を持たないようにしている感じがある。橋の右側には高句麗の使節団や商人らが泊まる「高麗館」があった。豊臣秀吉が権力を握った16世紀には朝鮮との貿易拠点があった。大阪の玄関口であり、朝鮮王朝が江戸幕府に派遣した使節団「朝鮮通信使」が上陸直前にくぐったのが高麗橋だった。

それだけではない。高麗橋は江戸時代の里程計算の起点だった。韓国の里程元標がソウルの中心部である光化門の教保文庫前にあることから、高麗橋もきっと繁栄した町だったはずだ。高麗橋東詰にある「里程元標跡の碑」を目の当たりにしたとき、鳥肌が立った。まるで、朝鮮半島の商人たちが「ワッソ(いらっしゃい)」「ワッソ」と挨拶する声が聞こえてくるようだった。

こうして日本各地にある朝鮮半島出

카흥은大阪興銀'이 기획하고 시작한 역사 재현 한류축제. 2018년 봄, 축제 이름밖에 모르던 백지상태에서 취재를 시작했다. 그리고 이내 빠져들었다. 어느새 발길은 〈왔소〉에 등장하는 도래인의 흔적을 쫓고 있었다.

〈왔소〉란 작명도 절묘하다. '오이소. 어서 오세요. 환영합니다.'가 복합된 다의어를 두 글자로 응축해냈다. 기획자 이승재 흥은 부회장의 발상력에 탄복을 금할 수 없다. 행사무대인 사천왕사는 1400년 전 쇼토쿠태자聖徳太子가 건립한 일본 불법 최초의 관영사찰로서, 해외사절이 묵던 영빈관이기도 했다. 그래서 재일동포들은 당시 일본 황실에서 바다를 건너온 한반도 도래인들에게 "사천왕사에 잘 왔소"라고 인사했으리라는 상상을 축제이름에 담았다.

1년 가까이 취재하면서 이 생각이 머릿속을 내내 짓눌렀다.

'재일동포를 왜 진작 「도래인」으로 보지 못했을까?'

도래인은 통상 삼국시대 때 늦어도 조선시대에 한반도에서 현해탄을 건너간 우리나라 사람을 일컫는다. 지금의

身の渡来人の足跡を訪れたきっかけは「ワッソ」だった。1990年に在日韓国人の民族金融機関「大阪興銀」が企画して始まった歴史再現の韓流祭り。祭り名を知っているだけでそのほか何も知らない"白紙状態"から、2018年の春に取材をスタートした。始めるや否や、取りつかれたようにのめり込んでしまった。気づけば、「ワッソ」に登場する渡来人の足跡を追っていた。

「ワッソ」と名づけたのも非常に絶妙だ。「おいでやす」「いらっしゃい」「ウエルカム」の意味が含まれた言葉を３文字に凝縮した。企画者の李勝載(イ・スンジェ)副会長の発想に脱帽せざるを得ない。舞台となる四天王寺は1400年前に聖徳太子が建立した日本仏法最初の官寺で、海外からの使節団が泊まる迎賓館的存在だった。当時の皇室が海を渡ってきた渡来人に対し、「四天王寺にワッソ」と挨拶しながら出迎えたとの想像を、祭り名に反映した。

約１年に及ぶ取材を終え、その記録をまとめながらこんな思いが頭の中で渦巻いた。

재일동포를 그리 부르는 경우는 들어보지 못했다. 그러나 도래인과 재일동포들은 시대를 초월하여 많은 공통점을 갖고 있다. 망국亡國이나 전쟁의 아픔을 안고 정든 고향을 떠났다는 점, 타향살이의 정착지로 일본을 택한 점, 목숨 걸고 현해탄을 건넌 점, 다 차치하고 한민족의 혈통을 가진 우리 동포란 공통점이다. 먼저 일본에 정착한 사람이 도래인이라면, 나중에 자리 잡은 사람은 신新도래인이 아닌가?

〈왔소〉는 신 도래인이 선조 도래인을 기억하는 이벤트이다. 재일동포들이 〈왔소〉를 만든 건, 일본 땅에서 살아가야 할 우리후손들에게 한국인의 DNA를 한민족의 자부심을 심어주고자하는 간절함의 발로에서다. 한국인의 눈에는 일본속의 우리 축제이다. 한편으론 오사카시민들의 축제 한마당이고, 일본의 마쓰리이다.

한국과 일본의 시민들이 '다름'과 '구별'을 넘어서, 우정의 '공통분모'를 모아 화합의 에너지를 발산하는 유일한 축제. 국적과 시대를 초월한 우호의 공통분모는 〈왔소〉가 가진 제일 큰 저력이다. 덕

「なぜ、在日同胞を渡来人として考えることができなかったのか」

渡来人は通常、三国時代から遅くとも朝鮮王朝時代までに朝鮮半島から玄海灘を渡り、日本に移住した人々を指す。今の在日同胞を渡来人と呼ぶのは聞いたことがない。しかし、渡来人と在日同胞は時代を越え、多くの共通点を持つ。国が滅び、戦争の痛みを持って生まれ故郷を離れたこと、新しい定着地として日本を選んだこと、命をかけて玄海灘を渡ったこと、何より朝鮮半島の血統を持つ同じ同胞であることだ。かつて日本に定着した人々が渡来人なら、その後に移住した人々は新渡来人ではないだろうか。

「ワッソ」は新渡来人が先祖渡来人を記憶するイベントだ。在日同胞が「ワッソ」を始めたのは、日本で暮らしていく子孫に韓国人のＤＮＡや韓民族の自負心を植え付けたい切実な思いがあったからだ。韓国人からみると、ワッソは日本の中の韓国の祭りだ。一方では大阪市民のフェスティバルであり、日本の祭りでもある。

택에 지난 30년 세월, 한국과 일본시민들은 함께 힘을 모아 정성을 다해 축제를 이어가고 있다.

자, 이제부터 생생한 〈왔소〉축제의 현장 속으로!

한반도 도래인이 일본 땅에 남긴 역사의 흔적 속으로!

함께 들어가 보자.

**2019년 3월,**

**안국동에서 이민호**

韓国と日本の市民が「違い」「区別」を乗り越え、友情や信頼関係などを「共通分母」にして、和合のエネルギーを発散する唯一の祭り。国籍と時代を越えた友好が「ワッソ」の最大の底力だ。これがあったため、ここ３０年間、韓国と日本の市民らは共に力を合わせて愛情を注ぎ、祭りを続けている。

さあ、これからリアルな「ワッソ」の現場へ！

朝鮮半島出身の渡来人が日本に残した歴史の足跡巡りへ！

一緒に行ってみましょう。

2019年３月、

ソウル・安国洞から李民晧

本書를 읽는 데 도움이 되는 〈왔소〉 資料를 紹介합니다.

1) EBS 特集Documentary
〈日本 땅의 우리祝祭, 四天王寺왔소〉
www.ebs.co.kr/tv/show?prodId=6785&lectId=20058863

2) 統一日報 ワッソ(왔소) 連載記事
www.onekoreanews.net에서 ワッソ로 検索

## 감사인사

먼저 〈왔소〉를 이 세상에 선보이신 고 이희건李熙健 오사카흥은(훗날 간사이흥은) 이사장님께 경의를 표합니다. 취재에 아낌없는 지원을 해주신 재단법인 이희건한일교류재단 관계자 여러분께도 감사드립니다. 박노수朴魯洙 이사장님, 이경재李慶載 부이사장님, 이훈李薫 고문님, 신진우申辰雨 부장님 감사합니다. 그리고 이승재李勝載 오사카흥은 부회장님을 비롯한 흥은OB 여러분들의 증언은 잊지 못할 감동이었습니다. 진심으로 감사드립니다. 취재에 협력해주신 이노쿠마 가네카쓰猪熊兼勝 이사장님을 비롯한 〈왔소〉 사무국 스텝 여러분의 배려도 잊지 않겠습니다.

## 謝辞

まず「ワッソ」をこの世に送り出した故李熙健・大阪興銀(後の関西興銀)理事長に敬意を表します。取材するにあたり、惜しみない支援を下さった財団法人·李熙健韓日交流財団の関係者に感謝いたします。朴魯洙理事長、李慶載副理事長、李薫顧問、申辰雨部長にはひとかたならぬお世話になりました。ありがとうございました。李勝載·大阪興銀副会長をはじめ、興銀のＯＢの方の証言は忘れられない感動でした。心より感謝いたします。取材にご協力いただいた猪熊兼勝·ワッソ理事長やワッソ事務局スタッフの皆様にも心から感謝します。

신한금융그룹의 조용병趙鏞炳 회장님과 신한은행 진옥동晉玉童 은행장님 비롯한 3만 신한 가족의 재일동포에 대한 애정, 〈왔소〉에 보내는 열정에 탄복하였습니다. 감사합니다.

이번에 백두학원 전통예술부를 취재한 건 뜻하지 않은 행운이었습니다. 우리나라 문화를 지키겠다는 차車 감독님의 열정과 학생들의 춤사위, 연주소리가 귓전에 선합니다. 가슴 따뜻한 일본 분들, 한일관계가 잘 되기를 응원해준 양국의 시민들, 흔쾌히 인터뷰에 응해준 많은 선배님께도 감사드립니다.

끝으로 재일동포 민족지 통일일보의 강창만姜昌萬 발행인님의 성원에 깊이 감사드립니다. 〈왔소〉 취재에 도움 주신 여러분 모두의 건승을 기원합니다.

新韓金融グループの趙鏞炳会長、新韓銀行の晉玉童·頭取をはじめとする新韓グループ関係者３万人の在日韓国人への愛情、「ワッソ」に対する情熱に感心いたしました。ありがとうございます。

今回、白頭学院·伝統芸術部を取材したのは思わぬ幸運でした。韓国の文化を守ろうと日々練習を続ける車先生の情熱や生徒たちの踊り、演奏が脳裏に焼きついています。心温かい日本の方、韓日関係がよくなるよう応援して下さった両国の市民、快くインタビューに応じて下さった先輩の方々にも感謝申し上げます。

最後に在日韓国系の民族新聞「統一日報」の姜昌萬発行人の声援に感謝いたします。「ワッソ」の取材にご協力していただいた皆様のご健勝をお祈りいたします。

## 第1章

# 日本の中の韓流祭り
# ＜ワッソ＞にいらっしゃい

제1장

# 오사카 한류축제 〈왔소〉에 오이소~

01

## 재일동포가 만든 30년 전통의 역사한류 축제

## 在日韓国人がつくった 30年伝統の歴史韓流祭り

오사카 '사천왕사왔소(四天王寺왔소, 이하 왔소)' 축제는 재일동포가 한국과 일본의 우호를 바라며 창설한 축제이다. 왔소는 일본으로 건너간 한반도 도래인渡來人들의 발자취를 재현한 역사한류 축제다. 과거 한반도에 존재했던 나라 7개국(백제, 신라, 고구려, 가야, 발해, 탐라, 조선)의 사절단이 일본에 상륙하는 광경을 재현하는 축제다. 일본 왕실에 한반도 도래인들이 다수 있었단 사실을 감안하면, 고향사람들끼리 상봉하는 장면을 연출하는 세리모니다.

이런 형태의 축제는 한국을 포함해 전 세계에서 유일하다. 어느덧 왔소는 1990년 첫 대회 이래 어느새 30년의 세

大阪の祭り「四天王寺ワッソ(以下ワッソ)」は、在日韓国人が韓日の友好を願い創設した祭りだ。日本に渡ってきた朝鮮半島出身の渡来人の足跡を再現したもので、歴史の韓流祭りと言える。

かつて、朝鮮半島に実在した7カ国(百済、新羅、高句麗、伽耶、渤海、耽羅、朝鮮)の使節団が日本に上陸する光景を再現する祭りだ。日本の王室に朝鮮半島出身の渡来人が多数いることを踏まえれば、同郷の人々が再会する姿を演出するセレモニーだ。

こうした形態の祭りは韓国を含め、全世界で唯一。「ワッソ」は1990年に初大会を開始してから、いつの間に

월을 지내왔다. 하지만 왔소 참가자들 중에도 이 축제가 어떻게 만들어졌으며, 거기 등장하는 인물들이 한일관계에 어떤 영향을 미쳤는지 아는 이는 많지 않다. 이제부터 '왔소'의 초석을 만든 사람들 이야기, '왔소'가 품고 있는 탄생의 히스토리를 만나러 가보자.

### 고대일본의 영빈관「사천왕사」

매년 11월 첫째 주 일요일, 오사카의 나니와궁터難波宮跡에는 약 5만 명의 인파가 몰려든다. 나니와궁은 천황이 살던 고대궁전으로서, 오사카가 일본의 옛 수도였음을 증명해주는 사적이다. 약 1400년 전 일본최초의 행정개혁인 다이카개신(大化改新, 646년 천황중심의 율령국가 성립을 선언한 혁명)이 선언된 역사적 장소이기도 하다. 나니와궁의 정전 대극전은 외국사절들을 영접하는 장소였다. 지금도 그 터 계단을 따라 올라서면 도요토미 히데요시豊臣秀吉가 살던 오사카성이 한 눈에 들어온다.

고대 일본인들이 맞이한 해외사절 중 다수는 현해탄을 건너온 우리나라 사람들이었다. 그 중에는 신라 무열왕 김춘

か30年の歳月が過ぎた。「ワッソ」の参加者たちの中でも、この祭りがどうやって設立され、登場する人物たちが韓日関係にどのような影響を及ぼしたのかを知っている人は多くない。ここでは「ワッソ」の礎を築いた人々の物語、「ワッソ」の誕生ヒストリーを紹介する。

### 古代日本の迎賓館「四天王寺」

毎年11月第1週の日曜日、大阪·難波宮跡には約5万人の人波が押し寄せる。難波宮は天皇が居住した古代宮殿で、大阪が日本の首都であったことを裏付ける史跡だ。約1400年前、日本初の行政改革である「大化の改新」(646年, 天皇を中心とする律令国家成立を宣言した革命)が宣言された歴史的場所でもある。難波宮の大極殿は外国使節団を迎え入れる場所だった。その跡地の階段をのぼって行くと、豊臣秀吉が居住した大阪城が目に入る。

古代日本人が迎え入れた海外使節のうち、多くは玄海灘を渡って来た朝鮮半島からの人々だった。その中には新

추도 있었다. '삼국사기' 등 한국의 사서에는 그 기록이 없기에 「아마도」라는 단서가 붙지만, 일본의 역사서 '일본서기'에는 김춘추의 방일 소식이 구체적으로 기록돼 있다. 단지 647년도에 왔다고 기술한 데 그치지 않고, "춘추는 용모가 아름답고 착하고 담소를 잘했다(春秋美姿顔善談笑, 일본서기 孝德天皇48편)"는 기록이 등장한다. 이쯤 되면 한반도 최초의 통일국가의 주역 김춘추가 임금으로 등극하기 전에 일본에 다녀갔으리라.

지금의 왔소는 바로 이 나니와궁이 있던 터에서 열리고 있다. 하지만 최초의 왔소는 다른 곳에서 열렸다. 여기서 남쪽으로 3km 떨어진 사천왕사四天王寺

羅の武烈王になる金春秋も含まれる。韓国では史書にその記録がないため「おそらく」と推測するが、日本の歴史書「日本書紀」には金春秋が訪日したことが具体的に記録されている。単に647年に来日したと記述するにとどまらず、「春秋、姿顔美くして、善みて談笑す、日本書紀孝徳天皇(四十八)」と記録している。朝鮮半島最初の統一国家誕生の立役者、金春秋が王になる前に来日していたことが分かる記録と言える。

現在の「ワッソ」はこの難波宮跡で開催されている。最初は別の場所で開かれた。ここから南側に３キロ離れ

90년대 왔소-사천왕사 경내

다. 고대 오사카를 칭하는 나니와노즈なにわの津의 영빈관이자, 고대 일본을 대표하는 지식인 쇼토쿠태자聖徳太子가 창건한 불교사찰이다.

た四天王寺がメーン舞台だった。古代大阪湾に存在した港湾施設「なにわの津」の迎賓館であり、古代日本を代表する知識人、聖徳太子が建立した仏教寺院だ。

### 이승재의 뉴욕쇼크

'왔소'는 재일동포금융기관인 '오사카흥은(훗날 간사이흥은)'이 시작했다. 설립 리더는 흥은의 이희건李熙健 이사장과 그의 장남 이승재李勝載 부회장이었다.

이노쿠마 카네가쓰猪熊兼勝 오사카왔소문화교류협회 이사장은 "이희건 씨의 머릿속에는 「모국과 사회인으로 키워준 일본」에 대한 보은과 미래를 전망한 행

### 李勝載氏のニューヨークショック

「ワッソ」は在日韓国人系の信用組合「大阪興銀(後の関西興銀)」が始めた。設立のリーダーは、興銀の李熙健理事長と李理事長の長男、李勝載副会長だった。

猪熊兼勝・大阪ワッソ文化交流協会理事長は「李熙健氏には『母国である韓国と、社会人として育ててくれた

이승재 부회장

사를 기획한다는 생각이 있었다"고 말한다. 당시 흥은 직원 김기홍金基弘 씨는 "누가 뭐래도 일등공신은 이승재 씨였다"며 "그가 기획부터 조사, 완성에 이르기까지 총괄프로듀서 역을 맡았다"고 말했다. 이승재 부회장이 왔소를 기획한 동기는 아주 우연한 기회에 찾아왔다. 그건 1987년 어느 날 뉴욕 출장길이었다.

"그날 5번가를 나가려 했는데 경찰들이 갑자기 통행금지를 시켰습니다. 잠시 후 뉴욕대로 한복판에 엄청난 행렬이 등장했습니다. 그린셔츠, 그린모자를 입은 사람들이 백파이프를 연주하는 등 여러 가지 액션을 하면서 지나갔습니다. 아일랜드계 이민자들의 '성패트릭데이'(3.17 St. Patrick's Day) 행렬이었던 겁니다."

이 부회장은 이 광경을 보며 입을 다물지 못했다. 외국계 소수자들의 축제를 위해 권위적이기로 유명한 미국 경찰이 수 시간 동안이나 뉴욕 한복판 거리를 내어주고, 심지어 친절하게 교통통제 서비스까지 해주고 있었다. 놀라운 광경이 아닐 수 없었다. 그때 '바로 이거다'며 무릎을 쳤다.

"일본에서 살아가는 한국인들은 한자리에 모일 기회가 좀체 없습니다. 흩어져

日本』に対して恩を返し、未来を展望する行事を企画したいとの思いがあった」と話す。当時の興銀職員、金基弘氏は「誰が何といっても一番の功労者は李勝載氏。彼が企画から調査、完成に至るまで総合的にプロデュースした」と明かす。李副会長が「ワッソ」を企画した動機は思いがけないものだった。それは80年代後半のある日、ニューヨーク出張の折だった。

「5番街に出ようとしたら、多くの警察官が突然通行止めを指揮しました。その後、大通りの真ん中に数万人のグリーンのシャツと帽子をかぶった人々が現れ、バグパイプの演奏などとともに通り過ぎました。アイルランド系移民による『聖パトリックデー』(3·17)の行列だったんです」

李氏はその光景にしばし呆然とした。移民の祭りのために、権威的で知られる米国警察が数時間もの間、ニューヨークの大通りを開け、さらには親切に交通規制まで行ったのだ。まさに驚くべき光景だった。その時、「これだ」と膝を打った。

「日本で暮らす韓国人は、一堂に会す

살고 있는 동포들이 모이는 찬스를 만들어보고 싶다는 생각이 떠올랐습니다."

### 왜 '왔소'라 이름 붙였나

왔소를 알려면, 먼저 배경을 알아둘 필요가 있을 것이다. 흥은의 부회장 이승재 씨의 뉴욕방문에 앞선 1985년도로 거슬러 가보자. 그때는 오사카흥은 창업 30주년을 맞이하는 해였다. 당시 흥은은 독특한 목표를 설정했다.

첫째 다가오는 1990년대에는 재일동포사회를 일본사회와 대등한 관계로 만들자는 것. 둘째 재일동포 의식을 고양해 한국인들도 평균적인 일본인 이상의 수준으로 도달하도록 하겠다는 것이었다. 이에 대해 왔소의 실무기획자였던 최박문崔博文 씨는 말한다.

"88서울올림픽을 계기로 일본인들의 한국관에 변화의 조짐이 보이기 시작했습니다. 한국인, 재일동포라 하면 한 수 아래로 얕보던 시선이 서서히 올라가기 시작했지요. 그 시점에서의 '왔소'는 새로운 재일동포 만들기랄까, 일종의 의식 개조운동이었습니다. 밖으로는 오사카의 국제화를 촉진하는 일이었습니다. 여

機会がほとんどなかったんです。離れて暮らす同胞たちが集うチャンスを作ってみたいとの考えが浮かびました」

### ネーミング秘話

「ワッソ」を知るためにはまず、背景を知る必要がある。興銀の副会長だった李勝載さんがニューヨークを訪れる前にさかのぼってみよう。1985年は大阪興銀の創業30周を迎える年だった。当時、興銀は独特な目標を掲げた。一つ目は、90年代には在日韓国人社会と日本社会を対等な関係にすること。二つ目は同胞の意識を高揚させ、韓国人も平均的な日本人と同じレベルに到達させることだった。

これに対し、ワッソの企画に参与した崔博文氏はこう話す。

「88年のソウルオリンピックを機に、日本人の韓国観に変化が見られるようになりました。韓国人、在日同胞といえば、見下されていた視線が徐々に向上してきました。その時点での『ワッソ』は、新たな在日韓国人作りであり、一種の意識高揚運動でした。また、大阪の国

러 면에서도 대단히 의미 있는 이벤트였습니다."

'왔소가 곧 자기인생'이라 자부하는 이수명李秀明 SBJ은행 조사역은 그 목적에 대해 이렇게 설명했다.

"재일동포들이 용기를 갖고 일본 땅에서 살아가도록 하겠다는 것. 자기정체성에 자신감이 없는 동포들에게 자기뿌리가 무엇인지 각성시키겠다는 것. 한반도에서 건너온 고대 도래인들이 일본이란 나라의 기틀을 만들었잖아요. 현재의 자이니치(在日, 재일동포)가 그들과 이어지고 있는 후손이란 사실을 깨닫게 해주고 싶단 것이었습니다."

한일교류사를 재현함으로써 재일동포에게는 열등의식의 극복, 일본인에게는 한국에 대한 편견을 깨보겠다는 의도도 있었다. 이 조사역은 추진단계인 1989년에 서울의 '신한종합연구소'로 파견된 흥은 직원, 오랜 기간 왔소 사무를 도맡아했던 실무자였다. 왔소의 실질적인 준비는 1988~90년도에 이뤄졌다. 한일고대사를 퍼레이드로 재현하는 축제의 그림이 만들어지던 시기다.

축제를 하려면 먼저 해야 할 일은 이름을 붙이는 일이다. 유력하게 물망에

際化を促進する側面としても大変意味のあるイベントでした」

「ワッソこそが人生」と話す李秀明ＳＢＪ銀行調査役は、その目的に対しこう語る。

「在日同胞が勇気をもって暮らせるようにすること。アイデンティティーに自信がない彼らに、自分のルーツは何なのかを自覚させること。朝鮮半島から渡ってきた古代の渡来人が日本という国の基盤をつくり、現在の在日は彼らと繋がっているという事実を知らせたいというものでした」

韓日交流史を再現することで、在日同胞にとっては劣等意識の克服、日本人にとっては韓国に対する偏見をなくすという意図もあった。李調査役は、推進段階である89年にソウルの新韓総合研究所に派遣された興銀職員で、長い間ワッソを担当してきた実務者だ。ワッソの実質的な準備は88年から90年にかけて行われた。韓日古代史をパレードで再現する祝祭の構図が形成された時期だ。

祝祭を開催するために先にすべきことは名称をつけることだった。当時、有力候補として挙がった名称は「古代

오른 이름은 '고대축제', 일본말로 '고다이마쓰리'였다. 사천왕사에서 열리니까 '사천왕사축제'로 하자는 의견도 나왔다. 그러나 이승재 부회장은 이런 이름들이 내키지 않았던 모양이다.

"중학시절 한국에서 친척이 우리 집에 도착하면, 어른들이 '왔소'라고 인사했습니다. 경상도 사투리지요. 600~700년대 한반도에서 건너온 상인들이 오사카 신라교(新羅橋, 현재의 신사이바시)에서 장사할 때 '여기 오이소', '왔소'라고 말을 걸었을 것 같다는 생각이 들더군요."

오사카에는 삼국시대 나라이름이 붙은 다리가 모두 있다. 고구려 상인들이 모였던 고라이바시(高麗橋, 고려=고구려), 백제인들이 모여 살던 구다라오오하시百濟大橋, 옛날 신라교新羅橋라 불렸던 신사이바시. 이들 다리는 오사카에 남아있는 한반도 도래인들의 뚜렷한 흔적이다.

그래서 축제이름은 '왔소'로 확정됐다. 탁월한 선정이었다. 두 글자 속에 한민족의 정체성을 응축한 동시에, 일본마쓰리의 구령소리 '왔쇼이わっしょい'와도 닮았다. 도래인들의 영빈관인 사천왕사와 우리말 왔소를 조합해, 축제의 공식명칭은 '사천왕사왔소'가 됐다.

まつり」だった。四天王寺で開催することから「四天王寺祭り」も候補に挙がった。しかし李勝載副会長はいずれの名称も気に入らなかったようだ。

「中学時代、韓国から親せきが訪ねてくると、大人たちが『ワッソ』とあいさつしていました。慶尚道の訛りです。600～700年代に朝鮮半島から渡ってきた商人たちが、大阪·新羅橋(現在の心斎橋)で商売をする際『こっち来なさい』『ワッソ』と声をかけていたものと思われます」

大阪には、三国時代(朝鮮半島)の国名から由来する橋が存在する。高句麗の商人たちが集まった高麗橋、百済の人々が集まって暮らした百済大橋、かつて新羅橋と呼ばれていた心斎橋。これは、朝鮮半島から大阪まで海を渡ってきた渡来人が暮らした痕跡だ。結果的に、「ワッソ」という韓国語の名称が祭りの名前に選ばれた。またとない名前だった。韓民族のアイデンティティーを名前に込めるとともに、日本の祭りの掛け声「わっしょい」とも似ている。渡来人の迎賓館だった四天王寺と韓国語のワッソを合わせて祭りの公式

오사카흥은 기획자들은 왔소를 단지 축제이름으로만 쓰지 않았다. 왔소를 구령으로 만들었다. 그 속에는 한국전통의 가락과 억양을 담았다.

"왔~소. 왔~소!"

그 구령은 듣다 보면 절로 따라 부르게 되는 강한 흡인력까지 갖췄다. 일본인들이"왔~소. 왔~소!"를 외치며 행진하는 걸 보면 왠지 신기하다는 기분이 든다.

### 왔소 전담직원들은 역사서를 통독

이처럼 왔소는 기획에서 실행까지 길게는 5년, 짧게는 2년이란 시간이 걸렸다. 그 사이 수많은 사람들의 땀과 정성이 들었음은 말할 필요도 없을 것이다.

그렇다 해도 막을 올리려면 최소한의 허들을 넘어야 한다. 무슨 일을 하든지 제1요건은 인력과 자금이다. 자금력은 충분했다. 흥은은 전성기 때 예금고 1조 엔을 넘는 일본최대의 신용조합이었다. 그렇지만 흥은의 본업은 엄연히 금융업이다. 결코 왔소의 전담조직은 아니다. 왔소를 실행하기 위한 초기자금은 약 25억 엔, 이 막대한 자금을 자체 조달할 수

名称は「四天王寺ワッソ」となった。

大阪興銀の企画者たちは「ワッソ」を単に祭りの名称に入れるだけにとどまらなかった。ワッソを掛け声にした。その中には韓国伝統の音階と抑揚を盛り込んだ。

「ワーッソワーッソ！」

その掛け声は、初めて聞く人ですら真似したくなるような、強く訴えかけるものだ。日本人が「ワーッソワーッソ！」と掛け声を掛けながらパレードする場面をみると、何だか不思議な気分になる。

### ワッソの専門担当職員は歴史書を通読

このようにワッソは、企画から実行まで、長くいえば５年、短くいえば２年間の時間がかかった。数多くの人々の汗と涙が流されたのは言うまでもない。

とはいえ、幕開けのためには最低限のハードルを超えなければならない。何をするにも、まずはマンパワーと資金だ。興銀は、全盛期には預金高１兆円を超える日本最大の信用組合だった。一方で、厳然たる本業は金融業で

는 없었다. 벽에 부딪혔다.

이때 왔소 재정의 버팀목이 되어준 이들이 흥은과 거래하던 고객들이다. 고객들은 도래인들이 바다를 건널 때 탔던 대형목선 후나단지리, 왕이 타는 가마 등 왔소에서 재현하는 운송수단의 제작비를 후원했다. 후나단지리의 경우 대당 3000만 엔에서 5000만 엔에 달했지만, 후원자들을 모두 찾았다. 그들은 해당물품의 주인으로 이름을 올리고, 직접 출연자가 되어 축제에 참가했다.

흥은 내부에는 왔소 전문부서가 꾸려졌다. 직원들에게는 왔소에 적극 참가하라는 지침이 내려왔다. 역사고증을 위해 한국과 일본을 대표하는 한일관계사 전문학자를 초빙했다. 김원룡金元龍 서울대 명예교수와 우에다 마사아키上田正昭 교토대학 명예교수가 중심이 되었다. 흥은의 왔소 전담팀 직원들은 삼국사기, 일본서기, 고사기 등 한일의 역사서들을 통독했다.

"일본서기는 상하권 합쳐 2000페이지가 넘었습니다. 전부 옛날식 한자로 써 있어 읽는 것도 엄청난 일이었습니다. 그래도 담당자들은 모두 읽었습니다. 왔소 프로젝트를 성공시키기 위한 필독서라

あり、決してワッソの専門組織ではない。ワッソを実行するために必要とされる初期費用は約25億円だった。この巨額を自ら調達するには無理があった。壁にぶち当たった。

この時、財政の支えとなってくれたのが興銀と取引のある顧客らだった。顧客らは、渡来人たちが海を渡る際に乗った大型木造船「舟だんじり」、王が乗る「輿」など、ワッソが再現する乗り物の製作費を支援した。舟だんじりの場合、1台あたり約3000万円から5000万円ほどの費用が必要だが、全てスポンサーを確保することができた。製作費のスポンサーは、該当する乗り物に主人として名前を連ねた。

興銀内部では、ワッソ専門の部署ができ、職員らにはワッソへの参加が義務付けられた。時代考証のため、韓国と日本を代表する歴史学者を招聘。金元龍·ソウル大名誉教授と上田正昭·京都大学名誉教授が中心となった。興銀のワッソ専門担当チームの職員たちは、日本書紀、古事記、三国史記などの韓日の史書を通読した。

「日本書紀は、上下巻合わせて2000

믿었으니까요. 하하.”(최박문 씨)

고서를 읽는 순간순간이 신선한 깨달음이었다. 예를 들어 그때까지는 한자와 불교는 중국에서 온 줄로만 알았는데, 문헌 그것도 일본의 역사서에서 한반도에서 건너왔다고 기술돼 있는 걸 발견했기 때문이다. 이런 일도 있었다.

“(일본 3대 마쓰리인) 교토 야사카신사八坂神社의 기온마쓰리는 스사노오를 모십니다. 그 스사노오가 신라의 신神이라는 겁니다. 스사노오라면 천년도 넘게 이어져온 일본의 대표 마쓰리 주인공, 그 신이 우리나라에서 왔다는 말이죠. 이승재 씨가 「스사노오가 왔소를 본다면 우리자손들이 분발하고 있구나. 대견해

ページを超えていました。全て旧字体の漢字だったため、非常に苦労しました。しかし担当者らは全て読みきりました。ワッソプロジェクトを成功させるためには必読すべきだと信じていたのです(笑)」(崔博文氏)

古書を読むたびに衝撃が走った。例えば、これまでは漢字や仏教は中国から来たものと考えていたが、文献を読むことでそれらが朝鮮半島から渡ってきたという記述を発見したからだ。こんなこともあった。

「(日本の３大祭りである)京都・八坂神社の祇園祭りは、スサノオを祀っています。そのスサノオが新羅の神だというの

왔소 공연-백두학원 전통예술부

할 것」이라 말했던 기억이 납니다."(김기홍 씨)

김기홍 씨는 특별한 임무를 부여받았다. 엔딩음악을 작곡해보라는 주문을 받은 것이다.

"고민을 거듭했습니다. 하지만 일반인이 어떻게 작곡을 할 수 있겠습니까. 하는 수 없이 물어물어 알게 된 음악PD에게 도와달라고 부탁했지요."

이런 식으로 완성된 음악은 출전하는 나라별로 다르게 만들었다. 고구려, 신라, 백제, 탐라, 조선 등 나라마다 테마곡을 제작한 것이다. 고구려는 북방의 기마민족답게 용맹하게, 백제는 문화의 나라답게 우아하게, 신라는 삼한을 통일한

です。スサノオといえば、1000年以上続いてきた日本の代表的な祭りの主人公です。李勝載氏は『スサノオがワッソを見たら、我が子孫たちは頑張っているな、と感じるだろう』と話していました」(金基弘氏)

金基弘氏は、特別な任務を与えられた。エンディング音楽の作曲を任されたのだ。

「依頼がきたときに非常に悩みました。一般人がどうやって作曲するのかと。仕方なく、知り合いの音楽プロデューサーに手伝ってほしいと頼みました」

完成した音楽は、国別にアレンジされたものだった。高句麗、新羅、百

2018왔소-백제 아직기 퍼레이드

나라답게 웅장하게... 의상과 악기, 소도구, 제사도구 등의 제작은 한국과 일본의 전문가들에게 각각 의뢰했다.

### 삭발 감행한 은행원 스님들

흥은 직원들 중에는 시대별 음악과 춤을 배우러 서울로 파견된 이들도 있었다. 15명이 1개월간 스파르타식으로 대금이나 태평소 등 한국 전통악기를 배우고 돌아왔다. 일종의 '속성 코치양성아카데미'로 한국문화를 익히고 돌아왔다.

오사카로 돌아온 직원들은 한 사람당 50명 씩 악기연주를 가르치는 코치로 변모했다. 흥은 직원들은 평일에는 업무가 끝난 야간에, 주말에는 거의 온 종일 악기연주와 소리, 춤 연습에 매달렸다.

그 일원이었던 이상화李相華 씨는 삭발까지 감행한 열혈직원이었다. 그가 왔소 퍼레이드에서 맡은 역할이 스님이었기 때문이다.

"주변 사람들이 내가 은행원인줄 알고 있었는데, 어느 날 갑자기 머리를 밀고 다니니까 이상하게 봤을 겁니다."

그도 그럴 것이 일본에서 민머리는 진짜 스님 아니면 폭력단원인 야쿠자뿐

済、耽羅、朝鮮など、国別に曲調が異なるテーマ曲を制作したのだ。高句麗は北方の騎馬民族を彷彿とさせ、百済は文化の国にふさわしく優雅に、三国統一国家である新羅は壮大に。衣装と楽器、小道具、祭祀用具などの製作は、韓国と日本の専門家にそれぞれ依頼した。

### 僧侶役の興銀職員が剃髪

興銀の中には、時代別の音楽と踊りを学ぶためにソウルに派遣された職員もいた。15人が1カ月間、スパルタ式でテグムや太平簫などの韓国伝統楽器を学んで帰ってきた。いわば「スピードコーチ養成アカデミー」で韓国文化を学んできた。

大阪に戻った職員たちは、1人につき50人ずつを担当するコーチとなった。興銀職員たちは、平日は仕事が終わってから, 休みの土日はほぼ一日中、楽器演奏と発声、踊りを練習した。この一員だった李相華氏は、剃髪まで実行したほどワッソの熱烈なメンバーだった。「ワッソ」パレードで僧侶役を

이라고 생각한다. 삭발한 직원 중에는 실제로 야쿠자란 오해를 받아 이사를 가기까지 했다. 왔소 때문에 삭발한 직원은 이상화 씨를 포함해 7명. 자의반 타의반으로 감행한 삭발이었지만, 퍼레이드에 참가하고 나서 그들은 누구보다 왔소의 열혈멤버가 됐다.

"왔소 시나리오는 엄청난 공을 들여서 탄생시킨 역작이었습니다. 연필로 쓴 초안을 보물처럼 간직해왔는데, 어디론가 사라져 버렸습니다. 그때 만든 컨셉은 '우정은 1400년 전, 저편에서부터'였습니다. 과거부터 지금까지의 한일관계를 응축한 표현입니다. 모두들 엄청 고생은 했지만 모두가 정말 행복해 했어요."(이상화 씨)

이러한 일련의 과정은 오사카흥은 창업자 이희건 이사장의 철학과 딱 들어맞는다. 한국에서 신한은행을 창립한 주역이기도 한 그가 남긴 '신한은행 이희건 50훈'에는 '방관자가 되지 말고 참여자가 되라'는 교훈이 있다. 이걸 일본의 마쓰리에 대입하면 재밌는 결론이 도출된다.

"마쓰리에 가면 춤추는 바보와 보는 바보가 있다고 한다. 어차피 할 거라면 춤추지 않으면 손해 아닌가"

任されたためだ。

「隣人などは私が銀行員と知っていたのに、ある日突然、剃髪したのでびっくりしたはずです」

それもそのはず。中年男性の坊主頭の印象はあまり良くない。実際にヤクザという誤解を受け、引っ越しをした職員もいる。「ワッソ」のパレードに参加するため、剃髪した職員は李相華氏を含め７人。自分の意思とは関係なく、やらざるを得なかったかもしれないが、パレードに参加してから彼らは誰よりも「ワッソ」の熱烈なメンバーとなった。

「ワッソのシナリオは、大苦労を重ねて誕生した力作でした。鉛筆で書いた草案を宝のように保管していましたが、どこかに失くしてしまいました。当時のコンセプトは『友情は1400年の彼方から』で、過去から現在までの韓日関係が凝縮された表現でした。皆、苦労はしましたが参加者たちは本当に幸せな気分でした」(李相華氏)

こうした一連の過程は大阪興銀の創業者、李熙健さんの哲学と一致する。韓国で新韓銀行を設立した主役でもあ

이희건의 지론인 '참여자론'은 무슨 일이든 자주적으로 일하라. 구경꾼이 되지 말고 참여자가 되어 자기일로 만들라는 논리다. 이는 왔소를 탄생시킨 커다란 원동력이었다.

る彼が残した「新韓銀行李熙健50訓」には「傍観者にならず参加者になれ」という教訓がある。これは日本の祭りの言葉と通じるものがある。日本の祭りでは「踊る阿呆に見る阿呆」という言葉がある。どうせやるなら踊らないと損だ。

李熙健さんの持論はどんなことでも自主的に動き、見物ではなく自ら参加する方が良いという論理だ。これは「ワッソ」を誕生させる大きな原動力となった。

◇◇◇◇◇◇◇◇◇◇◇

## 「왔소」 프레이벤트 「王仁 박사 릴레이」 오사카흥은 30주년 기획, 재일동포 850명 참가 오사카 미도스지御堂筋한복판서 거리퍼레이드

◇◇◇◇◇◇◇◇◇◇◇

## 「ワッソ」プレーイベント 「王仁博士リレー」 大阪興銀の３０周年企画、在日同胞８５０人参加 大阪御堂筋のど真ん中で ストリートパレード

4세기 백제인 왕인王仁 박사는 일본에 한자와 유교를 전수해준 우리나라 위인이다. 1985년 오사카흥은은 이해 창립 30주년을 맞이해, 이를 모티브로 한 특별이벤트 「왕인 박사 릴레이」를 펼쳤다.

이때는 아무도 몰랐다. 이것이 5년 후인 1990년에 막을 올리는 사천왕사왔소의 프레이벤트였다는 사실을… 그리고 이것이 2000년대에 시작한 「조선통신사 릴레이」 행사의 원조였다는 사실을…

왕인 박사 릴레이의 기획은 한반도 도래인의 후손인 재일한국인들이 1600년 전

百済人の王仁博士は４世紀に日本に漢字と儒教を伝授した朝鮮半島の偉人だ。大阪興銀は創立30周年を迎える1985年、王仁博士をモチーフにした特別イベント「王仁博士リレー」を行った。

この時は誰も知らなかった。これが５年後の1990年に幕を開ける「四天王寺ワッソ」のプレーイベントだったことを……。そしてこれが2000年代に始まった「朝鮮通信使パレード」の元祖だったことを……。

王仁博士リレー企画は、朝鮮半島から

왕인 박사가 한반도에서 일본으로 건너온 도일渡日경로를 따라 직접 걸어보자는 것이다. 이를 통해 재일동포 스스로 한국인이란 정체성을 확인해보자는 취지다.

릴레이 거리는 장장 1,000km에 달했다. 왕인의 고향인 전라남도 영암에서 부산까지 400km, 시모노세키에서 오사카 히라카타(왕인 묘소가 있는 곳)까지 600km를 걷는 길. 부산에서 시모노세키까지는 배편으로 이동했다. 바다를 건너온 선조의 루트를 답파하려면 무려 2개월이란 시간이 소요됐다. 이벤트에 릴레이란 이름을 붙인 건, 20명이 한 조가 되어 20~30km씩 차례로 걷는 형식을 취했기 때문이다.

이때도 흥은 기획자들은 역사고증에 엄청난 공을 들였다. 왕인의 일본 도래 모습을 충실히 재현하기 위하여 철저하게 조사했다. 시대고증 전문가 협력을 구했고, 역사서에 있는 그림, 고분벽화 등을 참조해 4세기 백제귀족의 복식을 복원해냈다. 릴레이단은 이렇게 만든 고대인의 복식을 하고 장도에 올랐다.

발대식은 왕인 탄생지로 알려진 전남 영암의 성기동에서 행했다. 그해 9월 11일 오전 11시, 흥은의 릴레이단 제1진 87명이 대행진의 스타트를 끊었다. '뿌리를 찾

やってきた渡来人の子孫である在日韓国人が1600年前に王仁博士が渡日した経路をたどり、自らのアイデンティティーを確認しようというものだった。

リレーの距離は、1000キロに達した。王仁博士の故郷である全羅南道·霊岩から釜山まで約400キロ、下関から(王仁墓がある)大阪枚方まで約600キロをたどるものだった。釜山から下関までは船で移動した。海を渡って来た先祖のルートを踏破するには約２カ月かかった。この企画の名前に「リレー」が付いたのは、２０人が一組になり、２０～３０キロずつ、順番にリレーする形式を取ったからだ。

興銀の企画者たちは時代考証に非常に力を入れた。王仁博士の渡来時の様子を忠実に再現するため、徹底的に調べた。時代考証の専門家に協力を得たほか、歴史書にある絵や古墳壁画などを参考に、４世紀の百済貴族の旅装束を復元した。リレー団はこうしてつくった古代人の衣装を身にまとい出発した。

結団式は王仁博士の誕生の地、霊岩邑郡西面聖基洞で行われた。85年9月11日午前11時、興銀のリレー団第１陣

아 떠나는 왕인 박사 릴레이'가 마침내 시작된 것이다. 당시 풍경을 '오사카흥은 30년사(1987년 발간)'는 이렇게 묘사했다.

"아악대를 선두에 세우고 「천자문」을 짊어진 수행원, 왕인 박사를 본뜬 일행이 당시 복장 그대로의 모습으로 행진했다. 릴레이단이 북과 징을 치면서, 대형소라로 만든 옛 악기 나각을 불면서 행진했다. 그 장면을 모국사람들이 길가에 나와 박수치며 열렬히 환영해주었다. 때로는 마을 이장이 릴레이 참가자들에게 막걸리를 대접해주기도 하고, 고생한다면서 갈아입을 속옷을 잔뜩 선물해주기도 했다. 재일동포 청년들은 이러한 모국사람들의 마음 따뜻한 환대를 받으며 그 기쁨은 도보여행으로 도진 발가락 병마저 잊게 하였다."

9월 30일, 릴레이단은 국내 종착지점 부산에 당도, 거기서 부관(釜關, 부산-시모노세키)페리편으로 일본으로 향했다. 10월 2일 시모노세키항에 도착하자, 현지 한국총영사와 시모노세키시장 등 200명이 환영해주었다. 직후 릴레이단은 「힘내라 왕인 씨 릴레이」라 적은 플랫카드를 전면에 내세우고, 현지 재일한국 민단 단원, 민족금융기관 직원들 약 150명과 함께 시모노세키 시내를 퍼레이드했다. 이후 10일 이와쿠니,

87人が大行進のスタートを切った。ルーツ探しの「王仁博士リレー」がついに始まったのだ。当時の様子を「大阪興銀30年史(1987年)」はこう記録している。

＜雅楽隊を先頭に、「千字文」を背負った随行員、従者、王仁博士を模した一行が当時の衣装そのままに、のぼりを立て太鼓や鉦を打ち鳴らし、ホラ貝を吹きながら街道や村道を歩くと、沿道から住民の拍手が湧きおこり、行く先々で熱烈な歓迎を受けた。「王仁さんリレー」の計画は韓国でもマスコミに取り上げられ報道されていたので、道中、村長から自家製の濁酒をふるまわれたり、着替用の大量の下着をプレゼントされたりした。あるいは一行を在日同胞の青年と知った本国の青年たちから、ごちそうになったり、心暖まる歓待を受けることができ、リレーの参加者たちは徒歩旅行につきものの足腰の痛みを忘れた＞

9月30日、一行は韓国ルートの最終地点である釜山に到着し、そこから関釜フェリーで日本に向かった。10月2日に下関港に到着し、現地の韓国総領事と下関市長ら約200人から歓迎を受けた。一行は「がんばれ王仁さんリレー」

13일 히로시마, 21일 쿠라시키, 히메지와 고베를 거쳐서 오사카에 당도한 건 11월 3일이었다. 릴레이단이 도착한 오사카시청 앞에는 1000명의 환영인파들이 박수와 환호성으로 그들을 맞이했다.

이튿날인 1985년 11월 4일은 재일한국인들로서는 역사적인 날이다. 이날 이희건李熙健 오사카흥은 이사장을 비롯한 500명의 재일동포들이 오사카 미도스지대로를 행진했다. 미도스지는 서울로 치면 광화문에 해당하는 오사카의 중심거리. 이 대로를 한국인들이 옛 선조의 복식을 하고 거리퍼

の横断幕を先頭に、現地の在日韓国民団関係者、民族金融機関の職員ら約150人で下関市内をパレードした。

下関からの山陽路を通り10月10日岩国を通過し、13日には広島市、21日には倉敷入りした。その後、姫路、神戸を経て大阪に到着したのは11月3日だった。一行が到着した大阪市役所前には約1000人が拍手で出迎えた。

翌日の85年11月4日は在日韓国人としては歴史的な日だった。李熙健·大阪興銀理事長をはじめとする500人の

오사카흥은 창립 30주년 기념식(1985년)

레이드를 펼쳤으니, 재일동포들은 그 자체 감동스런 순간이고 흥분을 감출 수 없는 일이었다. 이날 재일동포들은 "왕인 박사 릴레이를 한일친선의 가교로 삼자"는 바람을 호소했다.

릴레이단이 최종목적지인 오사카 히라카타시 왕인 박사 묘역에 도착한 건, 그로부터 사흘 뒤인 11월 7일 새벽이었다. 이로써 장장 58일에 이르는 장거리 여행은 마침내 종지부를 찍었다. '왕인 박사 릴레이' 참가자는 연인원 850명, 그중 3할은 한국 땅을 직접 밟은 재일한국인 청년들이

在日同胞が大阪の御堂筋をパレー ドした。御堂筋はソウルの光化門に当たる大阪の中心部。この通りを韓国人が昔の先祖の衣装を着てパレードをしたわけだから、在日同胞としてはそれ自体が感動的な瞬間であり、興奮を隠せなかっただろう。この日、在日同胞は「『王仁さんリレー』を韓日親善の架け橋に」という願いをアピールした。

一行が最終目的地である枚方市の王仁墓に到着したのは、それから３日後の11月７日の早朝だった。これで58日

왔소의 시작 - 1985년 「왕인 박사 릴레이」 참가자들

었다. 청년들은 모국사람들로부터 받은 환대에 깊은 감명을 받았고, 자기뿌리를 각성하는 기회가 됐다. 바쁜 일상 속에서 잃어버리기 십상인 자기의 본래모습을 찾는 일이었다.

이때 오사카흥은의 재일동포 직원들이 영암부터 오사카까지 걸었던 1,000km의 기록은 그해 11월 14일 일본공영방송 NHK가 「한자漢字가 온 길」이란 테마로 일본 전국에 방영했다.

間におよぶ行脚の旅に終止符を打った。

「王仁博士リレー」の参加者数は延べ850人。その3割は初めて韓国の地を踏んだ在日青年たちだった。彼ら母国の人々の歓待に感銘を受け、自分のルーツを考える契機を得た。多忙な毎日の生活の中で見失いがちな自分の本来の姿を見つめることができたのだ。なお、大阪興銀の在日同胞職員が霊岩から大阪まで練り歩いた1000キロの記録は、同年11月14日にＮＨＫが「漢字の来た道」と題して日本全国に放映された。

20대 시절의 이수명 SBJ조사역

P.S.「왕인 박사 릴레이」는 5년 뒤 펼쳐질「왔소」의 프레이벤트였다. 이때 전남 영암부터 오사카 히라카타까지 1,000km를 도보로 완파한 동포청년들이 있다. SBJ은행 조사역인 이수명 씨와 김길준 씨다. 이수명 씨는 '자기인생이 왔소'라 말하는 열혈 왔소맨. 그는 2018년 11월 왔소에 참가했을 때, 필자에게 이렇게 말했다.

"그때는 젊었죠. 24살이었으니까. 우리 선조들이 이 길을 걸어서 일본에 왔을 것이라 생각하니, 절로 힘이 났습니다. 옛날 왕인 박사가 걸어온 길을 지금의 재일동포도 걸어왔던 것이죠."

Ｐ.Ｓ．「王仁博士リレー」は５年後の開催される「四天王寺ワッソ」のプレーイベントだった。当時、霊岩から枚方市まで1000キロの旅を完走した同胞青年がいた。ＳＢＪ銀行調査役の李秀明氏と金・キルジュン氏だ。李秀明氏は「自分の人生がワッソ」という熱血「ワッソマン」。彼は2018年11月のワッソ祭りに参加した時、筆者にこう話した。

「あの時は若かったです。24歳でしたから。わが先祖がこの道を歩いて日本に来たと思うと、自然に力が沸いてきました。かつて、王仁博士が歩いた道を、現在の在日も歩いてきたわけです」

02

## 오사카대로를 가득 메운 46만 명의 함성 "왔~소, 왔~소"

## 大阪大通りを埋め尽くした 46万の歓声「ワーッソワーッソ！」

### 제주도 출신 소녀의 꿈

1990년 8월 19일, 나니와(오사카의 옛 이름) 하늘에 징 피리 나팔 큰북의 굵고 높은 음색이 울려 퍼졌다. 일본에서는 들어본 적이 없는 음계였다. 오사카의 3대 대로인 타니마치스지谷町筋를 따라 사천왕사로 향하는 약 3600명의 화려한 의상의 거대 행렬은 오사카시민들의 눈을 사로잡았다. 취재 나온 일본 언론들은 연도에 수십만 명의 관람객들로 가득 찼다고 보도했다. 이날 구경 나온 관중 속에는 쓰루하시 근방에 살던 제주도 출신의 소녀 안미가(安美佳, 일본명 안미카)도 있었다.

### 済州島出身の少女の夢

1990年8月19日、難波南部の空に鉦や笛、ラッパや大太鼓の太く高い音色が響き渡った。日本では聴きなれない音階だった。大通り「谷町筋」を南側へ四天王寺に向かう約3600人の華やかな衣装の大行列は、大阪市民の目を奪った。沿道は数十万人の見物客で埋まったと報道された。観衆の中に、鶴橋の近くに住んでいた済州道出身の少女、アン·ミカの姿もあった。

「大人になったらワッソに参加することが夢でした」

高校生だったアン・ミカは後に著

"미가의 꿈은 어른이 되면 왔소에 참가하는 것이었습니다."

이때 고등학생이던 미가는 훗날 유명 패션모델이 되었다. 그녀는 꿈꾸었던 왔소에 출연한 것은 물론 지금은 홍보대사가 되어 해마다 축제에 출연하고 있다.

오사카왔소문화교류협회 이사장인 이노쿠마 교수가 묘사한 '제1회 왔소' 때의 풍경이다. 아스카시대 연구자인 그는 처음부터 왔소의 조언자로서 참가했고, 지금은 왔소 실행위원장 겸 이사장을 맡고 있다. 이노쿠마 교수는 메인무대인 사천왕사 '이시부타이(돌무대)'에서 목격한 광경을 필름처럼 기억하고 있었다.

"재일동포 노부인이 하염없이 눈물을 흘리면서 무대를 주시하고 있었습니다. 온갖 멸시를 받으며 살던 일본 땅에서 한반도의 음악과 춤이 펼쳐지는 장면에 감정을 주체할 수 없었던 겁니다. 그날의 감동이 저에게 왔소는 계승해가야만 하는 축제란 확신을 갖게 하였습니다."

왔소의 거리 퍼레이드 구간은 우에혼마치에서 사천왕사까지 타니마치스지 1.6km. 퍼레이드를 보러 연도에 나온 관객은 무려 46만 명에 달했다. 왔소

名なファッションモデルとなってから「ワッソ」に出演した。

この内容は、大阪ワッソ文化交流協会理事長の猪熊さんが整理した「ワッソ初大会」の風景だ。猪熊理事長はあすか時代の研究者であり、初の開催時にはアドバイザーの一員として参加した。現在はワッソ実行委員長と理事長を兼任している。猪熊理事長は、メーン舞台である四天王寺「石舞台」で見た光景をフィルムのように鮮明に記憶していた。

「在日同胞の老婦人がずっと涙を流して舞台を注視していました。様々な差別を受けながら暮らしてきた日本の地で、朝鮮半島の音楽と踊りが披露される場面に感情を抑えることができなかったのです。その日の感動により、この祭りを継承していくべきだという考えに至りました」

上本町から四天王寺に向かう谷町筋1.6キロメートルの区間で、ワッソのパレードが行われた。沿道に詰めかけた観客は1日で46万人に達した。ワッソ構想者の李勝載副会長がニューヨークで目撃したアイルランド系移民の「聖パ

기획자 이승재 부회장의 꿈이 마침내 이뤄진 순간이다. 3년 전 뉴욕에서 목격한 아일랜드계 이민자들의 '성패트릭데이'(3.17 St. Patrick's Day) 행렬을 일본 오사카에서 실현시킨 것이다.

왔소 참가자는 물론 관중들은 한국인 일본인 구분 없이 모두가 박수갈채를 보냈다. 현장에 펼쳐지는 역사의 재현이 신기하고 재미있었기 때문이다. 재일동포에게는 감동을, 일본인에게는 한국에 대한 인식을 새롭게 만드는「살아있는 역사교육의 현장」이었다.

돌이켜보면 인고의 시간이 있었다. 흥은 직원들은 퍼레이드를 성사시키기 위해 2년 전부터 경찰과 교섭을 거듭했다. 교통통제와 보안문제라는 난관을 넘지 못하면, 퍼레이드를 펼칠 수 없었기 때문이다.

"경찰은 결코 허가할 수 없다는 입장이었습니다. 전례가 없다면서 굉장히 완강했습니다. 더욱이 관할 경찰구역이 3군데로 나뉘어 있던 것도 문제였습니다. 하나를 해결하고 가면 다른 숙제를 받았습니다. 다시 가면 또 주고. 마치 골탕 먹이기 당하는 기분이었습니다."(최박문 씨)

천신만고 끝에 경찰 설득에 성공했

トリックデー」のパレードが、まさに日本の大阪で実現した瞬間だった。

ワッソの参加者はもちろん、観客たちは国を問わず「歴史の再現」に感動し盛大な拍手を送った。在日韓国人には感動を与え、日本人には韓国に対する認識を改める「生きた歴史の勉強の場」となった。

振り返ってみると、大変な苦労があった。興銀職員たちは、パレードを実現させるため２年前から警察と交渉を重ねた。交通規制と安全問題という難題に直面したからだ。

「警察は、前例がないから不許可の一点張りでした。さらに、管轄区域が３区域にわたっていたことも問題でした。一つが解決すればまた別の問題が次々と発生し、まるで嫌がらせを受けているかのような気分でした」(崔博文氏)。

辛うじて警察の説得に成功した。水面下では大阪府を説得し、日本住民には「ワッソ」を知らせる説明会を数回開いた。「苦尽甘来」(苦去りて、楽来たる)という四字熟語のように、韓国人が企画·主導するイベントのため、日本当

다. 그 사이 물밑에서는 오사카부를 설득하고 있었고, 일본 주민들을 상대로 한 왔소 설명회도 수차례 열었다. 고진감래라 했던가. 한국인이 기획 주도하는 축제를 위해 일본 당국이 대로를 개방하는 기적 같은 일이 벌어졌다.

### 일본TV로 생중계된 퍼레이드

취재에 응한 왔소 기획팀 멤버들은 이구동성으로 "제로베이스에서 출발했고, 넘을 수 없을 것 같은 허들들을 넘었

局が大通りを開放する奇跡のようなことが起きたのだ。

### 日本のテレビで生中継されたパレード

取材に応じたワッソ企画メンバーたちは、異口同音に「ゼロベースから出発し、超えられないと思っていたハードルをは全て超えることができた。ワッソは真に情熱を持った人々と、李熙健、李勝載さんのような強いリーダーがいなければ成し遂げられなかったプ

왔소퍼레이드-사천왕사 경내-90년대

다"면서 "왔소는 정말로 미친 열정을 가진 사람들과 이희건, 이승재 같은 강력한 리더가 함께 일궈낸 프로젝트"라고 증언했다.

왔소 퍼레이드의 전 과정은 일본방송을 통해 생중계되었다. 오사카 마이니치 방송MBS은 TV와 라디오 채널에서 왔소 현장을 생방송했다. 500m단위로 스피커를 설치하고, 인기방송인 하마무라 준浜村淳 등이 마이크를 잡고 현장의 움직임을 리포트했다. 마치 야구중계를 하듯이 말이다. 8월은 일본인들에게 야구의 계절이기도 하다. 고교야구대항전인 고시엔대회가 열리는 시즌이므로, 방송국들은 앞 다퉈 야구중계에 열을 올린다. 그만큼 고시엔은 일본인들에게 인기가 많다. 그 시기에 일본 방송국이 한국인이 만든 축제(마쓰리)를 생중계했다는 건 놀라운 일이다.

수십만 군중이 지켜보는 가운데, 우리 소리 "왔~소, 왔~소"가 오사카 대로에 울려퍼졌다. 세리모니 하나하나가 역사고증을 통한 재현이란 사실도 놀라움을 선사한다. 퍼레이드 등장인물들은 모두 역사서인 일본서기와 고사기, 우리나라 삼국사기에 등장하는 실존인물들이

ロジェクトだった」と証言した。

ワッソパレードの全過程は、大阪・毎日放送(MBS)のテレビやラジオで生中継された。500メートル単位でスピーカーが設置され、人気パーソナリティーの浜村淳さんらがマイクを持って現場をリポートした。野球中継さながらだった。8月は野球の季節でもある。甲子園大会のシーズンであるため、放送局は野球中継に専念する。それだけ、甲子園大会は日本人に人気がある。そんな時期に日本放送局が韓国人がつくった祭りを生中継したことは驚くべきことと言える。

数十万人の見物客が見守る中、韓国語の掛け声「ワーッソワーッソ！」が響き渡った。

セレモニーひとつひとつが時代考証を行った再現であることも驚く。パレードに登場する人物は架空の人物ではなく、歴史書の日本書紀、古事記、韓国の三国史記に登場する実在の人物だ。シナリオは歴史書の記録を土台につくった。可能な限り、当時の記録通り再現しようと心血を注いだ。

これまで日本人は「渡来人」と言

다. 시나리오는 역사서의 기록을 토대로 구성했다. 되도록이면 옛 기록 그대로를 재현하기 위해 심혈을 기울였다.

그때까지만 해도 일본인에게 한반도 도래인의 이야기는 한자를 전수해준 왕인 박사 정도였다. 왔소를 보는 것만으로 한반도에서 건너온 수많은 문화와 기술, 한국과 일본이 얼마나 깊은 관계인지를 실감하는 기회가 됐다.

"사천왕사 경내에서 행해진 도래인의 환영식과 교류 세리모니는 고대 나니와의 가장 화려한 장면의 재현이었습니다. 한국 대통령, 일본 총리의 메시지도

えば、漢字を伝えた王仁博士程度しか知らなかった。「ワッソ」を見るだけで、朝鮮半島から伝わった文化や技術、両国の深い関係について知る機会となったはずだ。

「四天王寺境内で行われた渡来人の歓迎式と交流セレモニーは、古代難波の最も華やかなシーンの再現だった。韓国大統領、日本国総理大臣のメッセージも披露されるなか、次々と歴史の主人公が登場し、来日の挨拶を交わした」(猪熊氏)。

ワッソのメロディーと踊りは絶賛さ

왔소에서 재현해낸 대형목선 '후나단지리'

발표되는 가운데 차례차례 역사의 주인공들이 등장해 방일訪日 인사를 주고받았지요."(이노쿠마 이사장)

왔소의 멜로디와 무용은 절찬 받았다. 일본인들이 자기 고유의 것이라 믿어온 리듬감과는 완전히 달랐다. 한국의 전통박자는 3박자. 한국인이 제일 좋아하는 민요 아리랑도 3박자다. 일본은 2박자 계통이 압도적으로 많다.

왔소는 나중에 일본 교과서에도 등장했다. 먼저 '중학교 역사자료-오사카부판中学校の歴史資料—大阪府版, 帝国書院'에 게재됐다. 그리고 왔소는 한국과 일본 연구자와 교사들이 10년에 걸쳐 공동집필한 고교생용 교재 '일한교류의 역사日韓交流の歴史, 明石書店'에도 게재됐다. 한일공통교과서의 표지를 장식한 그림은 왔소의 퍼레이드 장면이었다.

れた。日本人が日本固有のものだと信じていたリズム感とは完全に異なっていた。韓国伝統の拍子は３拍子だ。韓国の有名な民謡·アリランも３拍子だ。日本は２拍子が圧倒的に多い。

ワッソは後に日本の教科書にも登場した。「中学校の歴史資料—大阪府版(帝国書院刊)」と、韓日研究者と教師らが10年にわたって共同執筆した高校生用教材「日韓交流の歴史」(明石書店刊)に掲載されたのだ。韓日共通教科書の表紙を飾ったのも、ワッソのパレードの場面だった。

◇◇◇◇◇◇◇◇◇◇◇◇

## 마침내 풀린 이희건의 恨
## 군중 앞에서 왔소 개회선언

1990년 8월 19일, 왔소 첫 대회의 실행 위원장은 이희건李熙健 오사카흥은 이사장이었다. 평소에 당당하고 자신감 넘치는 스피치로 유명한 인물이다. 당시 일흔을 넘긴 산전수전 다 겪은 베테랑 사업가. 대중 앞에 나서는 게 두려울 리 없었다. 하지만 이날 그의 목소리는 평소와는 좀 달랐다. 왠지 흥분에 찬 듯 음성의 톤은 높았고, 중간중간 더듬거리는 장면도 있었다.

식민지시대의 종주국 일본 땅에 건너온 청년은 일본이란 거대사회의 틀 속에서, 소수자인 재일한국인을 대변하는 역할을 맡

◇◇◇◇◇◇◇◇◇◇◇◇

## ついに晴らした李熙健のハン(恨)
## 観覧者の前で開会宣言

1990年8月19日、「ワッソ」初大会の実行委員長は李熙健・大阪興銀理事長だった。普段から堂々とし自信に満ちたスピーチをすることで有名な人だ。当時は70歳を超えたベテランの事業家。人前に立つことに十分慣れていた。しかし、開会宣言をする彼の声は普段と異なった。何だか興奮したようにトーンが高く、緊張したのか、スラスラと言葉が出ない場面もあった。

植民地時代の宗主国だった日本に渡って来た青年は日本という巨大な社会の中

아왔다. 언제나 당당했지만 속으로는 스스로 가슴 졸이는 순간들과 끊임없이 부딪히며 살아왔다. 그가 이끄는 오사카흥은을 신용조합임에도 웬만한 일본 시중은행 못지않은 대형 금융사로 성장시킨 저력이 있다. 한국인의 뚝심인 '하면 된다'는 자신감으로 충만했다.

그렇지만 '왔소'는 재일동포 거인인 이희건 이사장에게도 상상 못한 프로젝트였다. 기획자인 그의 장남 이승재 씨는 "아버지를 설득하는 일이 제일 힘들었다"고 고백했다. 이희건 같은 재일동포 1세들은 한반도의 위인들이 일본으로 건너온 스토리, 그 위인들이 일본에 선진문화를 전해줬다는 사실을 교육받은 적이 없었다. 처음에는 믿을 수 없었고, 알고 난 다음엔 막대한 예산을 써야 하는 일을 걱정했을 터다. 무엇보다 일본사회에서 실현할 수 있는가 무거운 짐을 짊어진 기분이었을 것이다.

1985년부터 시작해 돌고 돌아 마침내 골인지점에 도달한 순간, '사천왕사왔소'가 세상에 그 모습을 드러내는 그날. 제아무리 당당한 이희건이라지만 흥분을 감출 수는 없었던 것이다. 왔소 실행위원장으로서 메인스테이지인 사천왕사 이시부타이(돌무대)로 올라섰다. 한국과 일본에서 온 수만 명

で、マイノリティーとして生きる在日韓国人を代弁する役割を担ってきた。常に堂々と振る舞い、一瞬ドキリとする出来事と絶えず向き合ってきた。信用組合の大阪興銀も、日本の市中銀行に劣らない規模に成長させた底力を持つ。韓国人特有の「やればできる」との自信に満ちていた。

とはいえ、「ワッソ」は在日社会の巨人である李熙健さんにも想像できなかったプロジェクトだった。李熙健さんの長男で、企画者である李勝載さんは「(ワッソ企画に当たり)父親を説得することがもっとも大変だった」と打ち明ける。

李熙健さんのような在日１世たちは、朝鮮半島からの偉人が日本に渡って来たストーリ、その偉人らが日本に先進文化を伝えたという教育は受けたことがない。最初は信じることができず、それを知ってからは巨額の費用がかかることを心配したはずだ。何より、日本社会で実現できることなのかという懸念があっただろう。

85年から始まり、紆余曲折を経てようやくたどり着いた瞬間、「四天王寺ワッソ」が初めて世の中に披露される瞬間、千軍万馬の猛者である李熙健さんも

의 귀빈과 관객 앞에서 그는 이렇게 스피치 했다.(이하 원문직역)

"2000년 이상의 오랜 세월 한일교류를 보면, 한반도에서 일본으로 건너와 고도의 문화기술, 예술 등을 전수한 역사가 있습니다. (한반도의) 많은 사람들이 일본으로 도래, 정주하며, 끊임없이 일본열도에 새로운 활력을 심어 온 역사가 있습니다. 논어, 한자를 전파해준 왕인王仁 박사, 불교를 처음으로 전수해준 백제 성왕聖王, 고대일본을 대표하는 지식인 쇼토쿠태자聖德太子 불교 스승인 고구려승 혜자惠慈, 백제승 혜총惠聰. 이렇게 한일양국은 고대부터 두텁게 융

興奮を隠せなかったのだ。ワッソ実行委員長としてメーンステージである四天王寺(総本山四天王寺)の石舞台に立った。韓国と日本から来た数万人の来賓と観覧者たちの前で、次のようにスピーチした。(原文通り)

「2000年以上の長きにわたる韓日交流の歴史を見ますと、そこには様々な事情で朝鮮半島から高度な文化技術、芸術などを携えた多くの人々が日本に渡来、定住し、絶えず日本列島に新たな活力を与えてきたという歴史があります。論語を携え、日本に漢字を伝えた王仁博士、

제1회 왔소 개막선언을 하는 이희건 오사카흥은 이사장(오른쪽)

합하고, 서로 영향을 주면서, 우아하고 풍부한 역사를 쌓아왔던 것입니다. 그리고 이러한 역사적 유산을 이어받은 우리들은 오사카 땅에 선인들의 눈부신 족적을 재현하는 사천왕사왔소라는 새로운 축제를 창설하였습니다. 한일양국의 풍요로운 교류의 역사의 올바른 인식과 21세기를 짊어지고 빛나게 할 어린이들에게 한없는 꿈과 로망을 전수하고 싶습니다. 나아가 한일양국에만 머물지 않고 동아시아전체의 깊은 교류를 상징하는 오사카의 독자적인 마쓰리(축제)로 만들어갈 것을 다짐하며, 여기에 사천왕사왔소의 개회를 선언합니다."

仏教を初めて伝えた聖明王、古代日本を代表する知識人·聖徳太子、仏教の師である高句麗僧·恵慈、百済僧·恵総。このように、韓日両国は古代より深く融合し互いに影響を与えながら優雅で豊かな交流の歴史を築き上げたのであります。そして、このような歴史的遺産を受け継いだ私たちは、大阪の地に先人たちの輝かしい足跡を再現する四天王寺ワッソという新しい祭りを創生し、韓日両国の豊かな交流の歴史の正しい認識と21世紀を担う輝ける子どもたちに限りない夢とロマンを伝えていきたいと考えます。さらに、韓日両国に留まらず、東アジア全体の心的交流を象徴する大阪独自の祭りにしていくことを誓い、ここに四天王寺ワッソの開会を宣言いたします」

03

## 일본교과서도 "신사이바시는 신라교橋" 인정

## 日本の教科書も「心斎橋は新羅橋」と認める

일본의 중학교 역사자료-오사카부판帝国書院의 '오사카의 역사' 편은 오사카부 각지에 남아있는 도래인들의 지명을 기술하고 있다. 이 사실은 방대한 분량의 '일본서기' 등 역사서를 통독한 오사카흥은의 왔소 전문팀들도 캐치하였을 터이다. 중학교 교과서의 기재내용을 그대로 발췌하면 다음과 같다.

"「사천왕사 왔소 퍼레이드(오사카)」. 매년 11월에 개최되는 축제입니다. 한반도의 백제, 고구려, 신라, 가야 등 동아시아의 사절단을 환영하는 모습을 재현하고 있습니다. 나니와궁터難波宮跡공원을 고대의상을 차려입은 1000명 가까운 사람들이 행진합니다. '왔소'란 한국어로

日本の中学校歴史資料—大阪府版(帝国書院刊)の「大阪の歴史」編には、大阪府各地に残る渡来人に由来した地名が記載されている。

大阪興銀のワッソ専門チームらは、企画の段階で2000ページを超える「日本書紀」などの歴史書を通読し、史学者らを訪ねた際にこの事実を知ったはずだ。中学校教科書の記載内容を抜粋すると次の通りだ。

＜「四天王寺ワッソパレード(大阪)」。毎年11月に開催される祭りです。朝鮮半島の百済、高句麗、新羅、伽耶など、東アジアの使節団を歓迎する様子を再現しています。難波宮跡公

'왔다'라는 의미입니다."

이어서 일본 교과서는 오사카부 관내 각지에 남아있는 도래인에서 유래된 지명들을 소개했다. 예를 들어 오사카 중심거리 신사이바시心斎橋가 「과거 신라교かつては新羅橋」였다는 사실을 명시했다. 또한 지금도 그대로 쓰고 있는 이름으로 구다라역(백제역)과 고라이바시(고려교), 오사카 야오시의 고려사高麗寺, 왕인 박사 묘역이 있는 히라카타시의 백제왕신사百済王神社와 백제사터 등을 소개했다.

園では古代の衣装をまとった1000人近い人々が練り歩きます。「ワッソ」とは韓国語で「来た」という意味です>

続いて、教科書では大阪府管内の各地に残る渡来人に由来する地名を紹介している。例えば、大阪市南部の中通りの地名「心斎橋」は、かつては「新羅橋」だったということを明示している。また、現在もそのまま使用されている名前としては、百済駅と高麗橋、八尾市の高麗寺と枚方市の百済王神

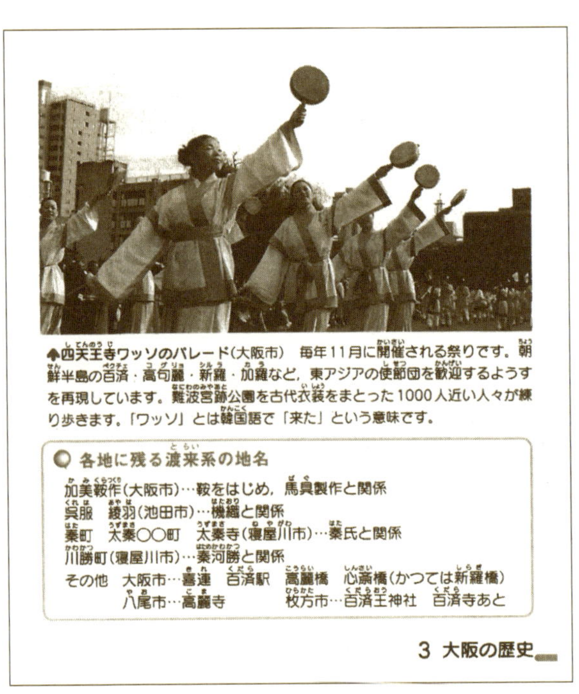

↑四天王寺ワッソのパレード(大阪市)　毎年11月に開催される祭りです。朝鮮半島の百済・高句麗・新羅・加羅など，東アジアの使節団を歓迎するようすを再現しています。難波宮跡公園を古代衣装をまとった1000人近い人々が練り歩きます。「ワッソ」とは韓国語で「来た」という意味です。

各地に残る渡来系の地名

加美鞍作(大阪市)…鞍をはじめ，馬具製作と関係
呉服　綾羽(池田市)…機織と関係
秦町　太秦○○町　太秦寺(寝屋川市)…秦氏と関係
川勝町(寝屋川市)…秦河勝と関係
その他　大阪市…喜連　百済駅　高麗橋　心斎橋(かつては新羅橋)
八尾市…高麗寺　枚方市…百済王神社　百済寺あと

3 大阪の歴史

日本 中学校 歴史資料—大阪府版(帝国書院)

또한 교과서는 오사카부 네야가야시의 하타쵸秦町등이 한반도 도래인인 진씨와 관계있다고 명기했다. 일본에서 하타씨로 불리는 진씨秦氏는 한반도에서 건너간 도래인 씨족으로 당대의 세력가였다. 일본 천황가와 고대성씨 일람기록인 신찬성씨록新撰姓氏録에 의하면, 5세기말 진씨의 리더인 진주공秦酒公이 진씨 백성 1만8,670명을 거느리고, 조정에 비단을 바치려고 창고를 지었다는 이야기가 등장한다. 진씨는 일본 수도였던 교토를 중심으로 오사카 등 일본 각지에 세력을 뻗쳤던 토호세력이었다. 신라출신이 유력한 진씨는 한씨(漢氏, 일본명 아야씨)와 더불어 한반도 도래계를 대표하는 씨족이다. 일설에는 바다('하타'와 발음이 비슷)를 건너왔다 해서 하타씨라 불렀다고 한다. 한국에서 갖고 온 볍씨로 일본에 벼농사를 시작했고, 저수지와 수로를 만드는 관개농업을 일군 것으로 전해진다. 토지개발과 양잠을 통한 비단제작 등 당대로선 신기술의 보고寶庫집단이었다.

이밖에도 교과서는 말의 안장을 비롯한 마구제작, 일본 전통의상인 기모노 등도 도래인들이 전수해준 것들이라고 설명했다.

社、百済寺跡などが挙げられている。

また、教科書は大阪府寝屋川市の秦町などが朝鮮半島出身の渡来人、秦氏と関連があると明記した。秦氏は朝鮮半島から渡って来た渡来人の氏族で、当時の実力者だった。平安時代の有力氏族の祖先伝承を集約した「新撰姓氏録」によると、５世紀末に秦氏のリーダーである秦酒公が秦氏１万8670人と共に、朝廷に絹織りを捧げるため倉庫をつくった話が出てくる。秦氏は日本の首都だった京都を中心に大阪など各地に勢力を広げた地方の権力者だ。新羅出身が有力である秦氏は漢氏とともに、朝鮮半島出身の渡来系を代表する氏族だ。一説によると、海(韓国語でパダ＝ハタと発音が似ている)を渡って来たため、秦氏と呼ばれたという。朝鮮半島から持ち込んだ種で稲作を始め、農地に外部から人工的に水を供給する灌漑農業を広めたとされる。土地開発や絹織物など、当時としては新技術の宝庫集団だった。そのほか、朝鮮半島の渡来人が伝えた文物として馬具製作や着物などもあると説明している。

10代の青少年たちが学ぶ日本の歴

10대 청소년들이 배우는 일본의 역사교과서에 이처럼 한반도에서 건너온 도래인들, 한일교류사의 흔적을 기술한다는 건 일본교육계에선 희귀한 현상이다. 지금까지 일본 풍토에서는 중국에서의 영향은 부인하지 않았으나, 한국으로부터의 문물전수에 대해선 애매한 태도를 보여 왔다. 앞서 언급한 진씨도, 과거 일부 일본 역사학자들이 중국 진秦 시황제의 후손이라 주장한 바 있다. 하지만 현대에 밝혀진 사료에 따르면, 진시황제는 진秦씨가 아니다. 혹자는 신라 문무왕의 비문에 자기 선조를 진백秦伯이라 썼

史教科書に朝鮮半島から渡ってきた渡来人たち、韓日交流史が記載されているというのは、日本の教育界では非常に珍しい現象だ。これまで日本の風土では中国からの影響は否定してこなかったが、朝鮮半島から文化や技術が伝わったことに対しては曖昧な態度を示していた。先に言及した秦氏も、一部の日本歴史学者たちは秦の始皇帝の子孫と主張していた。しかし、近代の史料によると、秦の始皇帝は秦氏ではない。ある者は新羅の文武王の碑文に先祖を「秦伯」としていることから、慶

글리코 간판-오사카 신사이바시 도톤보리 앞 다리

다는 점을 들어 경주김씨가 진씨였다고 주장하는 이도 있다. 아직까지 진씨가 신라계 도래인임을 뒤집는 증거는 나오지 않고 있다.

어쨌든 한국에 대한 애매한 태도의 일본교육계의 분위기를 감안하면, 교과서에 한반도 도래인의 기록이 게재된 건 흔치 않은 현상이다. 이는 명백히 '왔소' 축제가 이끌어낸 성과라 말할 수 있다.

1990년부터 해마다 개최되는 왔소는 비단 일본에 사는 한국인에게만 영향을 미친 게 아니다. 재일동포 선배들이 일본 땅에 살아갈 후손들에게 한국인의 자긍심을 심어주고 떳떳하게 한국이 뿌리임을 당당히 밝히기를 바라며 시작한 축제. 이는 일본인들에게는 또 다른 메시지로 다가왔다. 자기 일본인 선조들이 만든 역사서에 등장하는 실존인물들 중 다수가 한반도에서 건너왔으며, 그들이 일본이란 나라의 기틀을 만드는 데 공헌한 걸 깨닫게 한 것이다.

그런 의미에서 일본 교과서가 "신사이바시는 신라교新羅橋"라 인정한 건, 왔소가 이끌어낸 하나의 쾌거라 할 수 있다.

州金氏が秦氏と主張する。現在までも秦氏が新羅系の渡来人であることを覆す証拠は出ていない。

これはさておき、こうした中で日本の教科書に朝鮮半島出身の渡来人の記録が掲載されたのは異例と言える。これは明らかに「ワッソ」祭りが導いてきた成果と言えるだろう。

1990年から毎年開催されている「ワッソ」は単に日本に居住する韓国人にだけ、影響を与えたのではない。日本社会で身をすくめて生きてきた在日韓国人たちにプライドを持たせ、朝鮮半島にルーツがあることを堂々と言えるようにしたい思いから始まった祭り。これは日本人にはもう一つのメッセージとして届いた。自分たちの先祖が記録した歴史書に登場する実在の人物の多数が朝鮮半島から渡って来て、彼らが日本という国の基盤づくりに貢献したことを知るようになったのだ。

そうした意味から日本の教科書が「心斎橋は新羅橋」と認めたのは、「ワッソ」が導いた一つの快挙と言えるだろう。

04

## '귀화인'이 아니라 '도래인'

### ~역사고증은 韓日 최고전문가에게~

## 「帰化人」ではなく「渡来人」

### ～時代考証は韓日の最高専門家に～

흥은의 왔소 전담팀원들이 축제를 준비하면서 만난 최대의 난관은 역사고증이었다. 1400년에 이르는 한일 간의 장구한 교류장면을 재현하려면, 시대가 각기 다른 한반도 7개국 저마다의 복식과 음악, 춤을 찾아내는 것이 필수였다. 그게 없으면 실행을 할 수 없다. 기획자인 오사카흥은의 이승재 부회장은 그 무모한 시작에 대해 이렇게 설명했다.

"제일 먼저 신라, 고구려, 백제, 탐라인들은 무슨 복식을 입었는가부터 조사했습니다. 한국고고학의 권위자인 김원룡金元龍 서울대 교수에게 문의했더니 『그런 건 남아있지 않다』는 답이 돌아왔습니다. 하는 수 없이, 나라현 다카마쓰쓰카

興銀のワッソ専門担当チームが祭りを準備する中で、最大の難関は時代考証だった。1400年にも及ぶ韓日間の長い交流の場面を再現するとなると、各時代別の衣装と音楽、踊りを調べることが必須だった。それがなければ実行できない。ワッソの企画者で、当時の大阪興銀副会長の李勝載氏はこう語る。

「まず新羅、高句麗、百済、耽羅人たちがどんな装いをしていたかを調べました。韓国考古学の権威、金元龍ソウル大教授に尋ねたところ『そういう資料は残っていない』との回答でした。仕方なく、奈良の高松塚古墳で発見された壁画と遺物をベースに作ってみることにしま

고분高松塚 古墳에서 발견된 벽화와 유물을 토대로 만들어보기로 하였습니다.”

그렇게 고분벽화를 기초로 고대인들의 의복과 장신구, 모자 등을 만들기 시작했다. 일본 측의 고증은 일본고고학의 권위자인 우에다 마사아키上田正昭 교토대학 교수에게 의뢰해서 진행했다.

다음 과제는 춤과 노래를 재현하는 일이었다. 대로를 행진하는 순행巡行을 아무 소리도 내지 않고 무미건조하게 진행할 수는 없다고 판단했다.

“삼국시대의 노래와 가락(음율)의 원형을 찾는 건 불가능했습니다. 하는 수

した」

そうして古墳壁画を基に、古代人の衣装や装身具、帽子などを制作した。日本側の考証は、京都大学の上田正昭教授に依頼して進めた。

次の課題は、踊りと歌を再現することだった。通りを行進する巡行を、無音という無味乾燥な状態で行うわけにはいかないとの判断だった。

「三国時代の歌と音律の原型を探すのは不可能でした。やむを得ず、高句麗は江原道、新羅は慶尚道、百済は全羅道を捜し歩き、その地方の民謡を脚色するこ

2018왔소- 고구려 도래인 퍼레이드

없이 고구려는 강원도, 신라는 경상도, 백제는 전라도를 찾아다니며 그 지방민요를 기초로 각색하기로 하였습니다. 신기하게도 고대제주인 탐라국(不明~1402년)의 음악은 옛것이 그대로 남아있었습니다."

각 나라에 맞는 리듬과 소리를 제작하는 일은 힘에 부치는 작업이었다. 이때 도쿄의 주일대사관 공보관을 지낸 허문도許文道 국토통일원 장관에게 귀인貴人을 소개받았다. 바로 국립극장장 허규許圭씨였다. 판소리 '춘향전'을 오페라로 만들어 일본공연을 했고, 한국 전통음악 분야에서 한국최고의 전문가였다. 또한 허규 씨는 88서울올림픽 폐회식과 1985년 남북 8.15광복절 행사 때, 기획과 연출을 담당한 실적을 갖고 있었다.

### 〈왔소〉에 옷을 입힌 허규 씨

왔소 준비는 허규 감독을 만나며 활기를 띄기 시작했다. 그때까지의 작업이 설계와 뼈대를 만드는 일이었다면, 허 감독 합류 이후에는 뼈대에 옷을 입히는 작업이 시작됐다. 대중이 공감할 수 있도록 생기를 불어넣는 작업이 본격화되

とにしました。不思議なことに、古代済州の耽羅国(不明～1402年)の音楽は、昔のものが残っていました」

各国に合うようリズムと音を制作するのは、さらに難しい作業だった。この時、東京の韓国大使館の広報官だった許文道·元統一相から紹介されたのが許圭氏(1934～2000)だった。パンソリの「春香伝」をオペラに仕立てて日本公演を行い、韓国伝統音楽分野で 韓国トップの専門家だった。また許圭氏は 88年ソウルオリンピック閉会式と85年南北8·15光復節(解放記念日)イベントで、企画と演出を担当した実績を持っていた。

### 「ワッソ」の肉付けをした許圭氏

「ワッソ」の準備は許圭監督に出会ってから活気づき始めた。これまでの作業が骨格づくりだったなら、許監督の合流により肉付け作業が始まった。大衆が共感でき、活気を吹き込む作業が本格化した。許監督は伝統音楽を祭りと唄劇に作り変えた韓国伝統舞台劇の先駆者だった。祭りを大衆化することにも卓越な能

었다. 허 감독은 전통음악을 축제와 창극으로 만들어 낸 바 있는 한국 전통무대극의 선구자. 축제를 대중화하는 데 탁월한 능력을 가지고 있었다.

허 감독과의 만남이 인연이 되어, 오사카흥은은 직원들을 선발해 그가 극장장으로 있는 한국의 국립극장으로 파견하게 된다. '속성 아카데미'에 보낸 꼴이다. 재일동포 선발대에게 부여된 미션은 우리나라 전통음악을 제대로 배우고 돌아와라, 그리고 그걸 가르치는 코치가 되라는 것이었다. 전원 재일동포였던 직원들 입장에서는 본고장에서 선조의 소리를 익히는 기회였다.

미션 클리어.

직원들은 각 분야 전문가들로부터 춤과 노래, 악기를 스파르타식으로 트레이닝 받았다. 그렇게 일본에 돌아온 흥은 직원들은 코치로 변신했다. 한국에선 제

力を持っていた。

許監督の出会いが縁となり、大阪興銀は職員たちを選抜し、彼がトップを努める韓国の国立劇場に派遣した。いわば「スピードアカデミー」に送ったことになる。日本から派遣された職員に与えられたミッションは韓国の伝統音楽を学んできて、それらを教えるコーチになることだった。全員が在日韓国人だった職員の立場では、本場で先祖の音を学ぶチャンスだった。

ミッションクリア。

職員たちは各分野の専門家から踊りと歌、楽器をスパルタ式にトレーニングを受けて日本に戻ってきた。韓国では生徒だったが、日本では韓国の音を伝授するコーチとなり、同僚や顧客の前で学んできた実力を披露した。練習は、平日は業務終了後に、休日はほぼ

백제 왕인 박사 행렬도(한국 축제문화진흥회 제작)

자였지만 일본에선 우리소리를 전수하는 코치가 되어 동료 선후배, 고객들 앞에서 갈고 닦은 실력을 뽐냈다. 연습은 평일에는 업무가 끝난 뒤, 휴일에는 거의 종일 매달리다시피했다. 온 열정을 불 태웠다. 그것으로도 충분치 못하다고 판단한 흥은은 한국의 전문가들을 초빙해 별도의 트레이닝을 실시했다.

"함께 연습하는 시간이 너무 길어서였을까요. 결혼한 커플이 셋이나 나왔답니다.(하하)"(이승재 부회장)

## '귀화인'이 아니라 '도래인'

시대고증의 과정은 험난했다. 이승재 부회장과 우에다 교수는 만날 때마다 논쟁을 벌였다고 한다. 예를 들어 일본에서 가장 오래된 정사正史인 '일본서기日本書紀'에는 647년에 김춘추金春秋가 일본에 인질로 왔다는 기록이 남아있다.

하지만 당시 국제정세와 김춘추의 신라에서의 지위(眞骨, 신라 제29대 무열왕)를 고려하면 그건 과장일 확률이 높다. 김춘추의 일본행은 외교사절로 온 것이라 이 부회장은 주장했다. 김춘추가 비슷한 시기인 642년 고구려, 648년 중

終日行われた。全て燃やし尽くした。それでも不十分と判断した興銀は韓国の専門家を日本に呼び、別途のトレーニングを行った。

「一緒に練習する時間が長かったせいでしょうか。結婚したカップルが３組も出ました(笑)」(李勝載副会長)

## 「帰化人」ではなく「渡来人」

時代考証の過程は厳しいものだった。李勝載副会長と上田教授は、会うたびに論争を繰り広げたという。例えば、日本で最も古い正史である「日本書紀」には、647年に金春秋が人質として日本にきたとの記録がある。

しかし、当時の国際情勢と金春秋の新羅での地位(王族、新羅29代武烈王)を考えると、それは誇張されている確率が高い。金春秋は642年に高句麗、648年には唐(中国)を外交使節として訪問している。金春秋が日本を訪れたのも、外交使節としての訪問だったものと類推できる。

「私は『書紀の記録は日本のオタクがつくった歴史であり、嘘もある。新羅

국 당나라에 사절로 다녀온 것처럼 일본에도 외교사절로 왔다고 유추할 수 있는 것이다.

"저는『일본서기의 기록은 일본이 만든 자기과장의 역사이며, 거짓도 들어있다고 생각합니다. 신라의 영웅적 인물이 인질로 올 리 없지 않느냐』고 따져 물었습니다."(이승재 부회장)

일본서기가 편찬된 720년은 신라가 고구려, 백제를 통합한 삼한일통三韓一統, 한반도 최초의 통일국가가 완성된 시점이다. 한반도 삼국이 각축전을 벌일 때, 일본도 삼국전쟁에 참전한 바 있다. 형제국인 백제를 구원하기 위해 한반도로 대규모 선단을 꾸려 출정했지만, 끝내 백제의 멸망을 막지는 못했다. 660년 백제왕조는 신라와 당나라 연합군에 의해 멸망한다. 이후 백제는 일본과 함께 부흥을 시도했으나 끝내 실패하고 만다. 당시 일본 입장에서는 신라는 적국이었다고 할 수 있다.

일본서기에 대한 한국 국사편찬위원회의 평가도 이 부회장의 견해와 대동소이하다. "일본 지배층이 천황가의 유구성과 존엄성, 지배의 정당성을 천명할 목적으로 편찬한 고도의 정치성을 띈 역

の英雄的人物が人質として来るはずがない』と問い詰めました」(李勝載副会長)

日本書紀が編纂された720年は、新羅が高句麗、百済を統合した朝鮮半島最初の統一国家時代だ。朝鮮半島の三国が争った時期に、日本もこの戦争に参戦したことがある。兄弟国の百済を援助するため、大規模の遠征団を派遣したが、百済の滅亡を防げなかった。660年に百済王朝は新羅と中国の唐の連合軍に滅亡する。その後、百済は日本と共に復興を試みるが、失敗した。当時、日本の立場では新羅は敵国だったと言える。

日本書紀に対する韓国国史編纂委員会の評価も李副会長の見解と大同小異だ。韓国の学界は日本書紀について、「日本の支配層が天皇家の悠久性と尊厳、支配の妥当性を明確化することを目的として編さんした、高度の政治性をはらむ歴史書」とみている。この歴史書には、当時の日本が朝鮮半島南部を支配したという「任那日本府説」や「帰化人」などの用語が登場する。これについて、現ワッソ文化交流協会の李慶載副理事長はこう話す。

사서다"

심지어 일본서기에는 고대 일본이 한반도 남부를 지배했다는 '임나일본부설'이나 '귀화인' 등의 용어가 등장한다. 귀화인 용어에 대해 이경재李慶載 오사카왔소문화교류협회 부이사장의 진단이다.

"'귀화'란 신분이 낮은 사람이 신분상승하는 걸 말하지요. 그러니까 일본을 흠모하여 일본인이 되고 싶다는 의미를 가집니다. 앞선 문화를 가진 한반도 사람이 어떻게 귀화인이 될 수 있느냐는 것. 이에 대한 문제제기가 일어났습니다."

이승재 부회장은 귀화인이란 용어를 학술적으로 접근하여 설명했다.

"원래 일본역사서도 '도래인'이라 표

「帰化とは身分の低い人が身分を上げること。すなわち日本を慕い、日本人になりたいという意味を持つ。先んでた文化を持つ朝鮮半島の人間がなぜ帰化人になるのか、という問題提起ができます」

李勝載副会長は「帰化人」という用語を学術的にアプローチして説明する。

「もともと、日本歴史書も『渡来人』と表現しました。6～7世紀に四天王寺に来た朝鮮半島の人々は学術や文化、音楽などの分野で日本人より先んでた技術を持っていました。だから日本の皇室から招待されて来た方が多かったです。(8世紀末)平安時代に入ってから、日本は

李慶載 왔소문화교류협회 부이사장

현했습니다. 6~7세기 사천왕사에 온 한반도 사람들은 학술, 문화, 음악 등의 분야에서 일본인보다 월등한 기술을 갖고 있었습니다. 그래서 일본 황실로부터 초청받고 온 분들이 다수였습니다. (8세기 말) 헤이안시대 들어서며 일본은 자신들의 국력이 한국과 동등해졌거나 그 이상이 되었다고 여기게 됩니다. 그때부터 한국 멸시의 풍조가 생겼다고 봅니다. 그게 귀화인이란 용어로 바뀌고 사용되기 시작한 기점이라 할 수 있습니다."

현대 들어 '귀화인'이란 용어에 학술적으로 이의를 제기한 이들이 나왔다. 김달수金達壽 선생으로 대표되는 재일동포 학자들이다. 그들은 일본학계에 『귀화인은 잘못된 용어』라며 이의제기를 하는 논문을 발표하고 나섰다. 논쟁 끝에 '귀화인'을 고집해온 일본학계에서 '이주자'라는 타협안을 제시했다. 하지만 이 역시 정확한 용어가 아니라는 비판에 직면. 결국 '도래인'이란 용어도 인정하자는 흐름이 만들어지게 된다.

바다 건너 일본에 정착한 한반도 출신자를 지칭하는 '도래인'. 지금은 일본 사회 일반에서 통용되는 호칭이다. 하지만 현대일본에서 '도래인'으로 불리게

国力が朝鮮半島と同等または上回っていると判断するようになります。そこから朝鮮半島を蔑視する風潮が生まれたと考えられます。この時期から『帰化人』という用語に変わり、使われるようになったと言えます」

近代に入り「帰化人」という用語に、学術的に異議を唱える人たちが出てきた。金達寿さんら在日同胞の学者たちだ。彼らは「帰化人は誤った用語」であるとする論文の発表を続けた。論争の末、「帰化人」という用語にこだわり続けた日本学界は妥協案として「移住者」という用語を提案した。しかし、これもまた正しい用語ではないとの批判に直面。結局、「渡来人」という用語を認めるべきとの流れがつくられた。

海を渡り日本に定着した朝鮮半島出身者を指す「渡来人」。現在は日本社会で一般的に使われる呼び方だ。しかし、近代の日本で「渡来人」と呼ばれるようになったのはわずか数十年前のこと。金達寿さんら在日同胞の学者たちがあきらめず、文献などの学術的論拠を通じ 得た産物だ。1990年の「ワ

된 건 불과 수십 년밖에 안된 일이다. 김달수 같은 재일동포 학자들이 포기하지 않고, 끊임없이 문헌 등의 학술적 논거를 통해 얻어낸 산물이다. 1990년 왔소 때도 이를 둘러싼 용어논쟁이 일어났다는 사실이 새삼 놀라우면서, 역시 한국인의 의지는 강하다는 생각이 든다.

ッソ」祭りでもこれを巡る論争があったことに驚きながらも、やはり「韓国人の意志は強い」と感じた。

05

## 퍼레이드에 등장한 한반도 위인들

## パレードに登場する朝鮮半島の偉人たち

왔소 퍼레이드에는 일본과 교류해온 한반도 7개국의 위인들이 등장한다. 그걸 들여다보면, 역사시대 1800년간 한일양국이 얼마나 많은 교류를 맺어왔는가 실감할 수 있다. 그런 의미에서 왔소에 등장하는 한반도의 나라들과 선조 도래인 위인들의 발자취를 찾아볼 필요가 있을 것이다.

제1부 05편부터 07편까지는 왔소 속 등장인물을 오사카흥은이 제작한 왔소실행위원회(오사카사천왕사왔소실행위원회)의 영상물을 분석하고, 관련 내용을 추가 취재하여 그걸 요약한 것이다.

「ワッソ」のパレードには古代から日本と交流のあった朝鮮半島の７カ国の偉人たちが登場する。それらをみると、1800年間、韓日両国がどれほど深い交流の絆を結んでいたかが実感できる。そうした意味から「ワッソ」に登場する朝鮮半島の国家と偉人たちの足跡をたどってみる必要がある。第１部のチャプター05～07は、大阪興銀(後の関西興銀)が制作したワッソ実行委員会(大阪四天王ワッソ実行委員会)の映像を分析し、関連内容を追加で取材し、それを要約したものだ。

## 7개국 65명, 한반도 위인의 등장

1990년대 오사카흥은 시대는 왔소의 전성기였다. 뭐니 해도 왔소 최고의 볼거리는 거리퍼레이드였다. 컨셉은 각 역사시대에 한반도와 일본을 오간 영웅 위인들이 고대 일본의 관문인 나니와(오사카)에 당도하여, 쇼토쿠태자聖徳太子를 비롯한 일본 황실의 고관대작들이 사절단을 환영해주는 장면을 재현하는 것. 현대에서 재해석된 그림은 사절단 일행이 타니마치스지谷町筋 대로에서 대형목선인 후나단지리나 가마를 타고, 당시

## 7カ国65人、朝鮮半島の偉人の登場

1990年代の大阪興銀時代は「ワッソ」の全盛期だった。最大の見どころは何と言ってもストリートパレードだった。コンセプトは、各時代に朝鮮半島と日本を往来した英雄、偉人たちが、古代日本の関門である難波の津(大阪)にたどり着き、聖徳太子をはじめとする日本皇室の高官らが使節団を迎える様子を再現するもの。現代に再現した様子は、使節団の一行が谷町筋から船だんじりとかまに乗って、当時の海

90년대 왔소 거리퍼레이드-오사카 타니마치스지

해외사절들의 숙소가 마련된 사천왕사까지 순행하는 것이었다.

퍼레이드 참가자와 현장 관람객들은 "정말 장관이었다"고 입을 모았다. 당시 촬영된 영상을 들여다봐도 그 규모는 어마어마했다. 한반도 도래인들을 비롯해 옛날 역사인물로 분장한 3,600명의 스텝들이 오사카의 중심대로 1.6km구간을 따라 "왔~소 왔~소"를 외치면서 행진한다. 선발대인 고대 제주 탐라의 무희들이 사천왕사에 도착했을 때에, 아직도 출발지점에서 대기하는 출연진이 있었다니, 얼마나 엄청난 규모의 행사였는지

外使節団が泊まる四天王寺まで巡行するものだった。

パレードの参加者と見物客は「壮観だった」と口をそろえる。当時の映像をみても、その規模は大変驚くものだった。朝鮮半島からの渡来人をはじめ、昔の歴史人物に扮した3600人のスタッフが大阪中心部の大通り、1·6キロメートル区間を「ワーッソワーッソ」と声をあげながら行進する。先頭に立つ古代済州、耽羅の舞姫が四天王寺に到着した際、まだ出発地点で待機する出演陣がいたというから、どれだけ大きい

오사카 사천왕사 이시부타이(石舞臺)

알 수 있다.

필자가 1990년부터 1998년까지의 퍼레이드 영상을 분석한 결과, 재현된 역사인물은 65명에 달했다. 일본과 교류한 한반도의 나라로는 신라, 고구려, 백제, 가야, 탐라, 발해, 조선 7개국이 등장한다. 퍼레이드에 등장하는 위인들의 면면을 보면, 고대부터 현재까지 한일양국은 결코 떼려야 뗄 수 없는 사이이며, 깊은 교류의 연으로 맺어진 관계임을 실감할 수 있다.

당시 왔소 순행의 선두를 끊은 한반도 위인은 고구려 승려 혜자慧慈와 담징曇徵이다. 두 승려는 사천왕사 창건자로서 당대 일본최고의 실력자인 쇼토쿠태자와는 불가분의 관계였다. 595년도에 일본에 건너온 혜자는 쇼토쿠태자의 정치적 브레인이자 불교스승이었다. 일본 불교계의 중심인물로 올라선 혜자는 견수사(遣隋使, 일본이 중국 수나라에 파견한 사절단)를 기획한 인물로 알려지고 있다. 섬나라여서 국제정세에 둔감하기 십상인 일본에게 선진강국 수나라와의 교류를 주선한 게 한반도 도래인이었던 것이다.

마찬가지로 고구려에서 건너온 승려 담징도 일본역사에서 빼놓을 수 없는 인

規模のイベントだったのかが分かる。

筆者が1990年から1998年までのパレード映像を分析した結果、再現された歴史上の人物はおよそ65人に達した。日本と交流した朝鮮半島の国としては新羅、高句麗、百済、伽耶、耽羅、渤海、朝鮮の7国が登場する。パレードに登場する偉人たちをみると、過去1400年間の韓日両国は決して切っても切れない関係であり、どれほど深い交流の絆を結んでいたかを実感することができる。

当時、ワッソ巡行の先頭は、四天王寺を創建した聖徳太子とゆかりの深い人物、慧慈と曇徴だ。高句麗の僧侶·慧慈は595年に日本に渡り、聖徳太子の政治的ブレーンかつ仏教の師となった。日本仏教界の中心となった慧慈は、遣隋使(日本が中国の隋に送った使節団)を企画した人物として知られている。島国であるため、国際情勢に鈍化になりやすかった日本に当時の先進強国、中国の隋との交流を仲介したのが朝鮮半島出身の渡来人だったのだ。

同じく高句麗の僧侶・曇徴も日本歴史上で欠かせない人物だ。曇徴が日本

물이다. 담징이 일본에 건너온 시기는 610년 고구려 영양왕嬰陽王 때였다. 고구려가 수나라와의 4번에 걸친 전쟁에서 모두 승전보를 울렸던 시절이다. 일본서기는 담징이 영양왕의 명을 받고 일본에 건너왔다고 기록했다. 오경五経에 정통한 학자이기도 했던 담징은 일본에 학문뿐 아니라 채색법과 종이, 먹, 물절구 제조법을 전수한 인물로 유명하다.

### 일본과의 최초교류는 가야

돌이켜보면 삼국시대라고 하나 고구려, 신라, 백제 외의 고대국가로 가야加耶도 있었다. 사실 가야는 일본과의 교류가 가장 활발한 나라였다. 1세기 현재의 경상남도 지방에서 성립되어 '철의 왕국'으로 불렸다. 고대 한반도 나라 가운데 지리적으로 일본과 가장 가까웠다.

일본서기에 의하면 가야의 소나갈질지蘇那葛叱智와 왕자 도노아아라사등都怒我阿羅斯等 등이 사절로 왜국을 방문했다. 시기는 스진崇神천황시대로 기원전으로 되어 있으나, 정확한 시기는 규명되지 않는다. 다만 일본 땅에는 가야왕자 도노아의 흔적이 또렷이 남아있다. 후쿠

に渡来したのは610年、高句麗の嬰陽王時代だった。高句麗が隋との４回にわたる戦争ですべて勝利した時代だ。日本書記は曇徴が嬰陽王の王命を受けて渡来したと記録している。五経に精通した学者でもあった曇徴は、日本に彩色法や紙、墨、水すり鉢の製造法を伝授した人物として知られる。

### 日本と最初の交流は伽耶

振り返ってみると、三国時代とはいえ、高句麗、新羅、百済以外の古代国家に伽耶もあった。実は伽耶は、日本との交流に最も先んじていた古代国家だった。１世紀現在の慶尚道地方で成り立ち、「鉄の王国」と呼ばれた国だ。朝鮮半島古代国家のうち、地理的に日本と最も近かった。

日本書紀によると、蘇那葛叱智(そなかしち)と王子・都怒我阿羅斯等(つぬがあらしと) が使節として日本を訪れた。時期は崇神天皇時代で、紀元前としているが、正確な時期は確認できない。ただ、日本には伽耶の王子・都怒我の痕跡が残っている。福井県の敦賀(つるが)

이현의 쓰루가敦賀라는 지명이다. 도노아(일본식 발음은 쓰누가)가 쓰루가에 당도한 것으로 전해지고 있는데, 그게 지명의 유래라는 것이다.

가야는 궁중음악의 효시 국가로도 유명하다. 지금도 연주되는 한국을 대표하는 전통악기 가야금加耶琴은 이름 그대로 가야의 현악기다. 고구려 왕산악王山岳이 만든 거문고와 더불어 우리나라에서 제일 오래된 현악기다. 대가야의 궁중악사 우륵于勒이 만든 것으로 전해지고 있다.

한반도 고대국가 가운데 일본과 가장 깊이 연결된 나라는 백제다. 일본 천황

という地名だ。王子・都怒我(つるが)がここに到着したとされ、地名の由来になったといわれる。

伽耶は宮廷音楽の最初の国として知られる。現在も使われている韓国を代表する伝統楽器の加耶琴は、名前の通り伽耶の弦楽器だ。高句麗の王山岳がつくったコムンゴとともに、韓国で最も古い弦楽器となっている。大加耶の宮廷楽師、于勒がつくったとされる。

朝鮮半島の古代国家のうち、日本と最も深く関わりがあったとされる国は百済だ。日本の天皇家のルーツであ

2018왔소-백제 도래인 퍼레이드

가의 뿌리이며, 지금의 전라도와 충청도 지역에서 형성된 나라다. 일본과는 정치 문화적 교류뿐 아니라 군사적 동맹관계를 구축하고 있었다.

백제인물 가운데 한일을 묶은 선구자적 인물은 학자 아직기阿直岐다. 3세기 오우진応神천황 태자의 스승으로 전해지고 있는 아직기는 본국에서 왕인王仁 박사를 초청한 인물이었다. 왕인은 일본으로 건너오면서 한자로 된 논어 10권과 천자문 1권을 갖고 왔다. 다수의 일본인들도 익히 알고 있는 유명인사가 왕인이다. 아직기와 마찬가지로 일본 태자의 스승이었다.

단양이段楊爾도 일본의 문명화에 크게 공헌한 인물이다. 백제 무령왕 시절인 513년, 일본의 초청을 받아 현해탄을 건넌 것으로 전해진다. 오경(五経= 주역, 시경, 서경, 예기, 춘추)과 유학을 전수해준 이로 알려져 있다. 백제는 단양이를 필두로 하여 일본 황실로 꾸준하게 오경박사를 파견했다.

### 아키히토 천황의 백제후손 고백

무령왕과 관련해, 2001년 일본사회

り、現在の全羅道と忠清道地域に形成され、日本とは政治、文化の交流だけではなく、軍事的同盟関係を構築している。

百済の人物のうち、日本との関係を深めた先駆者は学者の阿直岐(あちき)だ。３世紀の応神天皇太子の師匠として知られる阿直岐は本国から王仁(わに)博士を招請した人物だ。王仁は日本に渡り、論語10巻と千字文１巻を伝え、多くの日本人も知っている有名人だ。阿直岐と同じく太子の師匠となった。段楊爾(だんようじ)も日本の文明化に大きく貢献した人物だ。百済の武寧王時代の513年、日本の招請を受けて渡日。五経(周易、詩経、書経、礼記、春秋)をはじめとする儒学を伝授した。百済は段楊爾を筆頭に、倭国に続けて五経博士を派遣した。

### 明仁天皇「百済の子孫」と明かす

武寧王と関連し、日本社会を揺るがす出来事が2001年に起きた。同年12月18日、明仁天皇は誕生日の記者会見で爆弾発言を行う。

를 뒤흔든 일대사건이 일어났다. 그해 12월 18일 아키히토明仁천황이 황거에서 가진 생일기자회견 석상에서 폭탄고백을 했다.

"내 자신으로선 간무천황(桓武 · 재위 781~806)을 낳은 생모가 백제 무령왕의 자손이라고 '속일본기續日本紀'에 쓰여 있어서 한국과의 인연을 느끼고 있습니다."

천황 본인이 직접 나서 백제 도래인이란 사실을 천명한 것이다. 이어 천황은 한국과 일본이 고대부터 깊이 교류를 이어왔으며, 2002년 월드컵도 있고 하니 양국국민이 사이좋게 서로 이해하고 신뢰를 갖고 지내기를 바란다고 호소했다.

그때까지 일본학계에서는 천황가가 백제계라는 연구가 수차례 발표됐으나, 일반에서는 그다지 주목받지 못해왔다. 그러는 와중에 천황이 매스컴 앞에서 '난 한국계'라 밝혔으니, 일본이 발칵 뒤집어질 사건이 아닐 수 없었다. [자세한 건 박스리포트 '일본천황 편'에서]

다시 왔소 속의 백제로 돌아가보자. 백제 제26대왕 성왕(일본에서는 聖明王)은 백제 전성시대를 열었던 임금이다. 고구려가 점령하고 있던 한강유역까지 영토를 확장했고, 신라도 백제의 위세에 숨

「私自身としては、桓武天皇(在位781～806)の生母が百済の武寧王の子孫であると続日本紀に記されていることに、韓国とのゆかりを感じています」

天皇自ら百済の渡来人であることを明かしたのだ。続いて天皇は韓国と日本が古代から深い交流を続けてきたとし、2002年の韓日ワールドカップもあることから、両国国民が仲良くしてお互いを理解·信頼してほしいと呼びかけた。これまで日本学界では天皇家が百済系であるとの研究が数回発表されたが、一般では注目されなかった。そんな中、天皇がメディアの前で「韓国系」と明かしたことは、日本社会を揺るがす出来事だったと言わざるを得ない。＜詳しくは別のレポート「明仁天皇「百済の武寧王の子孫」と明かした始末」編で＞

もう一度「ワッソ」の中の百済をみてみよう。百済第26代王の聖王(日本では聖明王)は百済の全盛時代を切り開いた王だ。高句麗が占領していた漢江流域まで領土を拡大し、新羅も百済の勢いに息を潜める時代だった。日本書紀は聖王を重要人物と記録した。552年、

죽이던 시절이다. 일본서기는 성왕을 중요인물로 기록했다. 552년 불상과 경전을 전수하였는데, 이것이 일본의 불교전래(仏教公伝, 국가 간의 공적인 교섭으로서 불교를 전수한 일)의 시초라 기록했다. 이어 성왕의 명을 받은 노리사치계怒唎斯致契가 불상과 경전을 전수했다는 기록도 등장한다. 602년 승려 관륵観勒은 책력, 천문지리서, 둔갑방술 책자를 전수했다.

서기 660년에 백제는 멸망했지만 일본과의 인연은 그 후로도 이어졌다. 삼국사기에 따르면, 멸망 당시 백제의 호구 수는 76만 호에 달했다. 호구 당 5명으로 계산하면 인구는 약 380만 명으로 추정된다. 663년 백제 부흥군과 일본 연합군은 백강전투에서 패배했는데, 이때 3000명 이상의 백제인이 일본 배를 타고 현해탄을 건넌 것으로 전해진다. 660년 사비성에서의 나당연합군에 의한 왕조멸망과 3년 후 백강전투의 패배는 백제의 멸망에 종지부를 찍는 사건이었다. 당시의 백강전투는 백제인들이 일본으로 대거 이주하는 결정적 계기였다.

오사카에서 발굴된 백제사 터나 '백제왕신사', 백제왕족의 자손인 '백제왕(百濟王, 구다라노코니키시)'씨 등은 도래인

仏像と経典を日本に伝えており、これを仏教公伝(国家間の公的な交渉として仏教を伝える)の始まりと記録したのだ。続けて、聖王の命を受けた怒唎斯致契(ぬりしちけい) は仏像と経典を伝えたとの記録もある。602年、僧侶·観勒(かんろく)は暦本、天文地理書、遁甲方術の冊子を伝えた。

660年に百済は滅亡するが、日本との縁はその後も続いた。三国史記によると、滅亡当時に百済の戸数は76万戸に達した。1戸当たり5人と計算すれば、人口は約380万人と推定される。663年、百済の復興軍と日本の連合軍は白村江の戦いに敗戦し、この時に3000人以上の百済人が日本の船に乗り玄海灘を渡ったとされる。660年に百済が唐と羅の連合軍に敗れて滅亡したことや、その3年後白村江の戦いに敗戦したことは百済滅亡に終止符を打つ事件だった。特に、白村江の戦いでの敗戦は百済人が日本に大挙移住する決定的契機となった。

大阪で発掘された百済寺跡や百済王神社、百済王族の子孫、百済王(くだらのこにきし)氏などは渡来人が残した痕跡

이 남긴 흔적들이다. 왔소에도 그 후손이 등장한다. 일본인들이 교후쿠왕이라고 칭하는 경복敬福이다. 오사카 히라카타에 있는 백제왕신사의 비문은 경복에 대해 이렇게 기술하고 있다.

"백제왕 선광善光은 조국이 멸망했을 때 일본에 망명해 왔다.(중략) '백제왕'이라는 성씨를 하사받아 오사카 나니와에 거주했다. 선광의 증손인 경복敬福왕은 동대사東大寺의 대불大佛건립을 위해 황금을 헌상하고, 하내수河內守에 임명됐다. 경복은 백제일족의 상징이며, 일족의 명복을 기리는 백제사, 씨족의 신사인 백제왕신사를 축조했다. 일족이 다 같이 이 땅에 자리 잡고 산 것으로 보인다."

성씨에 '왕王'이 붙었으니, 상당한 지위에 있었으리라 추론할 수 있다. 속일본기續日本紀에 따르면, 당시 쇼무聖武천황은 동대사 대불 건립을 추진해 주조까지 마쳤으나, 불상에 도금할 황금이 부족해 발을 동동 구르고 있었다고 한다. 이때 경복왕이 대불 건립 용도로 황금 900냥을 보냈다고 한다. 대불은 높이 15m에 무게가 350t이나 나가는 금동불로서, 카메라 앵글에 들어가기도 버거운 웅장한 사이즈를 자랑한다. 경복왕은 지금의

だ。「ワッソ」にもその子孫が登場する。日本人が百済王敬福(くだらのこにきしきょうふく)と呼ぶ敬福だ。大阪の枚方にある百済王神社の碑文は敬福についてこう記述している。

「百済王善光は祖国が滅亡した時、日本に亡命してきた(中略)。百済王の氏姓を賜り、大阪の難波に居住した。善光の曾孫である敬福は東大寺大仏建立のために黄金を献上し、河内守に任ぜられた。敬福は一族の象徴であり、一族の冥福を祈るための神社である百済王神社を造営した。一族ともどもこの地に住みついたと考えられている」

氏姓に「王」が付いたことから、相当の地位であったとみられる。続日本紀によると、当時、聖武天皇は東大寺大仏の建立を進めており鋳造まで終えていたが、仏像に鍍金するための黄金が不足し、困っていた。その時、敬福が大仏建立のために黄金900両を献上したという。大仏は高さ15メートル、重さ350トンで、カメラのアングルに入れ切れないほど、巨大なものだ。敬福は現在の青森県の陸奥国小田郡で日本初めての金を産出したという。ま

아오모리현 지역인 무쓰노쿠니 오다군陸奥國 小田郡에서 일본 최초로 금 광산을 개발했다고 한다. 또한 경복왕은 오사카에 백제왕씨 집성촌을 세웠을 뿐 아니라, 일본의 동북지역을 지배한 인물로 알려지고 있다.

### 사천왕사는 백제인 미마지가 춤추던 무대

한편 백제인들은 일본 음악의 스승이었다. 음악무용가 미마지味摩之는 현재 일본의 국악인 무악舞楽의 원조를 전수해 준 인물이다. 일본국악의 원조는 오악呉楽이라 부르는 데, 거기에 등장하는 춤舞

た、大阪に百済王一族の村をつくっただけではなく、日本の東北経営に従事した人物として知られる。

### 四天王寺は百済の味摩之が踊った舞台

一方、百済人は日本の音楽の師匠だ。音楽舞踊家の味摩之(みまし)は、現在の日本の国楽である舞楽の元祖を伝えた人物だ。日本国楽の元祖は呉楽だが、ここに登場する舞を伝えた 人物が味摩之だ。興味深いのは味摩之が朝鮮半島の舞を弟子たちに教えて公演した舞台が、「ワッソ」のメーンステージ

이시부타이(石舞臺)는 백제인 미마지가 일본에 춤을 전수한 무대였다

을 전수해준 인물이 바로 미마지다. 흥미로운 사실은 미마지가 한반도의 춤을 제자들에게 가르치고 공연했던 무대가 바로 왔소의 메인스테이지 이시부타이(돌무대)였다는 사실이다.

과연 우연의 일치였을까?

재일동포들은 우리선조가 1400년 전부터 춤을 췄던 그 무대를 왔소 축제의 메인스테이지로 삼았다. 사천왕사에서 재현된 백제관련 세리모니로는 백제 성왕과 왕인 박사가 일본에게 전수하는 물물교환식, 참배의식이 행해졌다. 현재 일본신사에서 행하고 있는 참배의식은 고대 한반도에서 유래했다는 설이 유력하다.

"나니와즈(오사카항구)에 꽃이 피었네. 겨울을 견디고 봄이 된 지금. 꽃이 피었네. (難波津に, 咲くやこの花, 冬ごもり, 今を春べと, 咲くやこの花)"

도래인들이 만든 일본의 역사, 그걸 재현하는 낭만의 이야기가 〈왔소〉인 것이다.

の石舞台であることだ。

果たして偶然の一致だろうか。

在日韓国人は朝鮮半島の先祖が1400年前から踊った舞台を、「ワッソ」のメーンステージにした。四天王寺で再現された百済関連のセレモニーでは百済の聖王と王仁博士が日本と行う物々交換式と参拝が執り行われた。現在、日本の神社で行う参拝儀式は、古代朝鮮半島から由来したものという説が有力だ。

「難波津に咲くやこの花冬ごもり今を春べと咲くやこの花」

渡来人がつくった日本の歴史、それを再現したロマンの物語が「ワッソ」なのだ。

◇◇◇◇◇◇◇◇◇◇◇

## 일본천황 "백제 무령왕의 후손" 고백의 시말

### 마지막 여행지로 고려신사를 선택

◇◇◇◇◇◇◇◇◇◇◇

## 明仁天皇「百済の武寧王の子孫」と明かした始末

### 最後の旅行先に高麗神社を選ぶ

#### 천황發 한국터부 깨뜨리기

2019년 4월에 퇴위하는 아키히토明仁천황은 일본사회의 '한국터부'를 깨뜨린 천황으로 기록되지 않을까. 그가 2001년 12월 18일 일본 언론과의 인터뷰 석상에서 스스로 백제인의 피를 물려받았다고 고백했을 때, 일본사회는 충격의 도가니에 빠졌다. 천황이 '나는 백제 무령왕의 후손'이라 고백한 건 '한국터부' 도장깨기 아니었을까.

아키히토발 충격파는 그걸로 끝이 아니었다. 후속 탄이 있다. 그로부터 16년 뒤인

#### 天皇発のタブー破り

2019年4月に退位される明仁天皇は日本社会でタブーを破った天皇と記録されるのではないか。明仁天皇は2001年12月18日、日本メディアとのインタビューで、自ら百済の血を受け継いだと明かした時、日本社会は衝撃に陥った。天皇が「私は百済の武寧王の子孫」と明かしたことはタブー破りに受け止められる。

明仁天皇発の衝撃はこれにとどまれなかった。続きがある。それから16年後

2017년 9월 20일, 아키히토 천황부부는 사이타마현 히다카日高시에 있는 고려신사高麗神社를 찾았다. 이날 여행을 두고 일본에서는 천황 퇴위 전 마지막일 확률이 높다는 이야기가 흘러나왔다. 천황이 마지막 여행지로 고구려 도래인을 모시는 사찰을 택했다는 이야기다.

이 일은 천황이 또 한번 일본인들을 충격에 빠뜨린 사건이다. 이때 일본에서는 혐한기류, 헤이트스피치(증오표현), 정치인들의 한국 때리기 움직임이 슬금슬금 기어 나오고 있었다. '왜 이때인가' 타이밍을 놓고 분석하기를 즐겨하는 일본사회의 풍토를 보면 분명 역주행이었다. 천황이 한국과 직결된 1300년 사찰을 찾는다는 건 그 자체로 호수 한가운데 큰 돌을 던지는 일이다. 한국인들이 말하는 극우꼴통 아베 정권과는 정반대

の2017年9月20日、明仁天皇と美智子皇后は埼玉県日高市にある高麗神社を訪れた。この訪問について、退位前の最後旅行になる可能性が高いとの見方が出ていた。天皇が最後の旅行先として高句麗の渡来人を祭る神社を選んだと言える。

これはもう一度日本人に衝撃を与えた出来事だった。当時は日本で嫌韓ムード、ヘイトスピーチ(憎悪表現)、政治家による韓国叩きの動きが徐々に広がっていった。「なぜ、今か」というタイミングを巡り、分析することを好む日本社会の風土からするとなおさらだ。天皇が朝鮮半島とゆかりのある高麗神社を訪れること自体が、石を投げ込まれた水面の波紋のようだった。韓国人が言う「極右の安倍政権」とのは正反対の動きだ。こんな

아키히토 천황부부가 다녀갔다는 기념비(사이타마현 고려신사)

움직임이다. 이런 엇박자가 있을 수 있는가?

아키히토 천황이 한국에 대해 깊은 관심을 갖고 있는 건 틀림없어 보인다. 한국을 아주 좋아한다고 말하는 건 무리일지라도, 결코 싫어할 리는 만무한 것 같다. 2017년 아키히토 부부를 안내한 고려신사의 고마 후미야스高麗文康 궁사는 그날의 풍경을 이렇게 전한다.

"(천황은) 여기에서 정말 열심히 다양한 자료를 열람하셨습니다. (고구려계 도래인 족보인) 고마씨계도를 살펴보면서는 「정말 여기에 이게 쓰여 있네」라 확인하기도 했지요. 그 모습이 마치 연구자 같았습니다."(2019년 1월 인터뷰)

다시 시간을 거슬러 2001년 12월로 돌아가 보자. 이때만 해도 일본에선 '한류 붐'이 없었다. 일본인의 한국관심이라야 찻잔 속 태풍 같던 시절이다. 월드컵축구대회를 일본이 한국과 공동으로 개최한다는 정도가 주목받던 때이다. 아키히토 천황의 혈통고백도 월드컵과 관련한 기자의 질문에 답을 하면서 나왔다. 대체 천황은 이날 무슨 말을 했기에 일본을 발칵 뒤집어놓은 것일까?

ズレがあり得るのか。

明仁天皇が韓国に深い関心を持っているのは間違いないようだ。韓国が大好きというのは無理かもしれないが、決して嫌いではないようだ。2017年に明仁天皇と美智子皇后を案内した高麗神社の高麗文康宮司はあの日の様子をこう伝えた。

「(天皇は)ここで熱心に様々な資料を閲覧されました。高麗氏系図を見ながら『本当にここにこれが書かれていますね』と確認したりもされました。その様子はまるで研究者のようでした」(2019年1月のインタビューで)

時間を遡り、2001年12月に戻ってみよう。当時はまだ日本に「韓流ブーム」がなかった。韓国に対する日本の関心はまるで湯飲みの中の台風のような雰囲気だった。サッカーのワールドカップを韓国と共催することが注目された程度だ。明仁天皇が百済の子孫であると明かしたことも、ワールドカップに関する質問に答える際に出たものだ。一体、天皇はこの日何の発言をして日本社会を揺るがしたのか。

## 한국관련 아키히토 천황 문답全文

당시 천황이 기자와 주고받은 문답이 궁내청(宮内庁, 천황가를 담당하는 일본정부조직) 홈페이지에 남아있다. 인터뷰가 이뤄진 장소는 에도성 안 궁전에 있는 샤쿄노마石橋の間였다. 이날의 문답을 원문에 충실하여 직역하면 다음과 같다.

### 기자의 질문

세계적인 이벤트인 축구 월드컵이 내년, 일본과 한국 공동개최로 열립니다. 개최가 가까워지면서 양국의 시민차원의 교류도 활성화하고 있습니다만, 역사적 지리적으로 가까운 나라인 한국에 대해 폐하가 갖고 계신 관심, 생각 등을 들려주시기 바랍니다.

### 천황의 답

일본과 한국 사람들 사이에 옛날부터 깊은 교류가 있었던 건 일본서기 등에 상세하게 기록되어 있습니다. 한국에서 이주한 사람들이나 초대받아 온 사람들에 의해, (일본에)다양한 문화와 기술이 전수되었습니다.

궁내청宮内庁 악부楽部 악사 중에는 당시 이주자의 자손으로 대대로 악사를 맡아서, 지금도 때에 맞춰 아악(궁중음악)을 연주하

## 韓国関連の明仁天皇の発言(全文)

当時、天皇の一問一答は宮内庁のホームページに残っている。インタビューは皇居·宮殿「石橋の間」で行われた。当時の一問一答は次のように記録されている。

### 記者の質問

世界的なイベントであるサッカーのワールドカップが来年、日本と韓国の共同開催で行われます。開催が近づくにつれ、両国の市民レベルの交流も活発化していますが、歴史的、地理的にも近い国である韓国に対し、陛下が持っておられる関心、思いなどをお聞かせください。

### 天皇の答

「日本と韓国との人々の間には、古くから深い交流があったことは、日本書紀などに詳しく記されています。韓国から移住した人々や招へいされた人々によって、様々な文化や技術が伝えられました。宮内庁楽部の楽師の中には、当時の移住者の子孫で、代々楽師を務め、今も折々に雅楽を演奏している人があります。こうした文化や技術が、日本の人々

고 있는 사람이 있습니다. 이러한 문화나 기술이 일본 사람들의 열의와 한국 사람들의 우호적 태도로 일본에 오게 된 건 다행스런 일이었다고 생각합니다. 일본의 그 후 발전에 크게 기여했다고 생각하고 있습니다.

내 자신으로선 간무천황(桓武·재위 781~806)을 낳은 생모가 백제 무령왕의 자손이라고, '속일본기續日本紀'에 쓰여 있어서 한국과의 인연을 느끼고 있습니다.

무령왕은 일본과 관계가 깊어 이때 이래 일본으로 오경박사(五經博士, 일본문명을 계

の熱意と韓国の人々の友好的態度によって日本にもたらされたことは、幸いなことだったと思います。日本のその後の発展に、大きく寄与したことと思っています。

私自身としては、桓武天皇の生母が百済の武寧王の子孫であると、続日本紀に記されていることに、韓国とのゆかりを感じています。

武寧王は日本との関係が深く、この時以来、日本に五経博士が代々招へいさ

일본 천황의 거처「에도성」(도쿄)

발 지도한 전문가 관직, 오경박사란 주역과 시경, 서경, 예기, 춘추 5가지 경서에 능통한 이를 일컬었다. 무령왕 13년에는 오경박사 '단양이'가 일본에 건너가 유학을 가르쳤다.)를 대대로 초빙하게 되었습니다. 또 무령왕의 아들 성왕(일본명 聖明王)은 일본에 불교를 전수해준 것으로 알려지고 있습니다.

하지만 안타깝게도 한국과의 교류는 이러한 교류만이 아니었습니다. 이 일(일본의 한반도침략과 식민지화의 과거 역사를 '이 일'이라 표현한 것으로 추론됨)을 우리는 잊어서는 안된다고 생각합니다.

월드컵을 맞이해 양 국민의 교류가 활발해지고 있습니다만. 그것이 좋은 방향으로 나아가려면 양국 사람들이 각각의 나라가 밟아온 길을 개개의 일어난 일에 대해 정확히 아는 일에 노력하고, 개개인으로서 서로의 입장을 이해해 가는 일이 중요하다고 생각합니다. 월드컵이 양국민의 협력으로 차질 없이 치러지고 이를 통해 양국민 간에 이해와 신뢰감이 깊어질 것을 기원합니다."

한일관계에 관심이 있는 독자라면, 이 문답을 정독할 것을 추천한다. 당시 일본 언론 가운데 천황의 고백을 상세히 보도한 데는 없다고 봐도 무방하다. 아사히신문 등

れるようになりました。また、武寧王の子、聖明王は、日本に仏教を伝えたことで知られております。

しかし、残念なことに、韓国との交流は、このような交流ばかりではありませんでした。このことを、私どもは忘れてはならないと思います。ワールドカップを控え、両国民の交流が盛んになってきていますが、それが良い方向に向かうためには、両国の人々が、それぞれの国が歩んできた道を、個々の出来事において正確に知ることに努め、個人個人として、互いの立場を理解していくことが大切と考えます。ワールドカップが両国民の協力により滞りなく行われ、このことを通して、両国民の間に理解と信頼感が深まることを願っております」

韓日関係に興味がある読者なら、この一問一答を精読することを勧める。当時、この会見の内容を詳しく報じた日本メディアはないに等しい。朝日新聞など一部メディアが韓国とのゆかりを感じたとする天皇の発言を短く報じただけだった。この発言は報じてないメディアが多かった。現在もインターネットで検索し

일부 언론이 천황이 한국계란 사실을 밝혔다며 짧게 보도했을 따름이다. 발언을 아예 패스해버린 언론도 꽤 많았다. 지금도 인터넷에서 그날의 천황 발언을 검색하면, 한국 관련 문답을 찍은 영상은 찾기가 어렵다.

### 한류 불씨를 횃불로 만드는 능력

하지만 파장은 컸다. 언론은 소극적이었지만, 일본인들 중에는 "천황폐하가 마침내 인정했다", "황실의 비밀이 밝혀졌다"고 이야기하는 사람들이 생겼다. 공개발언은 많지 않았어도, 천황의 고백은 알음알음 일본사회 전반으로 퍼져나갔다. 한국에서도 외교부가 환영성명을 발표하고, 주요 언론들은 이 사실을 짧게 보도했다.

필자가 이때의 천황발언에 대해 '한국터부'에 대한 도장깨기라 표현한 건 나름 이유가 있다. 예나 지금이나 일본사회는 한국, 한반도에 대한 묘한 알레르기반응이 있다. 사회 '분위기'의 리트머스지라 할 수 있는 일본 언론의 보도내용만 봐도 그렇다. 예를 들어, 2018러시아월드컵축구대회 예선 최종전에서 한국이 독일에 2대0으로 승리했을 때 '잘했다'고 하면 될 일을 에둘러 '한국이 잘한 건 같다'라는 식으로 표현한

てみると、韓国関連の発言をした映像を見つけるのは難しい。

### 韓流の種火を大きく燃やしていく能力

しかし、波紋は大きかった。メディアの報道は消極的だったが、日本人の中では「天皇がついに認めた」「皇室の秘密が明かされた」などと話す人たちがいた。こうした声が表に出ることは少なかったが、天皇の発言は日本社会全般にに広がった。韓国では外交部が歓迎声明を発表し、主要メディアが同発言を取り上げた。

筆者がこの時の天皇の発言について、「タブー破り」と表現したのはそれなりの理由がある。昔も今も日本社会では韓国、朝鮮半島に対する妙なアレルギー反応がある。社会の「雰囲気」を示す一種のリトマス紙と言える日本メディアの報道内容をみるだけでそれが分かる。たとえば、2018年にロシアで開催されたサッカーのワールドカップ(W杯)予選リーグ最終戦で韓国がドイツに2－0勝利した時、「よくやった」と言えば済むことを、日本メディアは「韓国がよくやっているようだ」と表現する。植民地時代な

다. 일제강점기 때 식민지로 삼아 한국을 괴롭힌 과거사문제도 한국인들은 '미안하다고 하면 끝'이라 생각한다. 하지만 그들은 '유감'이니 '통석痛惜의 염念'이라 말하니 되레 한국인의 화를 돋운다. '통석의 염'은 1990년 아키히토 천황이 노태우 당시 대통령에게 썼던 말이기도 하다.

하지만 천황의 행보와 말 한마디가 일본사회를 움직이는 거대한 힘이란 사실은 부정할 수 없다. 일본이란 나라는 헌법 제1조부터 제8조까지 천황규정으로 도배되어 있는 나라다. '천황은 일본국의 상징이자, 일본 국민통합의 상징'(제1조)이란 조항이 말해주듯, 제 아무리 힘센 권력자도 총리도 천황을 거스를 수는 없다.

어쩌면 역대 최악이라는 지금 한일관계를 단박에 풀 수 있는 매개체는 천황밖에는 없다. 일본사회에서 천황과 얽힌 일은 철저하게 '천황터부'가 작동한다. 천황을 절대 비판할 수 없다는 터부가 존재하고, 그건 일본의 시스템이다.

2000년대 초반 일어난 한류 붐도 천황을 끼워서 생각해보면, 색다른 결론을 도출해낼 수 있다. 통상적으로 믿고 있는 한류 붐의 시발점은 욘사마 배용준이 주연으로 나온 드라마 '겨울연가'다. 2003년 NHK

ど過去の歴史についても、一般の韓国人は「謝罪すれば済む」と考える。しかし、日本は「遺憾」「痛惜の念」などと表現し、韓国人の怒りを買う。「痛惜の念」は1990年、日本を訪れた当時の盧泰愚韓国大統領に明仁天皇が使った言葉でもある。

しかし、天皇の行動と一言が日本社会を動かす巨大な力であることは否定できない。日本という国は憲法第１条から８条までが天皇に関するものだ。「天皇は、日本国の象徴であり日本国民統合の象徴」とする第１条で分かるように、いくら力のある権力者も首相も天皇に逆らえない。

もしかしたら、過去最悪とされる韓日関係をいっぺんに解決できるのは天皇しかいないかもしれない。日本社会で天皇と関係のあることは徹底的に「タブー視」される。天皇を絶対に批判できないタブーが存在し、それが日本のシステムだ。

2000年代初めに起きた韓流ブームも天皇と絡めて考えみると、ユニークな結論を導き出すことができる。韓流ブームの始まりはヨン様のことペ·ヨンジュンが主演したドラマ「冬のソナタ」とされ

가 방송하면서 일본 아줌마들이 욘사마의 광팬이 됐고, 그 아줌마부대들이 한류를 만들었다고 다들 믿는다.

하지만 2001년 12월에 천황이 일본사회에 "한국과의 인연을 느낀다"고 고백하지 않았다면 어땠을까? 일본사람들이 그토록 혐오했던 마늘냄새도 극복하고, 고춧가루 섞인 김치를 앞 다퉈 사먹었을까. 겨울연가가 일본 공영방송 전파를 탈 수 있었을까.

천황고백과 욘사마열풍 간 시간차는 불과 1년 몇 개월 차이다. 그때 천황의 발언을 다시 짚어보자. 그는 일본국민들에게 월드컵을 한국과 협력하여 차질 없이 잘 치르라, 월드컵을 한일양국의 이해와 신뢰를 깊게 하는 계기로 삼아달라고도 당부했다. 천황의 회견은 일본국민에 던지는 지침이다. 믿든 안믿든, 작은 불씨를 횃불로 바꾸는 능력, 1억2천만 일본전체를 움직이는 힘을 가진 존재는 천황뿐이다. 한국에 대해 지속적으로 관심을 보여 온 아키히토 천황의 퇴위가 못내 아쉽다는 생각이 든다.

ている。2003年にＮＨＫで放送され、多くの中高年女性がペ·ヨンジュンの大ファンになり、それが韓流ブームを起こしたと考えられている。

だが、2001年12月に天皇が日本社会に「韓国とのゆかり」を明かさなかったらどうだっただろう？極度に匂いを気にする日本人がニンニクや唐辛子の入ったキムチを争うように買って食べたのだろうか。「冬のソナタ」が公共放送のＮＨＫで放送されたのだろうか。

天皇の「韓国ゆかり」発言とヨン様フィーバーは十数カ月の時間差しかない。当時の天皇の発言をあらためて振り返ってみよう。天皇はサッカーのワールドカップが両国民の協力により滞りなく行われ、このことを通して両国民の間に理解と信頼感が深まることを願うと発言した。天皇のこの会見は日本国民に下した指針だ。信じようが信じまいが、小さい種火を大きく燃やしていく能力、１億2000万人の日本全体を動かす力を持つ存在は天皇だけだ。韓国に対し、継続的に高い関心を示してきた明仁天皇の退位が残念でならない。

06

# 고구려인으로부터 유래된 기온마쓰리

# 高句麗人から由来した祇園祭

05편에 이어 왔소 퍼레이드에 등장하는 한반도의 나라들과 위인들의 발자취를 따라가 본다. 이번에는 고구려 편이다.

## 기온마쓰리와 고구려사신 '이리지'

왔소 축제의 퍼레이드는 한일교류사, 동북아 역사교육을 체험할 수 있는 현장이다. 삼국 가운데 고구려의 위인들이 일본에 남긴 인연의 역사 역시 시선을 사로잡기에 충분하다. 고구려(B.C.37~668)는 지금의 북한 평양을 중심으로 한반도 북반부, 중국대륙까지 지배했던 고대국가다.

먼저 백제계 여왕인 사이메이천황

再びワッソのパレードに登場する朝鮮半島の国家と偉人たちの足跡をたどってみよう。今回は高句麗編だ。

## 祇園祭と高句麗の使節、伊利之

「ワッソ」パレードは韓日交流史、東北アジアの歴史教育を体験できる場だ。三国の中で、高句麗の偉人たちが日本と結んだ縁の歴史もやはり注目に値する。高句麗(ＢＣ 37～668)は、現在の北朝鮮·平壌を中心に朝鮮半島北半部、中国大陸までを支配した古代国家だ。

まず、百済系の女王、斉明(在位 655～661)が日本を統治していた時代に遡っ

(齊明, 재위 655~661)이 일본을 통치하고 있던 시절로 돌아가 보자. 사건은 서기 656년에 일어났다. 일본서기는 그해 고구려의 사신으로 일본에 건너온 이들이 모두 81명이라 전하고 있다. 그 중 부사副使였던 이리지伊利之란 인물이 흥미롭다. 신라의 신을 일본에 모셔온 사람으로 기록되어 있기 때문이다.

“(이리지가) 신라 소시모리曾尸茂梨=牛頭山에 강림한 신神 소잔오존素戔鳴尊을 산성국 팔판향에 모셨다”

팔판향은 당시 일본 수도인 교토京都를 지칭한다. 이리지가 일본 황실로부터 팔판조(八坂造, 야사카노미야쓰코)란 성을 부여받았다는 기록으로 미뤄볼 때, 그는 본국인 고구려로 돌아가지 않았던 것으로 보인다. 그가 받았다는 팔판을 일본어 발음으로 하면 야사카이며, 그가 세운 사찰이 야사카신사八坂神社다. 오늘날 일본인들도 야사카신사를 고구려사신이 창건했다는 사실을 인정하고 있다. 이는 야사카신사 홈페이지 (야사카신사의 역사란 창사創祀)에도 명확히 기재되어 있다.

야사카신사는 일본에서도 손꼽히는 유명사찰이자 관광지다. 이유는 일본 3대 마쓰리중 하나인 ‘기온마쓰리祇園祭’를

てみよう。656年のことだった。日本書紀はこの年に高句麗の使節として来日したのは計81人と伝えている。そのうち、副使だった伊利之という人物は興味深い。新羅の神の霊を日本に移した人と記録されているためだ。

「(伊利之が)新羅国の曽尸茂梨(そしもり＝牛頭)に降られた素戔鳴尊を山城国愛宕郡八坂郷に祭った」

八坂郷は当時の首都だった京都を指す。伊利之が日本の皇室から八坂造という姓を与えられたとする記録から、彼は本国の高句麗に戻らなかったとみられる。伊利之の日本名は八坂で、彼が建立した神社が八坂神社だ。今日の日本人も八坂神社を高句麗の使節が創建したことを認めている。これは八坂神社のホームページ(八坂神社の歴史)にも明確に掲載されている。

八坂神社は日本でも指折りの有名な神社であり、観光地だ。理由は日本の3大祭りの一つである祇園祭を行っているからだ。祇園祭は毎年7月に盛大に行われており、毎年数十万人もの人が訪れると言われている。日本人が誇りを持つ祭りの代名詞である祇園祭。しかし、ほと

고구려 사신 이리지가 세운 야사카신사(교토시 히가시야마구)

야사카신사는 主祭神으로 신라 神 스사노오를 모신다

관장하는 곳이기 때문이다. 기온마쓰리는 해마다 7월 성대하게 열리는 축제로, 해마다 수십만 명의 관람객이 몰린다고 한다. 이처럼 일본인들이 자랑스러워하는 마쓰리의 대명사인 기온마쓰리. 하지만 대다수 일본인들은 이 축제가 한반도의 신神을 모시는 세리모니란 사실은 알지 못한다. 소잔오존을 그저 일본명 스사노오 내지 일본열도를 창조한 이자나기의 아들로 기억하고 있을 따름이다. 또 하나 흥미로운 기록은 신찬성씨록에서 보인다. 일본의 고대성씨 일람인 이 책자의 산성국제번山城國諸蕃 항에는 사신 이리지에 대한 설명이 등장한다.

"도래인 팔판조(이리지)의 조상은 '맥국인, 지류천마지 의리좌之留川麻之 意利佐'"

'도래인', 선진문물을 갖고 바다를 건넌 사람을 칭하는 용어가 등장한 것도, 그의 조상을 맥국狛國 사람이라 지목한 것도 흥미롭다. 맥국은 지금의 강원도 춘천에 있던 고대국가다. 우리나라에는 이름조차 생소한 이리지와 신라의 신 소잔오존. 왜 일본인들은 이들을 중하게 여기는 걸까. 그 비밀을 풀 수 있는 단서는 있다. [자세한 건 박스리포트 '경춘선의 비밀'편에서]

んどの日本人はこの祭りが朝鮮半島の神を祭るセレモニーであることを知らない。素戔嗚尊を単にスサノオまたは日本列島を生み出したとされるイザナギの息子として記憶しているだけだ。もう一つ興味深い記録は、古代氏族名鑑である「新撰姓氏録」に登場する。この書の「山城国諸蕃」の項には使節、伊利之に対する説明がある。

「渡来人、八坂造(伊利之)の祖は『狛国人、之留川麻之意利佐(しるつまのおりさ)』」

「渡来人」、先進技術を持って海を渡って来た人を指す用語が登場したのも、彼の祖を狛国人と記したことも興味深い。狛国とは現在の江原道·春川にあった古代国家だ。韓国では名前すら聞いたことのない伊利之と新羅の神、素戔嗚尊。なぜ、日本人は彼らを重要視するのか。その秘密を解明する手がかりはある。＜詳しくは別のレポート「京春線の秘密」編で＞

## 大興王에 열광한 오사카흥은 직원들

왔소 축제에는 한국에서도 유명한 고구려 위인들이 다수 등장한다. 전편에 소개한 승려 혜자와 담징, 법정 등 불교계 리더들도 있고, 한민족사에서 명장 중의 명장으로 칭송받는 을지문덕乙支文德과 연개소문淵蓋蘇文도 있다.

그런데 재일동포들이 열광한 위인은 따로 있다. 대흥왕大興王이다. 우리나라 사서에는 영양왕嬰陽王으로 기록된 임금으로, 대흥왕은 일본에서 부르는 이름이다. 재밌는 건 왔소 주최자인 오사카흥

## 大興王に熱狂した大阪興銀の職員たち

「ワッソ」には韓国でも知られる高句麗の偉人たちが多数登場する。僧侶の恵慈、曇徴、法定ら仏教界のリーダーや、名将のなかの名将とされる将軍の乙支文徳と淵蓋蘇文などだ。在日韓国人が熱狂する偉人は別にいる。大興王だ。韓国史書では「嬰陽王」と記録されているが、日本では大興王と呼ぶ。おもしろいのはワッソ主催側の大阪興銀(後の関西興銀)の略字が「大興」になることだ。そのため、在日韓国人の中では大興王のこと

야사카신사의 신년맞이 퍼레이드(2019년 1월, 교토)

은(大阪興銀, 훗날 간사이흥은)의 약칭이 '대흥'이 된다는 점이다. 그래서 재일동포들 중에는 오사카흥은왕 내지 가공의 인물로 오해하는 이들도 있었다.

하지만 대흥왕은 실존했던 역사인물이다. 고구려 제26대 국왕(재위 590~618)으로, 중국 수나라와 동북아의 패권을 놓고 일전을 겨뤘던 임금이다. 격동하는 동아시아 정세 속에서 일본과는 우호관계를 맺었다. 일본서기는 대흥왕이 605년 나라현의 아스카대불飛鳥大佛을 건립할 때에 황금 300량量을 보내주었다고 기록하고 있다.

を、「大阪興銀王」または架空の人物と誤解している人もいる。

だが、大興王は実在した歴史人物だ。高句麗の第26代の王(在位590～618年)で、中国の隋と北東アジアの覇権争いをした王だ。激動する東アジア情勢の中で、日本とは友好関係を結んだ。日本書紀には大興王が605年に奈良県の飛鳥大仏(重要文化財)を造立する際に黄金300両を贈ったと記録されている。

高句麗700年の歴史で最高の名将も、大興王執権期に生まれた。612年、高句麗軍は自国に侵入してきた

장사를 잘 되게 해준다는 칠복신 '에비스' 퍼레이드(2019년 1월, 교토)

고구려 700년 역사상 최고의 명장도 대흥왕 집권기에 배출됐다. 612년 고구려군은 침입해온 수나라 100만 대군에 맞서 나라의 존망을 내건 일전을 치렀다. 상대적으로 전력이 열세였던 상황, 총사령관 을지문덕乙支文德은 강물을 막아 적을 공격하는 수공작전을 기획했다. 그는 30만의 수나라군을 살수(薩水, 지금의 청천강)로 유도해 궤멸시키는 전적을 올렸다. 이후에도 수나라는 참패를 만회하기 위해 613년과 614년 연달아 고구려를 다시 침공했지만, 모두 패하고 만다. 이로 말미암아 중국대륙을 통일한 대제국 수나라는 고구려와의 전쟁으로 인해 국력을 소진하고 말았다. 그 후폭풍으로 내부의 동요와 갈등이 생기면서 멸망에 이르렀다.

왔소 등장인물 가운데 고구려 도래인의 리더인 약광若光도 놓칠 수 없는 인물이다. 일본에서 잣코라고 부르는 약광은 고구려 마지막 임금인 보장왕의 아들 또는 고구려왕족의 일원으로 알려지고 있다. 고구려에서 건너온 도래인들과 그 일족을 규합해 사이타마현에 코리아타운을 세웠다. 그가 세운 재일在日고구려 정착촌은 사이타마현 일대에 다양한 시

100万人に及ぶ隋の大軍と、国の存亡をかけた戦いに臨んだ。総司令官の乙支文徳は、戦術のひとつとして敵軍を薩水(現在の平安道清川江)に誘導し、約30万人にも及ぶ隋の兵士を水攻めで水死させるという戦績を挙げた。その後も隋が惨敗を取り戻すため、613年と614年にかけて高句麗を侵攻したが、全て失敗に終わった。これにとどまらず、中国大陸を統一した大帝国·隋は、高句麗との闘いにより国力が尽き果ててしまった。その影響で国内の動揺と葛藤が生じて滅亡に至った。

高句麗の渡来人のリーダーである若光も欠かすことのできない「ワッソ」の主要人物の１人だ。若光は、高句麗最後の王·宝蔵王の息子または高句麗王族の一員とされる。高句麗から渡って来た渡来人とその一族を集め、埼玉県にコリアタウンをつくった。その在日高句麗集落は埼玉県一帯にさまざまな施設と地名として残っている。高麗氏、高麗神社、高麗川、ＪＲ高麗川駅などがそれだ。高麗神社と高麗川駅の入り口に、韓国の古代から伝承されている村の守護神·長生が立てられている。ここが高句麗人の集落だ

설과 지명으로 남아 있다. 고려씨(高麗氏, 고마씨), 고려신사高麗神社, 고려강高麗川, JR고려천역高麗川驛 등이 바로 그것이다. 고려신사와 고려천역 입구에 한국의 고대부터 내려오는 마을의 수호신 '장승'이 세워져 있다. 여기가 고구려인 정착촌임을 보여주는 증거다.

한편 이 시기 일본은 견수사遣隋使를 5번에 걸쳐 파견했다. 당대의 강국 수나라와의 관계개선을 꾀하기 위한 움직임이다. 견수사 기획자는 쇼토쿠태자의 스승인 고구려 승려 혜자로, 그는 강국과의 교류 필요성을 조언했다. 왔소에서는 당시의 일본과 수나라의 교류 장면을 재현한 세리모니를 보여주고 있다. 쇼토쿠태자의 명을 받고 수나라로 건너간 견수사 오노노이모코小野妹子와 그 답례로 방일한 수나라 사절 배세청裵世清이 물물교환하는 의식이다. 1995년도 왔소의 메인무대 사천왕사 경내에는 오늘날의 일본 외교인가 착각케 하는 현장멘트가 흘러나왔다.

"(일본의) 견수사 파견과 배세청의 일본방문은 쇼토쿠태자가 실시한 (주변)각국과의 등거리외교에서 가장 큰 성과라 할 수 있을 것입니다."

ったことを裏付ける証拠だ。

一方、この時期に日本は遣隋使を5回にわたって派遣した。当時の強国·隋との関係改善を図るための動きだった。遣隋使の企画者は、聖徳太子の師にあたる高句麗僧侶の慧慈で、強国との交流の必要性を助言した。「ワッソ」では当時の日·隋の交流を再現したセレモニーを行っている。聖徳太子の命を受けて隋に渡った遣隋使·小野妹子と、その答礼として訪日した隋の使節·裵世清による物々交換の儀式を再現したものだ。1995年、「ワッソ」のメーン舞台の四天王寺の境内では、まるで今日の日本外交かと思わせるようなコメントが聞かれた。

「(日本の)遣隋使派遣と裵世清の日本訪問は、聖徳太子が実施した(周辺)各国との等距離外交で最大の成果といえます」

◇◇◇◇◇◇◇◇◇◇◇

## 경춘선의 비밀, 일본인이 춘천에 열광하는 이유

◇◇◇◇◇◇◇◇◇◇◇

## 京春線の秘密、日本人が春川に熱狂する理由

'호반의 도시'

우리나라 사람에게 강원도 춘천의 이미지는 강과 호수를 끼고 있는 아름다운 도시, 연인과 나들이 가고 싶은 곳이다.

그럼 일본 사람들에게 춘천에 대해 묻는다면?

필자가 아는 일본인과 재일동포들에게서 돌아온 답은 아주 짧았다.

"욘사마"

湖畔の都市——。

韓国人にとって、江原道·春川のイメージは川や湖など豊かな自然に囲まれた都市、恋人と一緒に出かけたい場所だ。

それなら、日本人に春川のことを尋ねると?

筆者の知り合いの日本人と在日韓国人からは短い答えが返ってきた。

「ヨン様」だ。

### 우두산을 찾아온 일본인 50명의 정체

그렇다. 춘천은 일본에 욘사마, 드라마

### 牛頭山を訪れた日本人 50 人の正体

そうなのだ。春川は日本で「ヨン

겨울연가의 광풍을 몰고 왔던 한류의 출발지다. 그런데 춘천이 고대부터 이미 한류의 출발지였단 사실을 아는가? 우리는 잘 몰랐지만 일본인 가운데는 춘천을 신성시하는 이들이 존재한다. 그건 춘천이 일본열도를 만든 창조주의 집안이며, 교토 야사카신사의 주신主神인 소잔오존(일본명 스사노오)이 강림한 곳으로 알려져 있기 때문이다.

무슨 말인가 어리둥절하겠지만, 춘천에 있는 일본의 흔적들을 답사해보니 그건 사실이었다. 먼저 우두산에 가봤다. 춘천시내에서 소양강 다리를 건너 소양댐 쪽으로 올라가다보면 오른편에 야트막한 산이 있다. 우두산이다. 그런데 신기하게도 이곳을 찾아오는 일본인들이 실제로 있었다. 2019년 1월, 현장에서 만난 이곳 관리인 권오욱(82세)씨의 말이다.

"작년 여름 어느 날 일본사람들이 관광버스를 타고 찾아왔습니다. 2대가 왔으니까 4~50명은 족히 되었습니다. 생김새로는 전혀 몰라봤습니다. 일본말로 대화를 하며 '곤니치와' 인사를 건네기에 일본인인줄 알았습니다. 그 사람들이 여기 소슬묘를 둘러싸고 지켜보더니 묵념을 하고 돌아갔습니다."

일본인 목격담은 권 씨만이 아니었다.

様」、ドラマ「冬のソナタ」の大ブームを巻き起こした韓流の出発地だ。ところが、春川が古代から既に韓流の原点だったことを知っているのだろうか。あまり知られていないが、日本人の中には春川を神聖視する人たちが存在する。日本列島をつくった創造主のゆかりの地で、京都の八坂神社に祭られている素戔嗚尊(スサノオ)が天下りした場所として知られているためだ。

どういうことなのか疑問に思うだろうが、春川にある日本の痕跡を調べてみると、それは事実だった。まず、牛頭山に行ってみた。春川市内から昭陽江の橋を渡り、昭陽ダム側に上ってみると、右側に低い山がある。牛頭山だ。不思議にもここを訪れる日本人が実際にいた。2019年1月、現場で会ったここの管理人のクォン·オウクさん(82)はこう言う。

「昨年の夏のある日、日本人が観光バスに乗ってここを訪れました。2台で来たから40～50人だと思います。顔では(日本人とは)知らなかったです。日本語で会話をし、『こんにちは』とあいさつをしたので、日本人だと知りました。彼

종종 일본인들을 본다는 또 다른 관리인인 김성산(78세)씨는 "우두산에 왜 일본사람들이 오는지 모르겠다"면서 "자기들과 관계된 뭔가가 있을 거란 생각이 든다"고 말했다. 이와 관련하여 향토사 연구자인 오동철 춘천역사문화연구회 사무국장은 보다 구체적인 증언을 했다.

"몇 년 전 일본사회당 정치인들이 춘천을 방문했을 때, 그들이 춘천은 일본인들에게 특별한 곳이라고 이야기했습니다. 저는 몇 번 우두산 소슬묘에 일본향이 피워져 있는 모습을 본 적이 있습니다. 신성시 하고

らはここのソスル墓を囲み、黙祷をしてから帰りました」

日本人を目撃したのはクォンさんだけではない。しばしば日本人を見るという別の管理人 キム・ソンサンさん(78) は「牛頭山になぜ、日本人が来るのかは分かりません。ただ、彼らと何らかの関係があると思います」と話す。 郷土史研究家で、春川歴史文化研究会の事務局長を務めるオ·ドンチョルさんの証言はより具体的だ。

「数年前、日本社会党の政治家らが

일본인들이 우두산을 찾는다고 증언하는 관리인들(2019년 1월, 춘천)

있는 게 틀림없다고 봐야겠지요."

### 우두산의 비밀

이제부터 우두산이 품고 있는 비밀을 하나씩 풀어보자. 우두산의 우두는 소머리를 말한다. 춘천주민들에게 구전으로 전해 내려오는 이야기는 산의 형상이 하늘에서 내려온 '소의 머리'처럼 생겼다고 해서 우두라 이름 붙었다고 한다. 그런데 희한하게도 일본역사서인 일본서기에도 이 소머리가 등장한다.

春川を訪れた時、彼らは春川が日本人にとって特別な場所と話していました。私は何度も、牛頭山のソスル墓に日本のお香が焚かれていることを見たことがあります。神聖視していることは間違いないと言っていいでしょう」

### 牛頭山の秘密

これから牛頭山の知られざる秘密に迫ろう。牛頭山の牛頭は牛の頭を指す。春川の住民に口伝で伝わる話では、山の

스사노오의 강림지란 설이 있는 우두산 소슬묘(2019년 1월, 춘천)

"이때에 소잔오존(일본명 스사노오)이 자식인 오십맹신(이타케루노카미)을 데리고 신라국 소시모리牛頭에 강림했다"是時、素戔嗚尊、帥其子五十猛神、降到於新羅国、居曾尸茂梨之處

이 내용은 일본서기 신대상神代上편의 제8단 1서에 기술되어 있다. 이는 일본인들이 16세기에 만든 일본서기 필사본 등 다양한 책자에서 똑같이 적혀 있다.

그럼 소잔오존이 누구이기에 일본인들은 관광지도 아닌 우두산까지 찾아온단 말인가? 소잔오존은 교토 야사카신사(八坂神社, 교토시 히가시야마구)의 주 제신이자, 일본 3대 마쓰리 중 하나인 기온마쓰리의 제신이다. 일본 건국설화에 등장하는 일본열도의 창조주인 이자나기伊邪那岐의 아들이기도 하다. 소잔오존의 별칭은 우두천왕(牛頭天王, 고즈텐노)이다. 휘몰아치는 폭풍을 관장하는 신으로, 바다를 다스리라는 아버지 이자나기의 명을 거역하는 등 난폭함 때문에 지상으로 추방됐다고 한다. 신처럼 완벽하지 않고 인간미가 있어서인지 우두천왕은 일본인들에게 건국신화의 여신 아마테라스 오미카미天照大神보다 인기가 많다.

일본서기에 의하면, 소잔오존은 우두산에 강림하며 "이 땅에서는 살고 싶지 않구나"라고 말하고, 아들 이케타루와 함께 진흙으로 배를 만들어 동쪽의 일본 땅 이즈모

形が「牛の頭」のように見え、牛頭という名前がついたという。不思議にも日本の歴史書、日本書紀にもこの牛の頭が登場する。

「このときにスサノオは息子の五十猛神(イタケルノカミ)を連れて、新羅国に降り、曾尸茂梨(ソシモリ)に辿り着いた(是時、素戔嗚尊、帥其子五十猛神、降到於新羅国、居曾尸茂梨之處)」

これは日本書紀巻第一神代上第八段一書に記されている。日本人が16世紀につくったものなど、主な写本に同じ内容が記録されている。観光地でもない牛頭山まで日本人の足を運ばせる素戔嗚尊は果たして誰なのか。素戔嗚尊は京都の八坂神社(京都市東山区)の主祭神であり、日本の3大祭りである祇園祭の祭神だ。日本の国産みをしたとされる伊邪那岐(イザナギ)の息子でもある。素戔嗚尊の別名は「牛頭天王(ごずてんのう)」だ。暴風雨を司る嵐の神で、海を司るよう命じた父親の伊邪那岐に逆らうなど、乱暴者であるがゆえに高天原から追放されたとされる。神のように完璧ではなく、人間味があるからか、牛頭天王は日本建国神話の天照大神より人気が高い。

日本書紀によると、素戔嗚尊は牛頭山

出雲로 건너갔다고 한다. 서기 속 '이 땅'이 우두산인지 증명할 길은 없다. 그런 시도는 있었다. 일제강점기 때 일본인들이 우두산을 대대적으로 발굴작업을 했고, 여기에 대형신사도 지으려 했다. 짐작컨대 소시모리, 그러니까 소머리와 소잔오존과의 연관성을 찾기 위한 발굴이었으리라. 신사를 지으려는 시도는 우두산을 종산으로 쓰는 선산김씨 일가와 춘천주민들의 극렬한 반대에 부딪혀 무산되었다.

に降りて「この土地に、わたしは居たくない」と言い、息子の五十猛神(イタケルノカミ)と共に、土の船を作り東側の出雲(島根県)に渡って来たという。日本書紀に登場する「この土地」が牛頭山なのかは確認できない。しかし、日本による植民地時代に日本は大々的に牛頭山の発掘作業を行ったほか、ここに大きな神社を建てようとした。発掘作業はおそらく、曾尸茂梨と素戔嗚尊との関連を探るものだったたろう。神社を建てる計画はこの山を先祖代々続くお墓とする善山金氏一

京都府

祇園の八坂神社

八坂神社の由緒

神社発行の『八坂神社由緒略記』には、要旨次のように記されています。

「八坂神社は明治初年までは祇園社と称していた。社伝によると、八坂神社は斉明天皇二年（656年）、高麗から来た伊利之が、新羅国牛頭山に祀られていた素戔嗚尊を山城国愛宕郡八坂郷にうつし祀り、八坂の姓を賜ったのに始まる。伊利之来朝のこと、および、素戔嗚尊が御子五十猛神と共に新羅国の曽戸茂梨（楽浪郡牛頭山）に降られたことは『日本書紀』に記すところであり、『新撰姓氏録』には八坂造は狛国人意利佐の子孫なりとあることと考え合わせて、ほぼ妥当な創祀と見てよい。」と。

同じく神社発行の『八坂神社』（小冊子）には、要旨次のように記されています。

야사카신사의 유래를 기록하고 있는 「八坂神社由緒略記」 해설

## 고구려사신 이리지는 춘천사람

우두산 이야기에서 지나칠 수 없는 역사 인물이 있다. 일본사서에 여러 차례 등장하는 이리지伊利之다. 이리지는 소잔오존의 신주를 일본에 옮겨온 사람이다. 일본서기에는 이리지가 백제계 여왕인 사이메이(齊明 655~661 재위)천황 2년 8월 8일에 부사副使로서 달사達沙 등 81명의 고구려 사신단의 일원으로 일본에 왔다고 기술했다. 야사카신사의 옛 기록 '유서약기由緒略記'는 "고구려에서 이리지가 신라의 우두산에 있는 소잔오존을 교토 땅에 모시고 와서 제사지내게 됐고, (일본)조정은 이리지에게 팔판조(八坂造·야사카노미야쓰코)라는 성을 보냈다"고 전했다.

이리지와 관련한 또 하나 흥미로운 기록은 신찬성씨록에 있다. 이 책자의 산성국제번山城國諸蕃 항에는 "도래인 팔판조(이리지)의 조상은 '맥국인 지류천마내 의리좌'이다"라 쓰여 있다. 원문기록은 出自狛國人之留川麻乃意利佐也이다. 여기서 맥국貊國은 춘천에 있던 고대국가 이름이다. 신찬성씨록이 사실이라면, 이리지 선조들은 춘천에서 살았다는 소리가 된다. 따지고 들어가면 수수께끼 투성이다. 고구려 사신이 신라

家と、春川の住民の激しい反発にぶつかり、実現しなかった。

## 高句麗の使節・伊利之は春川の人

牛頭山の話をする際に、言わざるを得ない歴史人物がいる。 日本史書に何度も登場する伊利之使主(いりしおみ)だ。素戔嗚尊の神主を日本に移したとされる。日本書紀によると、伊利之は百済系の女王である斉明(在位655～661)在任期の656年、副使として達沙など81人の高句麗の使節の一員として来日した。八坂神社の由緒略記には、「高句麗から伊利之使主が新羅の牛頭山にある素盞烏尊の神主を京都(山城国八坂郷)に持ってきて祀るようになり、朝廷は伊利之に八坂造(やさかのみやつこ)という姓を贈った」という内容が書いてある。

伊利之に関するもう一つ、興味深い記録は古代氏族名鑑の「新撰姓氏録」にある。新撰姓氏録の「山城国諸蕃」の項には「渡来人の八坂造(＝伊利之)の祖は狛国人、之留川麻之意利佐(しるつまのおりさ)」と記してある。 原文の記録は「 出自狛國人之留川麻乃意利佐也」だ。ここ

신을 모시고 간 이유도, 맥국 사람인 이리지가 고구려 사신이 되어 일본에 갔다는 이유도...

이리지는 당시 일본수도인 교토에서 힘이 센 권력자의 반열에 올랐던 건 틀림없다. 그가 세운 사찰은 야사카신사만이 아니다. 야사카신사를 정면으로 바라봤을 때, 오른쪽 언덕 기슭에는 호칸지(法觀寺, 야사카의 탑)가 서있다. 그의 집안에서 세운 절이 바로 호칸지로, 야사카지八坂寺라고도 부른다.

역사연구가 이토 노부히로(伊藤信博, 나고야대학)씨는 '칸무 시기의 정책에 관한 1분석桓武期の政策に関する一分析'이란 논문에서 "헤이안경(京,수도)의 기초를 닦을 때도 하타씨(신라계 秦氏), 야사카 씨 등 도래계 호족의 협력 없이는 불가능했다"면서, 호칸지에 대해 "고구려에서 온 도래인으로 여겨지는 야사카노미야스코八坂造 일족의 집안 사찰로 창건됐다"고 밝혔다.

이밖에도 춘천에는 일제 때 전국 4대 신사에 속했던 춘천신사(훗날 강원신사)의 흔적이 오롯이 남아 있다. 강원도청 뒤편 세종호텔이다. 1918년 세워진 춘천신사는 지금도 출입문과 계단, 주춧돌, 본전기단의 형태가 남아 있다.

で狛国とは春川にあった古代国家だ。新撰姓氏録の記録が事実なら、伊利之の先祖は春川に居住したことになる。一つ一つを明確にしていこうとすると、謎だらけとなる。高句麗の使節が新羅の神主を持ってきた理由も、狛国の人だった伊利之が高句麗の使節となり、来日した理由も……。

伊利之は当時、日本の首都、京都で力のある権力者の地位にあったのは間違いないようだ。彼が建立した寺は八坂神社だけではない。八坂神社と清水寺の中間に位置している法観寺(八坂の塔)も建立した。法観寺は彼の家の中に造った寺で、八坂寺とも呼ぶ。

歴史研究者の伊藤信博氏(名古屋大)は、論文「桓武期の政策に関する一分析」で、「平安京の礎を築く際も、秦氏·八坂氏等の渡来系豪族の協力無しには不可能であった」とし、法観寺については「高句麗からの渡来人と思われる八坂造一族の氏寺として創建」と言及した。

このほかにも、春川には日本による植民地時代に全国４大神社だった春川神社(後の江原神社)の痕跡がそのまま残っている。江原道庁の裏にある世宗ホテルだ。

지방의 작은 도시 춘천에 일제 때 전국 2000개 이상의 신사 중 4대 신사가 세워진 이유는 무엇일까. 그마저도 모자라 일본인들은 우두산에도 대형신사를 지으려 했다고 한다. 경춘선京春線, 서울과 춘천을 잇는 철도노선이 한국역사상 최초로 개인이 건설한 사철이란 사실도 흥미를 자극한다.

2000년대 한류열풍의 출발지인 춘천, 고대로부터 일본과의 떼려야 뗄 수 없는 이야기들이 숨어 있다.

이제는 경춘선의 비밀을 풀어야할 때가 된 게 아닌가.

1918年に建立した春川神社は現在も入り口、階段、礎石、本堂基壇の形態が残っている。 日帝時代に朝鮮全土に2000以上の神社があったとされる。地方の小さな都市、春川に、 2000以上の神社のうち、４大神社の一つが造られた理由は何だろう。これにとどまらず、日本人は牛頭山にも大きな神社を建立しようとしたという。ソウルと春川を結ぶ鉄道路線の京春線は韓国史上初めての私鉄であることも興味深い。

2000年代の韓流ブームの出発地だった春川、古代から日本と切っても切れない物語が隠れている。

もう京春線の秘密を解明する時がきたのではないだろうか。

*** 일본문헌 속 고구려사신 이리지伊利之**

1) 新撰姓氏錄(신찬성씨록)

신찬성씨록은 서기 815년 일본왕족인 만다 신노(萬多親王, 788~830)가 편찬한 씨족 명부다. 1182개 씨를 출신성분 별로 분류하여 선조까지 기록해둔 역사서다. 당시 일본 왕실과 귀족 대다수가 한반도 도래인임을 입증해주고 있다. 고구려 사신 이리지의 출신에 대해서는 다음과 같이 기술했다.

씨족 八坂

성 造

서열 933

본관 山城國

종별 諸蕃

세분 高麗(고구려)

시조 出自狛國人之留川麻乃意利佐也。

2) 재일동포 학자 김달수金達壽의 「일본 속 조선문화2」

야사카신사가 1870년에 출판한 『八坂社舊記集録』 상중하 권두에 이런 기록이 있다. 1079년 연대에 쓴 기재문을 등사했다는 「八坂郷鎮座大神之記」가 나온다.

***日本の文献にみられる高句麗の使節、伊利之**

1)新撰姓氏録

新撰姓氏録は815年に日本の王族、万多親王(788～830)が編纂した氏族の名鑑で、1182の氏を出自ごとに分類し、先祖まで記録した歴史書だ。当時、日本の皇室と貴族の大多数が朝鮮半島の渡来人であったことを立証している。高句麗の使節、伊利之の出身については次のように記述した。

氏族 八坂

姓 造

序列 933

本貫 山城国

種別 諸蕃

細分 高麗(＝高句麗)

始祖 出自狛国人之留川麻乃意利佐也。

2)在日同胞学者、金達寿の「日本の中の朝鮮文化2」

＜八坂神社が1870年に出版した『八坂社舊記集録』上中下巻頭に承暦3(1079)

사이메이斉明천황 2년, 고구려사신 이리지가 일본 왕실을 방문했을 때 "신라국 우두산의 주좌지웅존(須佐之雄尊, 소잔오존)을 기린다"고 전해졌다. 이리지는 『신찬성씨록』 산성국제번의 야사카노미야쓰코八坂造에 오리사(意利佐, 의리좌) 이름이 보인다. 야사카신사 부근은 원래 야사카고우八坂郷라 불렸다. (야사카)신사의 전설에 따르면, 656년 고구려에서 일본에 온 조진부사調進副使 이리지가 창건했다고 한다. 우두천왕牛頭天王은 석가의 탄생지와 인연이 있는 기온정사의 수호신이며, 이름은 신라의 우두산에서 유래한다는 것이다.

* 사진은 「八坂郷鎮座大神之記」

八坂郷鎮座大神之記

斉明天皇即位二年丙辰八月韓國之調進副使伊利之使主
再来之時新羅國牛頭山座須佐之雄尊之神御魂斎祭來而
皇國[illegible]依之愛宕郡賜八坂郷並八坂造之姓十二年後
天智天皇御宇六年丁卯社號為感神院宮殿全造營而牛頭
山[illegible]大神予牛頭天王奉称祭祀畢
淳和天皇御宇天長六年右衛門督紀朝臣百繼承感神院祠
官並八坂造之業賜為受續

奉齋御神名記

中央座
神速須佐乃男尊

1870년에 발간된 「八坂社舊記集録」 (상편 발췌)

年の年代の記された記載を謄写したという「八坂郷鎮座大神之記」にはとあり、斉明天皇2年高句麗の使、伊利之使主が来朝したとき新羅国の牛頭山の須佐之雄(すさのおのみこと)尊を祭ると伝えられる。伊利之は『新撰姓氏録』山城国諸蕃の八坂造に、意利佐の名がみえ、祇園社附近はもと八坂郷と称していた。または、ヤマタノオロチが変化したものとも考えられている。社伝によれば、斉明天皇2年、高句麗から来日した調進副使·伊利之使主の創建とされる。牛頭天王は釈迦の生誕地に因む祇園精舎の守護神とされ、名は新羅の牛頭山に由来するのだという>

* 写真は「八坂郷鎮座大神之記」

07

# 3412대 1, 신라 아카루히메 선발대회

# 競争率3412倍「新羅·阿加留比売」選抜大会

05, 06편에 이어 왔소 퍼레이드에 등장하는 한반도의 나라들과 위인들의 발자취를 따라가 본다. 이번에는 한반도를 평정한 최초의 통일국가인 신라와 일본의 관계를 찾아간다.

05， 06に続き、「ワッソ」のパレードに登場する朝鮮半島の国家と偉人たちの足跡をたどる。今回は朝鮮半島を治めた最初の統一国家·新羅と日本の関係を探る。

## '왔소'의 꽃, 아카루히메

## 「ワッソの花」阿加留比売

신라(新羅, B.C.57~935)는 일찍이 경상도 지방을 중심으로 흥한 고대국가이다. 676년에 신라는 서남부의 백제, 북부의 고구려를 흡수 평정하였다. 한반도를 처음으로 통일한 국가인 신라 역시 일본과 깊은 교류의 연을 맺었다. 아스카, 나라 시대에는 정치, 문화적으로 일본에 지대

新羅(B C 57 ～ 935)はかつて、慶尚道地方を中心に栄えた古代国家だ。新羅は676年、西南部の百済、北部の高句麗を吸収して治めた。朝鮮半島を初めて統一した国家の新羅もやはり、日本と深い交流の縁を結んだ。飛鳥·奈良時代には、政治的·文化的に多大な影響を

한 영향을 미쳤다.

왔소 퍼레이드에서 신라 행렬의 선봉은 아카루히메阿加留比売다. 일본에서 제일 오래된 정사인 일본서기는 신라에서 온 여신으로 기술하였다. 마찬가지로 일본역사서인 고사기는 중권 오진応神천황편에서 여자가 햇빛을 받고 알을 낳았으며, 거기서 인간이 태어났다고 기술했다. 난생신화의 주인공이자, 태양을 나타내는 붉은 마노구슬의 화신이다.

아카루히메는 왔소 '축제의 꽃'이다. 가장 화려한 스포트라이트를 받는 포지션이다. 히메姫는 현대일본어로 여성을

与えた。

「ワッソ」のパレードにおける新羅行列の先鋒は、阿加留比売(あかるひめ)だ。日本で最も古い正史・日本書紀は、新羅から来た女神と記述した。同じく日本歴史書、古事記は中巻·応神天皇編で、女性が陽の光を浴びながら卵を産み、そこから人間が生まれたと記述している。卵生神話の主人公であり、太陽を表す赤いメノウ玉の化身だ。

阿加留比売は、「ワッソ」祭りの「花」だ。主人公として、最も華やかなスポットライトを浴びるポジション

2013왔소-신라에서 온 여신 아카루히메 부부

미화하여 부르는 호칭이다. 히메가 되기 위한 경쟁은 엄청나게 치열했다.

1995년 10월 5일, 오사카의 호텔뉴오타니에서 열린 아카루히메 선발대회에는 무려 3,412명이 응모했다. 마치 미인대회를 방불케 하는 치열한 경쟁을 실감케 한다. 예선과 결선을 모두 뚫은 단 한 명만이 영예의 아카루히메 자리를 차지할 수 있다.

퍼레이드에는 아카루히메의 남편도 등장한다. 신라왕자 천일창(天日槍, 아메노히보코)이다. 그는 한일 고대사에서 중요한 역할을 한 인물로 기록되고 있다. 일본인 민속하자 타니가와 겐이치谷川健一는 천일창에 대해 저서 '청동신의 족적'(青銅の神の足跡, 集英社, 1979년)에서 이렇게 묘사했다.

"스이닌垂仁 천황 3년 3월 신라로부터 천일창 왕자가 여러 가지 옥과 검, 거울, '곰의 신리'(熊神籬, 구마노히모로기) 등 모두 일곱 가지 물건을 갖고 왜국으로 건너왔다"('일본서기')고 한다. 천일창 왕자가 왜국 스진崇神 왕의 아들 스이닌 왕 초기에 신라로부터 건너왔다는 것은 신라 왕실과 스이닌 왕가의 밀접한 혈연관계를 구체적으로 제시한 것으로 본다. 지

にある。比売(姫)は高貴な身分にあった人の息女の敬称として広く用いられたが、現代においては女性に対する美称となっている。阿加留比売の役を巡る競争は熾烈を極めた。

1995年10月5日、大阪のホテルニューオータニで開かれた阿加留比売選抜大会には、一般から3412人の応募があった。ミスコンテストを彷彿とさせるような熾烈な大会であることを実感させる。予選と決戦を勝ち抜いた1人のみが阿加留比売となるのだ。

パレードには阿加留比売の夫も登場する。新羅の皇子、天日槍(あめのひぼこ)だ。韓日古代史で重要な役割を担った人物と記録されている。日本の民俗学者、谷川健一さんは天日槍について、著書「青銅の神の足跡」(集英社、1979年)で、こう説明している。

<「垂仁天皇3年3月、新羅から天日槍皇子が複数の玉と剣、鏡、"熊神籬"など、全7種の品を携えて倭国に渡ってきた(日本書紀)」という。天日槍皇子が倭国の崇神王の息子、垂仁王初期に新羅から渡ってきたということは、新羅王室と垂仁王家の密接な血縁関係

금도 일본 각지에는 천일창 왕자를 제신祭神으로 모신 신사들이 다수 존재하고 있다. 즉, 당시 천일창의 존재가 왕에 필적하는 높은 신분이었음을 살피게 한다.”

왔소에서는 이런 기록들을 기초로 하여 독특한 세리머니를 만들어냈다. 천일창 왕자가 신라에서 갖고 온 일곱 가지 물건을 뜻하는 신보神寶를 재현하는 세리머니가 바로 그것이다. 그는 부인 아카루히메를 따라 일본으로 건너와 오우미, 에치젠, 단바近江・越前・丹波 등을 돌아다닌 후에 다지마但馬에 머물렀으며, 다지마 지역의 큰 세도가가 되었다고 한다. 그러다보니 지금도 이스시신사出石神社등 곳곳에서 신神으로 추앙받고 있다. 태초부터 신이었던 아카루히메 역시 다양한 전설을 낳으며, 일본인이 추앙하는 존재가 되고 있다. 그 증거는 오사카에 있는 히메코소신사比賣許曾神社, 히메지마신사姬島神社를 비롯하여 규슈, 셋토나이 등지에 산재해 있는 수많은 아카루히메 신사들이 말해주고 있다.

を具体的に示しているとみられる。現在も、日本各地では天日槍皇子を祭神と崇める神社が各地に多数存在している。つまり、当時の天日槍の存在が、王に匹敵する高い身分だったことを知らしめている＞

「ワッソ」では、こうした記録を基に独特なセレモニーを作り出した。天日槍皇子が新羅から持参した７種の品を示す「神寶」を再現するセレモニーもその一つだ。彼は、夫人である阿加留比売を伴い、日本に渡り、近江、越前、丹波などを巡った後に但馬に留まり、その地域で大きな勢力を持ったとされている。現在も出石神社などでは神として崇められている。天地の開けはじめた時から神だった阿加留比売も様々な伝説とともに、日本人から崇められる存在になっている。比賣許曾神社、姫島神社など、九州、瀬戸内、難波に阿加留比売を崇める神社が多数残っていることがそれを裏付けている。

## 김춘추는 신라의 ‘욘사마’

이제부터는 삼국사기 등 우리나라 역

## 金春秋は新羅の「ヨン様」

三国史記など韓国の歴史書に登場す

사서에 등장하는 신라의 위인들을 만나러 가보자. 왔소에 등장하는 신라의 위인들의 면면은 그 이름만으로 탄성이 나올 만큼 화려하다. 한반도 삼국을 통일한 명장 김유신金庾信, 통일신라의 기초를 다진 명군 김춘추金春秋, 신라 삼문장三文章으로 불린 학자 최치원崔致遠과 설총薛聰, 불교종파인 화엄종華嚴宗의 창시자 원효元曉등이다.

설총은 한자의 음과 뜻을 빌려 한국어를 적는 표기법인 이두吏讀의 발안자이다. 그가 만든 이두는 일본의 만요가나萬葉假名에 직접적인 영향을 미쳤다고 전해진다. 즉 일본인들의 문명화에는 한자를 전수해준 백제인 왕인 뿐 아니라 신라인 설총도 공헌했음을 말해준다.

왔소에서 거대한 목선 후나단지리를 타고 등장하는 김춘추는 퍼레이드의 또 다른 주인공이다. 당대 동아시아 정세, 한 치 앞도 보이지 않는 격동의 시대에 외교의 중요성을 여실히 증명한 역사인물이기도 하다. 김춘추는 백제, 고구려보다도 국력이 약했던 신라를 대표하여 몸소 고구려, 왜, 당나라를 방문하면서 활발하게 외교를 전개했다. '일본서기'에 적힌 김춘추 묘사는 구체적이다.

る新羅の偉人たちをみてみよう。「ワッソ」に登場する新羅の偉人たちはそうそうたる顔ぶれだ。朝鮮半島の三国を統一した名将·金庾信、統一新羅の基礎をつくった名君·金春秋、新羅三文章とされる学者·崔致遠と薛聰、仏教宗派·華厳宗の創始者·元暁などだ。

薛聰は、漢字の音と意味から韓国語をおこす表記法「吏讀」の発案者だ。彼がつくった吏讀は、日本の万葉仮名に直接的な影響を与えたと伝えられている。すなわち、日本人の文明化には、漢字を伝えた百済の王仁だけではなく、新羅の薛聰も寄与したと言える。

「ワッソ」で巨大な船だんじりに乗って登場する金春秋は、パレードのもう一つの主役だ。当時、東アジアの激動の時代に、外交の重要性を懸命に証明した歴史上の人物でもある。彼は百済、高句麗よりも国力が弱かった新羅を代表し、直接高句麗、倭、唐を訪ずれ活発に外交を展開した。日本書紀は金春秋のことを具体的に記録している。647年に来日した際の彼の容姿を説明している。

「姿顔美くして、善みて談笑す＝日本書紀孝徳天皇(四十八)＝」。

647년도에 일본을 찾았을 때 그의 모습을 이렇게 적었다.

"용모가 아름답고 착하고 담소를 잘했다(春秋美姿顔善談笑, 일본서기 孝德天皇48편)"

적성국이나 다름없는 신라의 사신을 이토록 절찬할 수 있다는 게 신기하다. 김춘추는 오늘날로 치면 신라판 '욘사마'가 아니었을까. 그런 점을 떠나서도 김춘추는 반만년 한국의 역사에서도 삼국통일의 길을 닦은 일등공신으로 기록되고 있다. 그가 주변강국에 끼인 약소국이 살아남는 방법을 몸소 보여주며, 역사의 교훈을 남긴 건 아닐까.

왔소축제, 대망의 피날레는 사천왕사의 창건자인 쇼토쿠태자聖德太子의 몫이다. 동아시아 각국과의 교류에 힘을 기울인 쇼토쿠태자는 평화선언을 행한다. 해마다 일본의 오피니언리더들이 태자역을 맡아 선언문을 낭독하고 있다. 태자의 평화선언문 내용은 해마다 조금씩 달라진다. 90년대 한일관계, 왔소를 만든 당시 한일시민의 생각을 옮긴다는 의미에서, 제6회 왔소 대회 때의 평화선언문을 소개한다.

"일찍이 오사카는 국제교류의 거점이었습니다. 일본과 동아시아 여러 나라

敵国同然の新羅の使節について、このように絶賛したことは不思議だ。金春秋は今日の「ヨン様」ではなかっただろうか。これはさておき、金春秋は韓国の歴史においても、三国統一の道筋をつくった一番の立役者として記録されている。彼は周辺強国に挟まれた弱小国が生き残る方法を示すという歴史の教訓を残したのではないだろうか。

フィナーレは、四天王寺の創建者・聖徳太子の役どころだ。東アジア各国との交流に力を注いだ聖徳太子役が平和宣言を行う。毎年、日本のオピニオンリーダーが太子の役を務め、宣言文を朗読している。平和宣言の内容は毎年やや異なる。90年代の韓日関係、ワッソをつくった当時の韓日市民の思いを反映するとの意味から、第6回目の平和宣言文を紹介する。

「かつて大阪は国際交流の拠点でした。日本と東アジア各国における自由で活発な交流はここから始まりました。その後、幾度もの変遷を経て、熱い友情の力で今日に至りました。アジアが今や世界経済をリードするほどに成長できたのは、まさにこの交流と友情の歴史のたま

와의 활발하고 자유로운 교류는 여기서 시작되었습니다. 이후 여러 변천을 거쳤으나 두터운 우정의 힘으로 오늘날에 이르렀습니다. 아시아가 이제 세계경제를 주도할 정도로 성장할 수 있던 것은 바로 이 교류와 우정의 역사에 의한 것입니다. 고대 동아시아 국제교류의 재현으로서 시작된 이 사천왕사 왔소도 해마다 성대해지고 여기에 생기는 상호신뢰와 존경하는 마음이 더욱 크게 꽃피어 세계평화에 공헌하기를 바랍니다."(1995년 11월 3일 발표문, 원문 그대로)

ものです。古代東アジアの国際交流の再現として始まったこの四天王寺ワッソも、毎年盛大になり、ここで生まれる相互信頼と尊敬する心がより大きく花開き、世界平和に貢献することを願います」(1995年 11月 3日発表文)

신라 제29대 무열왕 김춘추(출처: 한국학중앙연구원)

08

## 재일동포사회의 구심점, 간사이흥은 파탄

## 在日社会の求心的な存在、関西興銀の破綻

대규모 이벤트를 치르려면 유력 스폰서의 존재는 불가결하다. 왔소는 재일동포 민족금융기관인 오사카흥은(훗날 간사이흥은)의 힘으로 개최되어 왔다. 흥은이 메인스폰서였고, 재정조달과 참가자를 모집하는 창구였기 때문이다. 08편은 흥은이 담당해온 역할에 대해 소개한다.

大規模なイベントを行う際は、有力なスポンサーの存在は不可欠だ。「ワッソ」は民族金融機関の大阪興銀(後の関西興銀)に支えられ、開催されてきた。興銀がメーンスポンサーであり、財政調達と参加者募集の窓口だったためだ。今回は興銀が担ってきた役割について紹介する。

### 오사카 3대 축제가 된 〈왔소〉

### 大阪３大祭りとなった「ワッソ」

거리 퍼레이드를 포함하여 왔소에 참가하는 스텝은 3600명에서 4000명을 헤아렸다. 이 많은 인원이 옛날 한반도의 복식을 차려입고 후나단지리와 가마에 올라 이동하며, 춤과 노래와 무용을

ストリートパレードを含め、「ワッソ」に参加するスタッフは、少なく見積もっても3600～4000人を超えていた。これだけ多くの人々が古の朝鮮半島の衣装を身につけ、船だんじりと

펼친다. 일련의 행사자체를 치르는 것만으로 엄청난 인력과 예산이 소요된다. 더욱이 옛날 그대로의 모습을 재현해보자는 시도였으니, 무모한 도전이 아닐 수 없었다.

"왔소를 한창 준비할 때 주변 반대가 극심했습니다. (88서울올림픽 개회식 총 기획자인) 한국의 이어령李御寧 문화부 장관은 이런 행사는 결코 불가능하니 일찍이 포기하라고 합디다. 그런 소리를 들으셨는지 아버지 이희건李熙健 오사카흥은 이사장도 무리한 일이라며 반대의 뜻을 내비쳤습니다. 왔소는 고집을 부려 밀어붙인 끝에야 막을 올릴 수 있었습니다. 그런데 첫 대회 때 도쿄에서 내려온 이원경李源京 주일한국대사가 현장을 보더니 「이건 정말로 대단하다」며 감탄사를 연발했습니다."

2018년 7월 인터뷰에서 흥은의 이승재李勝載 부회장은 당시 상황을 또렷하게 복기해냈다. 수천 명의 스텝과 수십만 명의 관람객이 찾는 왔소는 오사카의 3대 축제로까지 발전해갔다. 재일동포들뿐 아니라 일본인을 아우르는 광폭의 참여는 거대한 축제의 장을 만들었다. 그게 가능했던 건 든든한 스폰서의 존재

カマに乗って移動し、踊りと歌、演奏を披露する。一連の行事自体を行うだけで、大変な人員と予算を要する。特に、当時のままの姿を再現しようとしたことは、無謀すぎる挑戦に他ならなかった。

「ワッソの準備中、周囲からは猛反対を受けました。(88年ソウル五輪開会式の総企画者である)韓国の李御寧·文化部長官も、このイベントは絶対に不可能だから早々に諦めるべきだと言いました。そうした声が耳に入ったのか、父·李熙健大阪興銀理事長からも反対されました。ワッソは、我を押し通した結果により幕を開けることができたのです。初回開催時、東京から訪れた李源京·駐日韓国大使が現場を見て『これは本当に素晴らしい』と繰り返し感嘆していました」

2018年7月に行ったインタビューで、興銀の李勝載副会長は当時の状況を鮮明に回顧した。数千人のスタッフと数十万人の観覧客が訪れた「ワッソ」は、大阪の3大祭りにまで発展していった。在日同胞に加え、日本人もともに広く集う巨大な祭りの場を作った。それが可能だったのは頼もしいスポンサーの

덕분이다. 바로 '오사카흥은'이었다.

오사카흥은은 왜 이런 문화사업을 자청한 것일까. 흥은의 발자취를 통해 흥은이 담당해온 역할을 탐구해보자. 1955년 설립된 오사카흥은은 쓰루하시 시장의 재일동포 상인들과 오사카상공인들을 출자자로 모집하여 스타트했다. 영업기반은 쓰루하시시장, 조선시장, 일본최대 코리아타운이 있는 이쿠노지역이었다. 설립자 이희건 씨는 8.15해방(일본에서는 종전이라 표현) 직후, 이곳이 암시장이던 시절부터 리더십을 발휘해왔다. 암시장이던 쓰루하시시장을 미 군정GHQ과 교섭하여 정식시장으로 변모시켰고, 쓰루하시국제상점가 번영회장을 맡는 등 젊은 시절부터 발군의 리더십을 보여왔다.

주민의 4분의 1이 재일동포인 이쿠노 일대는 일본전국에서도 가장 많은 20만 명의 동포들이 거주하고 있다. 일제식민지 시절과 6.25한국전쟁을 전후하여, 부모와 함께 일본에 건너온 2~3세가 중심이다. JR긴테쓰 쓰루하시역에 내리면, 지금도 김치가게, 한복집, 불고기(야키니쿠)집이 즐비하다. 냄새만으로도 금세 한국사람 사는 동네임을 직감케 하는 곳이다.

存在があったからだ。それが「大阪興銀」だった。

大阪興銀はなぜこうした文化事業を自ら行ったのか。興銀の足跡を通し、興銀が担ってきた役割を探ってみたい。1955年に設立された大阪興銀は、鶴橋市場の在日同胞商人と大阪の商工人らを出資者として募り、スタートした。営業基盤は鶴橋市場、朝鮮市場、そして日本最大のコリアンタウンである生野地域だった。設立者の李熙健氏は8.15解放(太平洋戦争終結)直後、ここが闇市場だった時代からリーダーシップを発揮してきた。闇市場だった鶴橋市場を連合国軍総司令部(ＧＨＱ)と交渉し、正式な市場にして鶴橋国際商店街の繁栄会長を務めるなどした。

住民の４分の１が在日同胞である生野一帯は日本全国で最も多い20万人の同胞が居住している。植民地時代と朝鮮戦争を前後し、両親と共に日本に渡って来た２～３世が中心だ。ＪＲ近鉄鶴橋駅を降りると、現在もキムチを売る店や韓服店、ホルモン焼き屋などが立ち並ぶ。その匂いだけでも韓国人が暮らしていることを察することができる。

## 재일동포사회의 구심점, 흥은의 파탄

## 在日社会の求心的な存在、関西興銀の破綻

오사카흥은은 이 지역의 재일동포 사회를 지탱해온 조직체였다. 우선 금융 면을 살펴보면, 1968년 한국계 민족 금융기관 가운데 제일 먼저 예금고 100억 엔을 달성했다. 이어서 1991년에는 '마의 벽'으로 여겨지던 예금고 1조 엔마저 돌파했다. 이는 일본 내 전체신용조합 가운데 압도적인 1위였다. 1993년 7월 1일에는 관서지방 5개 재일동포 신용

大阪興銀は、同地域の在日韓国人社会を支えてきた組織だった。まず金融面では、68年に韓国系金融機関の中で最初に預金高100億円を達成した。さらに91年には「魔の壁」といわれる預金高1兆円も突破した。日本国内の信用組合の中でも圧倒的なトップだった。93年7月1日には、関西地域の韓国系信用組合5行を合併し、関西興銀

이희건 오사카흥은 창립자(흥은 집무실에서)

조합을 합병하여 간사이흥은關西興銀으로 다시 태어났다. 이에 따라 영업지역과 사업영역은 더 확장되었다.

"흥은의 발전은 왔소 관계자에게도 큰 격려가 되었습니다. 해마다 출품작도 충실해지고, 재일동포들의 왔소에 대한 기대감도 고조되어 갔습니다. 이윽고 화교사회로부터의 오퍼도 왔습니다. 등장인물에 중국의 수, 당의 사절도 추가됐고, 베트남과 인도 사절까지 추가하는 흐름이 생기게 됩니다. 한일친선에서 동아시아로 시야가 넓어진 것이지요."(2018년 7월, 이노쿠마 카네가쓰 오사카 왔소문화교류협회 이사장)

일본의 외국계 시중은행으로 발전시킬 꿈과 함께 탄생한 간사이흥은. 하지만 예기치 못한 사태에 직면하며 성장가도에 브레이크가 걸린다. 90년대 말 일본의 버블붕괴에 따른 대량 불량채권 발생. 이에 따라 일본당국의 금융기관 체크과정에서 다수의 은행들이 정리대상에 오르게 된다.

이러한 일본경제의 침체흐름 속에 일본 당국의 금융사 대출문제에 대한 관리감독이 강화된다. 그 과정에서 당국은 간사이흥은에게 칼날을 향한다. 부실실

を誕生させた。これにより、営業地域と事業はさらに拡大した。

「興銀の発展はワッソ関係者にも大きな励みとなりました。毎年の出し物も充実していき、在日韓国人たちのワッソに寄せる期待感も高まっていきました。やがて華僑社会からのオファーも聞かれ始めました。中国の隋·唐の使節も登場し、ベトナムとインドの登場人物も追加される流れが生じました。韓日親善から、東アジアへと視野が広がったのです」(2018年7月、猪熊兼勝大阪ワッソ文化交流会理事長)

日本の外国系市中銀行へと発展させるという夢とともに誕生した関西興銀。だが予想だにしない事態に直面し、成長の勢いにブレーキがかかる。90年代末、日本のバブル崩壊によって大量の不良債権が発生。これにより、日本当局が金融機関を精査する過程で多くの銀行が整理対象になった。

こうした経済の流れを受け、日本当局は融資問題巡り、金融機関に対する監督管理を強化する。その過程で当局は関西興銀にも牙をむいた。不良債権を巡る攻防戦の末、興銀は日本当局の

오사카흥은 본점 옛사옥

오사카흥은 본점 현재-긴기산업신용조합으로 바뀌었다

오사카 쓰루하시상점가 입구

체를 둘러싼 공방전 끝에 흥은은 일본당국의 제재를 피할 수 없게 된다. 2000년 12월 일본의 금융재생위원회는 간사이 흥은을 '금융재생법 8조에 의한 직권에 기초한 파탄처리'한다고 결정했다.

"복잡한 마음이지만 역사적으로 보면 민족차별이라고도 이해할 수 있습니다. 흥은은 기본적으로 소매동포상인, 영세기업 고객이 많았으니까요. 불량채권이란 말은 냉혹하며 그 역사적 배경도 고려되지 않았습니다. 경제적인 논리로 보면 정론正論일지도 모르나, 근현대 한국과 일본의 관계사로 보면 약자인 재일동포에 대한 민족적인 시책이라고 조차 느껴졌습니다. 흥은의 해체는 곧 왔소의 소멸을 의미했습니다."(이노쿠마 이사장)

"흥은은 단순한 금융기관이 아니었습니다. 간사이지역에서 살아가고 있는 재일동포들의 중심적인 존재로서, 사람과 사람을 연결지어주는 네트워크였습니다. 자연히 한반도와 일본을 잇는 에너지로 커져가던 왔소도 그 구심점을 잃고 만 겁니다."(이승재 부회장)

制裁を受けることになった。2000年12月、日本当局の金融再生委員会は、関西興銀を「金融再生法８条による職権に基づき破綻処理」すると決定した。

「複雑な思いではありますが、歴史的に見て民族差別とも捉えることができました。興銀は小売りの同胞商人や零細企業の顧客が多かったため、不良債権という言葉は冷酷で、その歴史的背景も考慮されませんでした。経済的な論理では正論かもしれませんが、近代の韓日史としてみれば、弱者である在日韓国人に対する民族的な施策とすら感じました。興銀の解体はいや応なくワッソの消滅を意味しました」(猪熊理事長)

「興銀はただの金融機関ではありませんでした。関西地域に暮らす在日同胞の中心的存在で、人と人をつなぐネットワークでした。自然に、朝鮮半島と日本を結ぶエネルギーにもなっていたワッソが求心点を失ってしまったのです」(李勝載副会長)

09

## 중단위기에 나타난 구세주 "지켜야할 문화재니까"

## 存続の危機に現れた救世主「守るべき貴重な文化財だから」

2000년 12월, 메인스폰서 간사이흥은(이하 흥은)의 파탄은 청천벽력 같은 일이었다. 유탄은 왔소 축제를 직격했다. 일본 당국은 흥은 측에 비용이 드는 사업을 모두 청산할 것을 요구했다. 흥은 직원들은 오랜 세월 심혈을 기울여온 우리들의 축제 왔소를 '포기'하는 수순에 착수해야만 했다. 바로 그 순간 반전이 일어났다. 그건 이우에 사토시井植敏 산요전기 회장실에서 걸려온 한 통의 전화로부터 시작되었다.

2000年12月、メーンスポンサーであった関西興銀の破綻はまさに青天の霹靂だった。破綻の余波は、「ワッソ」祭りにもダイレクトに影響を及ぼした。日本当局からは、費用がかさむ諸般の事業を清算するよう求められた。興銀職員たちは、長い年月をかけ心血を注いだ在日の祭り·ワッソを「放棄」する手続きを踏まなければならなかった。まさにその瞬間、状況は一転した。それは井植敏·三洋電機会長室からの1本の電話から始まった。

### 산요전기에서 걸려온 한 통의 전화

### 三洋電機からかかってきた1本の電話

흥은 행원들은 하루아침에 실업자로

興銀の行員たちは、一昼夜にして失

전략, 길거리를 헤매는 처지가 되었다. 일본의 대형 지방은행을 뛰어넘는 재일동포 신용조합의 파탄은 오사카를 위시한 긴키近畿지방 일대에 먹구름을 몰고 왔다. 그건 금융기관을 넘어 긴키에서 지주적 역할을 담당해온 한 재일동포 조직의 붕괴를 의미했다. 상황이 얼마나 긴박했는지는 관계자들의 증언으로 실감할 수 있다.

"슬펐습니다. 막대한 예산과 노력을 들여 만든 왔소의 의상과 도구를 폐기할 날이 다가왔습니다. 임대창고 안에 있는 도구들이 애처롭게 보였습니다."(이노쿠마 오사카왔소문화교류협회 이사장)

"당국은 왔소에서 사용하는 물품의 가치를 '제로'라 평가하였습니다. 영업에 플러스될 게 없다는 이유를 들면서, 전부 폐기처분하라는 지시를 하였습니다. 동료 몇이서 물품창고 앞에서 '결국 포기할 수밖엔 없는 건가'라는 심정으로 한국식으로 고별제사까지 지냈습니다."(이수명 SBJ은행 조사역)

이 조사역은 "냉혹한 현실에 눈물이 났다"며 "물품폐기 견적서를 받아들고 현장으로 가던 그날이 생생하게 떠오른다"고 돌아봤다. 그런데 이때 기적

業者へと転落し、路頭に迷う羽目になった。日本の大手地方銀行を超える規模の在日信用組合の破綻で、大阪を中心とする近畿地方一帯に暗雲が立ち込めた。それはまさに、金融機関を超えて近畿地方の同胞社会で支柱的な役割を担ってきた在日同胞組織の崩壊を意味した。当時の状況の緊迫さは、関係者たちの証言からも十分に知ることができる。

「悲しかったですね。多額の費用と労力をかけて作り上げたワッソの衣装と道具を廃棄する日が近づいていました。借りていた倉庫に置かれた道具たちが悲しそうに見えました」(猪熊兼勝·大阪ワッソ文化交流協会理事長)

「当局は、ワッソで使用する道具の価値を『ゼロ』と評価しました。営業にプラスになるものではないとの理由から、全て廃棄処分するよう指示がありました。『結局捨てるしかないのか』という諦めの気持ちから、物品倉庫前では同僚数人で韓国式で惜別の祭祀まで執り行いました」(李秀明ＳＢＪ銀行調査役)

李調査役は「冷たい現実に涙が出た。物品廃棄の見積書を手渡され、現

과 같은 일이 일어났다. 산요전기의 이우에 사토시 회장실로부터 전화가 걸려온 것이다. "왔소의 축제비품들을 보관할 공간을 조건 없이 제공해주고 싶다"는 내용이었다. 이에 대해 이우에 회장은 2018년 10월 필자와의 인터뷰에서 "(왔소의) 의상과 도구들이 지켜가야 할 귀중한 문화재라고 느꼈기 때문"이라 밝혔다.

타이밍도 좋았다. 때마침 산요전기는 백색가전의 생산공장을 태국으로 이전했고, 그로 인해 오사카의 산요전기 물품창고에 여유가 생기게 되었다. 이우에 회장은 이 창고시설을 왔소를 위하여 제공하겠다고 제안했다. 조건 없는 무상

場に向かったその日をありありと思い出す」と振り返った。しかしこの時、奇跡のようなことが起きた。三洋電機の井植敏会長室から、１本の電話がかかってきたのだ。「ワッソ」の物品を保管する場所を無償で提供したいという申し出だった。これに関し井植元会長は2018年10月に筆者とのインタビューで「(ワッソの)衣装と道具の数々は守っていくべき貴重な文化財であると感じたから」と語った。

タイミングもよかった。三洋電機は当時、白もの家電の生産工場をタイに移転したことで大阪の物品倉庫に空きが生じた。井植氏はこの倉庫をワッソ

이우에 사토시 전 산요전기 회장(2018년 11월, 왔소 축제현장)

1970년대 삼성산요텔레비전

임대였다. 다른 업체에 유상으로 빌려줄 수도 있는 창고를 왔소에게 양보한 것이다. 천신만고 끝에 소멸할 위기에 직면했던 왔소와 한반도의 역사를 재현한 물품들은 살아남을 수 있었다.

### 흥은시대의 왔소는 저물고

사천왕사왔소 축제는 제1기와 제2기로 나눌 수 있다. 제1기는 오사카흥은(훗날 간사이흥은)이 주도하던 시절로 1990년부터 2000년까지의 기간에 열린 왔소이다. 이후 짧은 휴지기를 거친 왔소는

のために無償で提供すると提案した。有償で貸し出すこともできる場所を、条件なしに提供したのだ。こうして、消滅の危機に直面していた「ワッソ」と朝鮮半島の歴史を再現した品々は救われることになった。

### 興銀時代の「ワッソ」去りぬ

四天王寺ワッソは第１期と第２期に分けることができる。第１期は大阪興銀(後の関西興銀)が主導した時代で、1990年から2000年までに行われた

2018왔소-대형목선 후나단지리

2003년 부활해 현재에 이르고 있다. 굳이 말하면, 현재는 제2기 왔소의 시대다.

흥은시대, 11번에 걸쳐 열리는 사이, 왔소 축제는 어느덧 텐진마쓰리, 미도스지퍼레이드와 견주는 오사카의 3대 마쓰리로 성장해 갔다. 해마다 왔소에 참가하고 관람해온 한국과 일본의 시민들은 왔소의 물품 한 점 한 점, 춤과 소리 하나 하나가 '문화재'처럼 소중하다는 공감대를 형성하고 있었다.

왔소의 발안자인 이희건, 이승재 씨도 어떻게든 왔소 만큼은 살리고 싶어했다. 흥은은 파탄했을지라도 왔소는 지켜내고 싶다는 생각이 강했다. 이노쿠마 이사장은 "가끔 이희건 씨를 찾아가면 평상시처럼 온화한 표정으로 이야기했다"며 "그때 마음속은 얼마나 타들어갔을까"라고 증언한다.

이러한 왔소를 잇고 싶다는 간절함은 흥은과 재일동포들만의 생각은 아니었다. 비록 흥은은 예기치 못한 사태로 막을 내렸을지라도 왔소 만큼은 계속 이어가고 싶다는 일본인들도 늘어갔다. 이러한 왔소를 향한 염원들이 결집하기 시작했다. 마침내 왔소는 2003년 부활에 성공한다.

「ワッソ」だ。その後、短い休止期間を経て2003年に復活し、現在に至っている。強いて言えば、現在は第２期のワッソ時代だ。興銀時代、11回の祭りが行われた「ワッソ」はいつの間にか天神祭り、御堂筋パレードと並ぶ大阪の３大祭りへと成長していった。毎年「ワッソ」に参加し、観覧してきた韓日の市民たちは、ワッソのアイテム一つひとつ、踊りと音楽の一つひとつが「文化財」のごとく貴重であるという認識で一致していた。「ワッソ」の発案者である李熙健、李勝載両氏も、どうしても「ワッソ」だけは残しておきたいと願っていた。興銀は破綻しても、「ワッソ」だけは守りたいという思いが強かった。

このように、「ワッソ」を残していきたいという切実な思いは、興銀と在日同胞だけではなかった。たとえ興銀は予期せぬ事態で幕を閉じたとして、「ワッソ」だけは続けていきたいという日本人も増えていた。こうした切実な思いが集結し始めた。ついに「ワッソ」は２００３年に復活を果たす。

◇◇◇◇◇◇◇◇◇◇◇

## 이우에 사토시井植敏 전 산요전기 회장 인터뷰

왔소를 부활시킨 일등공신은 한 일본인 기업가였다. 흥은 파탄 당시 '왔소'의 공백을 메워주고, 왔소 부활의 키맨 역할을 담당했다. 바로 이우에 사토시 전 산요전기 회장이다. 이우에 회장과는 두 차례 인터뷰했다. 첫 번째는 2018년 10월 왔소사무국을 경유하여 서면으로, 두 번째는 11월 4일 왔소 축제현장에서 만나 인터뷰했다. 이우에 회장은 '왔소'뿐 아니라 한국의 대기업 '삼성전자'와의 제휴관계 등 본인이 겪은 한일교류에 대해서도 이야기했다.

◇◇◇◇◇◇◇◇◇◇◇

## 井植敏・三洋電機元会長のインタビュー

「ワッソ」を復活させた立役者は日本人企業家だった。関西興銀の破綻当時、「ワッソ」の空白を埋め、復活のキーマンの役割を果たした。井植敏·三洋電機元会長だ。井植氏には２度、インタビューをした。１回目は2018年10月にワッソ事務局を通じて書面で、２回目は同年11月４日に「ワッソ」祭り現場で会って話を聞いた。井植氏は「ワッソ」のほか、「サムスン」との提携など韓日交流についても語った。

## 〈왔소〉는 지켜야할 귀중한 문화재

**Q** 사천왕사왔소 부활을 도와준 계기는 무엇입니까?

**A** 1990년 '꽃의 만국박람회' 개최 당시부터 간사이 경제계에서는 왔소 등 한국과 일본의 우호활동을 응원해 가자는 기운이 있었습니다.

**Q** 축제비품을 보관할 수 있도록, 산요전기가 무상으로 냉동창고를 빌려주었다고 듣고 있습니다만.

**A** 보관할 곳이 없어져 방치되면, 다시는 재생할 수 없는 의상이나 도구가 수없이 많았습니다. 이것들은 지켜가야 할 귀중한 문화재라는 생각이 들었습니다.

**Q** 흥은 이사장 이희건 씨가 「도움」을 청했다는 소문이 있습니다만.

**A** 도와달라는 청이 있지는 않았습니다. 하지만 응원(=재정적 지원)을 신청했습니다.

**Q** 부활시킬 때 가장 중점을 둔 것은 무엇입니까?

## 「ワッソは守っていくべき貴重な文化財」

**Q** 「ワッソ」の復活に力添えした契機は何でしょうか。

**A** 1990年(花の万国博覧会開催時期)当時、関西の財界でワッソなどの日韓友好活動を応援しようという動きがありました。

**Q** 祭りの備品を保管できるよう、三洋電機が無償で倉庫を貸与したと聞いています。

**A** 保管先がなくなり放置されることになれば、二度と再生することができません。ワッソの衣装や道具の数々は、守っていくべき貴重な文化財だと感じたからです。

**Q** 興銀の理事長だった李熙健氏が「助け」を求めたとの説もあります。

**A** 助けを求められたことはなく、ただ応援(財政的支援)を申し出ました。

**Q** 復活させる際に、最も重点を置いた点は何でしょうか。

**A** 오사카의 기업들이 얼마나 많이 적극적으로 지원해 줄 것인가의 여부, 그게 중점과제였습니다.

**Q** 이희건 씨와는 어떻게 알게 된 것입니까?

**A** 이희건 씨의 장남인 이승재 부회장과 업무관계로 교제가 있었습니다. 이희건 씨와는 사천왕사 왔소를 통해 알게 되었지요. 그는 너글너글하고 사려가 깊은 리더라는 인상을 갖고 있습니다.

**Q** 왔소가 한국과 일본, 재일동포사회에 미친 영향에 대해 어떻게 생각하십니까?

**A** 저는 재일동포라든가 일본인이라든가 구별을 말았으면 합니다. 일본에서 한국과 일본인이 친하게 지내는 것, 이게 이 축제가 가진 대단히 중요한 테마라고 생각합니다. 일본은 옛날부터 한국인들과 교류가 많았고, 저는 그 사람들이 하나가 되어 함께 화(和)를 만들어갔으면 합니다. 그게 이 축제의 의의라 생각합니다.(2018년 11월 4일 왔소 현장에서)

**A** 大阪の企業の多くが積極的に支援してくれるかどうかという点です。

**Q** 李熙健氏との付き合いについて教えてください。

**A** 李照健氏の長男の李勝載副会長と仕事の関係でお付き合いがありました。李熙健氏とは四天王寺ワッソを通してのかかわりでした。李熙健氏はおおらかで懐の深いリーダーだと認識しています。

**Q**「ワッソ」が韓国、日本、在日同胞社会にどのような影響を与えたと思いますか。

**A** 私は在日同胞だとか、日本人だとか、区別をしないほうがいいと思います。日本で韓国人と日本人が仲良くすること、これがこの祭りが持つ重要なテーマと思います。日本は昔から韓国人と交流が多く、私はその人たちが一つになり共に和をつくっていけばいいと思います。これがこの祭りの意義だと思います」(2018年11月4日、祭り現場で)

Q 왔소는 어떤 축제가 되어 가야 한다고 생각하십니까?

A 시대의 변화에 부응하는 축제로 만들어 가는 일입니다. 그러려면 다음 세대에게 어떻게 계승하여갈 것인가를 시야에 두어야 할 것입니다. 그리고 양국뿐 아니라 다른 외국인에게도 참가의 문호를 넓혀서 동북아시아의 문화를 더욱 글로벌하게 발신하는 축제가 되어야 한다고 생각합니다.

Q「ワッソ」はどのような祭りになるべきだとお考えでしょうか。

A 時代の変化に応じたものにしていくこと。そのためには、次世代にどのように引き継いでいくかを視野に入れることが重要です。そして、両国以外の外国人にも参加してもらい、北東アジアの文化をよりグローバルに発信する祭りになっていくべきだと思います。

### 69년부터 삼성전자와 TV사업 합작

### 69年からサムスン電子とテレビ事業で技術提携

Q 2010년에 한국 정부로부터 「대한민국 수교훈장 숭례장」을 받으셨는데요. 그때의 느낌에 대해 한 말씀 부탁드립니다.

A (한국과의 인연은) 1963년에 한일친선 배구시합의 단장으로서 그러니까 양국 스포츠교류로 시작되었습니다. 이어 1969년 삼성과의 합작회사의 설립, 한국 구미와 마산 등 보세지구 투자 등 산요전기를 통해 실시해 온 일도 있습니다. 그리고 사천왕사 왔소 활동에 대해 인정을 받았다고 생

Q 2010年に韓国政府から「大韓民国修交勲章崇禮章」を授章されました。これについての思いを聞かせてください。

A (韓国との縁は) 1963年当時、親善試合の団長として参加したバレーボールのスポーツ交流から始まりました。 69年のサムスンとの合弁会社設立、韓国保税地区(亀尾、馬山)への投資など、三洋電機を通して実施してきたこと、そして四天王寺ワッソの活動について認め

각합니다. 그 상은 양국 우호관계에 애쓰고 계신 여러분들과 함께 받은 것이라 생각합니다.

て頂けたのだと思います。両国の友好関係に努める多くの皆さんと共に頂いたものと思っています。

**Q** 한국의 삼성전자나 창업자 일가와 특별한 인연이 있다고 알고 있습니다. 1969년에 삼성전자와 합작으로 「삼성산요전기」를 설립해, 한국의 TV제조에 크게 기여했다고 듣고 있습니다. 삼성과 관계를 갖게 된 계기는 무엇입니까?

**A** 두 회사의 창업자가 아시아의 경제 발전을 바란다는 마음에 일치하였습니다. 그렇기에 함께 사업을 일으키게 되었습니다. (한일을 왕래하며 느낀 건 한국의) 경제발전 스피드가 너무나 빠르다는 사실에 놀라고 있습니다.

**Q** 韓国のサムスン電子や創業者一家と特別な縁があると承知しています。 1969年にサムスン電子と合弁で「サムスン三洋電機」を設立し、韓国テレビ製造事業に大きく寄与したと伺いました。サムスンと関わりを持ったきっかけは何でしょうか。

**A** アジアの経済発展を望むという双方の創業者の考えが一致し、一緒に事業を興すことになりました。(日韓を往来しながら、感じたことは)経済発展のスピードに驚いています。

**Q** 한국 언론의 기사를 보면, 텔레비전 사업에서 산요와 삼성의 관계가 그다지 좋지 않았다는 내용도 있습니다. 무슨 문제가 있었는지요?

**A** 보다 우수한 제품을 생산하겠다는 걸 지향하면서 상호가 좋은 자극을 받으면서 절차탁마했습니다. (양사의) 관계는 양호했습니다.

**Q** 韓国メディアの記事をみると、テレビ事業で三洋とサムスンの関係がそれほどよくなかったとの内容もあります。何か問題があったでしょうか。

**A** より良いモノ作りに向けて、互いに良い刺激を受けながら切磋琢磨し、成長していきました。

10

## NPO시대 개막과 「재일동포왔소지원모임」

## ＮＰＯ時代の幕開けと「在日ワッソ支援の会」

사천왕사 왔소 축제는 2000년 12월 메인스폰서 간사이흥은(이하 흥은)의 파탄으로 존폐위기까지 내몰렸다. 하지만 산요전기의 이우에 사토시 회장의 극적인 구원으로 다시 명맥을 유지할 길이 열렸다. 그렇다 해도 흥은이 갖춘 물적 인적 기능까지 회복하는 건 한계가 있었다. 왔소의 조직체계를 굳건히 갖출 때까지는 다소간의 시간이 필요했다. 그로 인해 2001년과 2002년 왔소는 축제에 쓰인 의상 및 소품전시회, 세미나 등 약식 이벤트로 대체되었다. 그리고 2003년 마침내 부활한다.

四天王寺ワッソは2000年12月、メーンスポンサーである関西興銀(旧大阪興銀)の破綻で存続の危機に見舞われた。だが、井植敏·元三洋電機会長の支援によって再び開催への道が開けた。とはいえ、興銀のような物的·人的システムを備えるには限界があった。ワッソの組織体制を形にするまでには一定の時間を要した。01～02年は祭りで使用された衣装や小物の展示会、セミナーなどの略式イベントで代替した。そして03年、ついて復活する。

## "재일동포 재산을 스스로 지킨다"

2003년 8월 1일, 오사카시내의 한 호텔.

오랜만에 흥은의 OB를 중심으로 한 재일동포들이 한 자리에 모였다. 최충원(崔忠垣, 당시 63세) ㈜이스톤아미 회장이 주최한 자리로 모인 재일동포는 모두 42명이었다. 이날 동포들이 모인 목적은 '사천왕사왔소 지원모임'을 결성하기 위함이었다. 왔소 축제의 부활과 지원을 동포들이 자청한 것이다.

흥은의 OB들이 모인다는 소식을 누구보다 반가워했을 한 사람, 왔소 실행위원장을 맡아온 이희건李熙健 흥은 회장이었다. 그 역시 소식을 듣고 급히 현장으로 달려왔다. 이 자리에서 재일동포들은 왔소 부활을 위한 몇 가지 방침을 정했다.

우선 왔소를 영속적으로 개최할 것과 이를 지원하는 조직체를 만들기로 결의했다. 이를 위한 지원조직체로 NPO 법인 「오사카왔소문화교류협회」를 설립하기로 하고, 협회의 조직구성은 다음과 같이 원칙을 정했다.

"협회에 들어가는 임원들은 재일동

## 「在日同胞の財産は在日自ら守る」

2003年8月1日、大阪市内の某ホテル。

久しぶりに興銀のＯＢを中心とする在日同胞が一堂に会した。崔忠垣㈱イーストンアーミー会長(当時63歳)が呼びかけたもので、在日同胞42人が集まった。この日、集まった目的は「四天王寺ワッソ支援の会」を結成することだった。ワッソ祭りの復活と支援を、同胞たちが自ら名乗り出たのだ。

興銀のＯＢたちが集まることを誰よりも喜んだのは、実行委員長を務めてきた李熙健·元興銀会長だった。彼も急きょ会場に駆け付けた。この場で在日同胞たちは「ワッソ復活」のため、いくつのかの方針を決めた。

まず、「ワッソ」を永続的に開催することと、これを支援する組織体をつくることにした。そのサポートを目的とするＮＰＯ法人「大阪ワッソ文化交流協会」の設立を推進することで一致し、組織構成は次のような方針を決めた。

「協会の役員陣営には、在日同胞と日本の政官財界の重鎮たちを均等に連ねる」

포, 일본의 정관계, 재계를 균등하게 안배하도록 한다.”

모임은 현실적인 문제들을 안건으로 올려놓고 허심탄회하게 토론했다. 그렇게 모아진 중지衆志는 「흥은 시대와 같이 매머드급 이벤트는 불가능한 만큼, 비용과 인원을 종전의 3분의1 수준으로 축소하여 개최한다」, 「개최일은 종전대로 11월 3일(문화의 일)에 개최한다」는 방침도 정했다. 2003년에 설정한 왔소 예산은 일본 엔화로 1억2천만 엔이었다.

실은 재일동포들은 이날 모임 이전에, 이미 왔소 부활을 위해 백방으로 뛰어다니고 있었다. 왔소가 중단된 이후에도 방관하고 있지는 않았다. 표면으로 보이지만 않았을 뿐이다. 꾸준하게 오사카 행정당국과 일본 경제계 인사들을 찾아다니며 왔소 지원을 부탁하는 등 부활을 위한 사전교섭을 진행하고 있었다. 당시 최충원 회장은 통일일보와의 인터뷰(2003년 8월 15일자)에서 왔소 부활에 팔을 걷어붙이게 된 동기에 대해 이렇게 말했다.

“저를 포함하여 왔소에 관계해온 동포들은 「재일동포로서 이것만큼은 남기고 싶다」는 생각을 강하게 가져왔습니

この集まりでは実に現実的な問題を案件として取り上げ、虚心坦懐(たんかい)に討論した。「従来のようなマンモス級のイベント開催は物理的に実現が難しいとの判断により、費用と人員を既存の３分の１程度に縮小して開催する」「開催日は従来通り11月３日(文化の日)にする」などといった方針も固めた。2003年に設定した「ワッソ」の予算は１億2000万円だった。

実は在日同胞たちはこの日の集まりがある前から、既に「ワッソ」復活のため、奔走していた。ワッソの中断以降も、傍観していたわけではなかった。表立った活動がなかっただけだ。大阪行政当局や財界などを訪ねまわり、支援に対する事前交渉を継続していた。崔忠垣会長は当時、統一日報とのインタビュー(03年８月15日付)で、ワッソ復活に力添えした動機について、次のように語った。

「私を含め、ワッソに関わってきた同胞たちは『在日同胞としてこれだけは残したい』という強い気持ちがありました。約２年間にわたり、水面下で様々な交渉を行ってきました。そして、ついに

다. 약 2년간에 걸쳐 물밑에서 다양한 교섭을 진행해왔습니다. 그리고 마침내 부활시킬 수 있다는 전망이 서게 되었습니다. 참으로 감개무량합니다. 지금 무엇보다 필요한 건 왔소 경험자들의 지원입니다. 예전 (흥은 시대의) 왔소에서 화려한 춤을 선보여준 젊은이들이 이제 다시 왔소로 돌아와서, 축제에 꽃을 피워주시기 바랍니다."

### 다시 뭉친 왔소의 OB들

흥은 파탄으로 뿔뿔이 흩어졌던 왔소의 OB들이 하나 둘씩 뭉치기 시작했다. 이미 소멸됐다고 여겼던 왔소. 그들은 자기들의 심장을 뛰게 만든 왔소의 부활을 누구보다 간절히 기다리고 있었다. 그 마중물을 부은 이가 최충원 회장이었다. 그래서일까. 최 회장은 왔소 OB들에게는 '리더'라는 애칭으로 통한다.

"마쓰모토(최 회장의 일본명) 리더"

이렇듯 존폐의 위기에서 이우에 산요전기 회장이 솔선하였고, 그 후 흥은OB를 중심으로 한 재일동포 유지, 그리고 일본의 재계 정관계가 함께 힘을 모아 왔소 축제는 마침내 재개되기에 이른다.

復活の目途が立ち始めました。本当に感無量です。今、何より必要なものは、ワッソ経験者たちによる支援です。かつて(興銀時代の)ワッソで華やかな踊りを披露してくれた若者たちが再びワッソに戻り、祭りに華を添えてくれることを願います」

### 一丸となった「ワッソ」のＯＢたち

興銀の破綻でバラバラになっていたワッソのＯＢたちが再び力を合わせ始めた。もう消え去ると考えられていた「ワッソ」。彼らは自分たちの胸を躍らせた「ワッソ」の復活を誰よりも待っていた。その誘い水をかけたのが崔忠垣会長だった。だからなのか、崔会長は「ワッソ」のＯＢたちから「リーダー」と呼ばれている。

「松本(崔忠垣会長の日本名)リーダー」

こうやって存続の危機から一転、井植敏·元三洋電機会長がリードし、その後、興銀ＯＢを中心とした在日同胞有志、そして日本の政官財界が共に力を合わせ、ワッソ祭りはついに再開されることになった。

하지만 안타깝게도 종전의 대회장인 사천왕사에서의 개최는 더 이상 할 수 없는 형편이 되고 만다. 왔소 OB들도 사천왕사에서 재개하기 위해 동분서주했으나, 넘을 수 없는 벽에 부딪히면서 단념하고 말았다.

하는 수 없이 대체지로 정한 곳은 고대 일본의 행정부가 있던 나니와궁터였다. 이곳은 서기 645년 일본 최초의 정치사상개혁인 다이카개신大化改新이 선언된 유서 깊은 사적이다. 나니와궁의 대극전은 헤이안시대의 정전이자, 일본에 건너오는 외국사절을 맞이하는 장소였다. 일본서기에 647년 신라의 김춘추金春秋가 일본을 다녀갔다는 기록이 나오니, 김춘추 역시 나니와궁에 들렀을 것이다. 이처럼 한반도와는 깊은 역사의 인연이 있는 장소이므로, 사천왕사의 대체지로 나니와궁만큼 적합한 곳도 없었다고 할 수 있다.

또 하나 애석한 게 있었다. 더 이상은 한반도의 사절들이 오사카 대로인 타니마치스지谷町筋를 따라 행진하는 퍼레이드가 불가능해진 것이다. 하는 수 없이 퍼레이드는 나니와궁 안의 광장에 모여서 하게 되었고, 현재에 이르고 있다.

しかし、残念ながら従来のメーン会場だった四天王寺での開催は引き続きの利用が不可能となってしまった。「ワッソ」ＯＢたちも四天王寺で再開するために奔走したが、超えられない壁にぶつかり断念した。

やむを得ず、現在のステージとなっている、古代日本の行政府が置かれた難波宮跡へと移すことになった。ここは645年、日本で初めての政治思想改革である「大化の改新」(乙巳の変)が宣言された由緒ある史跡だ。難波宮の大極殿は平安時代の正殿であり、日本に渡ってきた外国使節を迎える施設だった。日本書紀によると、三国統一の主役であり、当時の外交家である武烈王·金春秋が訪れたというから、彼も難波宮に寄ったに違いない。

このように朝鮮半島と深い縁のある場所であるため、四天王寺に替わる開催地として難波宮ほど適した場所もなかったと言える。もう一つ残念なことがあった。朝鮮半島の使節らが谷町筋を行進するパレードが不可能となったのだ。仕方なく、巡行は難波宮の広場に集まって行うことになり、現在に至

2018왔소-조선시대의 성군 「세종대왕」의 행차

90년대 왔소-스텝만 4000명에 달했던 왔소의 전성시대

2003년 왔소 재개가 확정되자, 원래 왔소의 실행멤버들인 흥은 OB들은 분주하게 움직였다. 오사카시내의 고등학교, 대학교를 찾아다니며 왔소 참가를 부탁하러 다녔다. 학교측의 참가가 결정되면, OB들은 솔선하여 일본인 학생들에게 음악과 무용, 악기연주법을 가르쳤다.

흥은을 떠나서도 왔소만큼은 지키고 싶은 동포들의 염원이 하나로 결집했다. 그것이 막연했던 '왔소 재개의 꿈'을 현실로 바꿨다. 자원봉사자를 스스로 청한 흥은 멤버들도 많았다. 당시 일본학생들을 지도하겠다고 나선 흥은의 OB들은 50명을 헤아렸다.

っている。

03年に「ワッソ」の再開が決まると、「ワッソ」実行メンバーの興銀ＯＢたちは多忙を極めた。大阪市内の高校、大学を訪問し、「ワッソ」への参加を依頼。学校側が参加することを決めれば、ＯＢたちは率先して日本の生徒や学生たちに音楽や舞踊、楽器演奏を教えた。

興銀を離れても、「ワッソ」だけは守りたいという同胞たちの願いが一つに結集し、それが漠然と思っていた「再開の夢」を現実に変えた。当時、ワッソのボランティアとなり、日本の学生たちへの指導に乗り出した興銀ＯＢたちは50人を超えていた。

# 11

## <왔소>는 한국 전통축제의 원류

## 「ワッソ」は韓国伝統祭りの源流

한국의 역사를 일본 땅에서 재현하는 축제.

왔소를 실현시키기 위해 힘을 보탠 사람 중에는 한국의 관련 전문가들 이야기도 빼놓을 수 없다. 일본에서 기획 실시한 왔소지만, 그 원류는 한국에 있기 때문이다. 실제로 축제에 등장하는 음악과 의상, 도구의 대다수는 한국에서 제작됐다. 메이드인코리아가 가능했던 건 한국 전문가들의 도움이 있었기 때문이다. 11편에서는 본국에서 왔소를 지탱했던 사람들의 분투기, '일본 속의 우리축제'를 만들어가는 과정, 시대고증에 얽힌 히스토리를 찾아가본다.

韓国の歴史を日本で再現する祭り。

「ワッソ」を実現させるために力を添えた人の中で、韓国の専門家の話も欠かせない。日本で企画·実施されている「ワッソ」だが、その源流は韓国にあることからだ。実際に祭りに登場する音楽や衣装、道具の多くは韓国で制作された。メイド·イン·コリアを可能にしたのは韓国の専門家の協力があったからだ。ここでは本国で「ワッソ」を支えた人々の奮闘記、「日本の中の韓国祭り」をつくっていく過程、時代考証にまつわるヒストリーを紹介する。

### 한국에서 150명이 전세기 타고 왔소로

1990년 초대 왔소의 콘텐츠 실물들을 만들고 퍼레이드 구성을 담당한 곳은 당시 ㈜축제문화진흥회였다. 이 회사 설립자는 88서울올림픽 무대연출가이자, 한국전통축제의 창시자인 허규許圭 씨였다. 이곳 출신인 안희재安晞材 사단법인 한민족문화대로의례연구소 박사는 초대부터 현재까지 왔소의 의상디자인을 담당하고 있다. 안 박사로부터 당시의 이야기를 들을 수 있었다.

### 韓国から150人がチャーター機で「ワッソ」へ

1990年、初代「ワッソ」のコンテンツを作り、パレードを構成したのは当時の㈱祝祭文化振興会だった。同社の創立者は、1988年ソウルオリンピックで舞台演出を務め、韓国伝統祭りの創始者でもある許圭氏(故人)だ。同社出身で㈳韓民族文化通り儀礼研究所の安晞材博士は、初代から現在まで衣装デザインを担当している。安博士から当

왔소 의상디자이너 안희재 씨(2018년 12월)

안 박사가 보여준 당시 자료에 의하면, 왔소 제1기 시대인 1990년대의 출연진 3,600명 대다수는 오사카흥은을 필두로 한 재일동포들이었다. 하지만 이들 출연진의 동작과 소리, 악기연주를 지도한 선생님들은 본국 한국에 있었다.

선생님들은 한국최고의 실력자들이었다. 국립극장장 출신의 허규 총감독을 위시하여 무용감독 문일지(文一枝, 당시 국립국악원 무용단 상임안무가), 음악감독 김

時の話を聞くことができた。

安博士からの当時の資料によると、「ワッソ」第１期の1990年代の出演者3600人のほとんどは大阪興銀(後の関西興銀)をはじめとする在日同胞たちだった。しかし、彼ら出演者の動作や楽器演奏を指導する先生は本国·韓国にいた。

指導にあたった先生方は、いずれも韓国最高の実力者たちだった。国立劇場長出身の許圭総監督をはじめ、文一

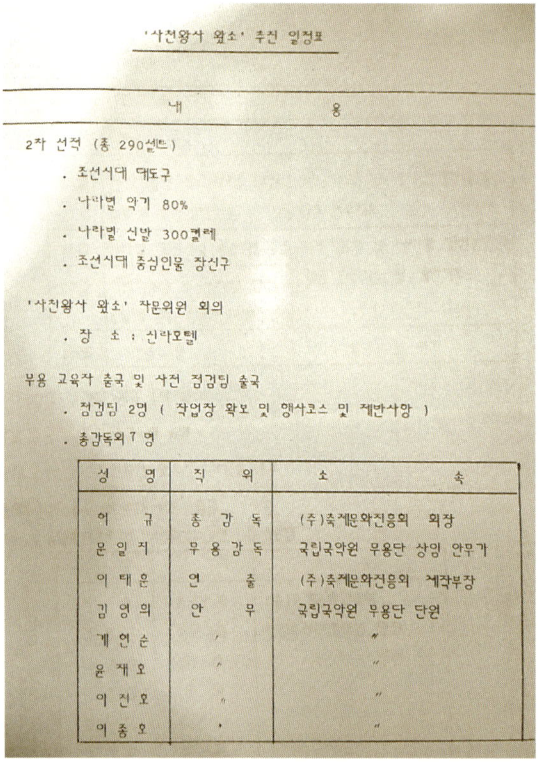

'사천왕사 왔소' 추진 일정표

내용

2차 선적 (총 290셑트)

. 조선시대 대도구

. 나라별 악기 80%

. 나라별 신발 300켤레

. 조선시대 중심인물 장신구

'사천왕사 왔소' 자문위원 회의

. 장 소 : 신라호텔

무용 교육자 출국 및 사전 점검팀 출국

. 점검팀 2명 ( 작업장 확보 및 행사코스 및 제반사항 )

. 총감독외 7 명

| 성 명 | 직 위 | 소 속 |
|---|---|---|
| 허 규 | 총 감 독 | (주)축제문화진흥회 회장 |
| 문 일 지 | 무 용 감 독 | 국립국악원 무용단 상임 안무가 |
| 이 태 훈 | 연 출 | (주)축제문화진흥회 제작부장 |
| 김 영 희 | 안 무 | 국립국악원 무용단 단원 |
| 계 현 순 | 〃 | 〃 |
| 윤 재 호 | 〃 | 〃 |
| 이 진 호 | 〃 | 〃 |
| 이 종 호 | 〃 | 〃 |

제1회 왔소 때 축제문화진흥회가 작성한 행사추진 일정표

용만(金容萬, 당시 서울시립관현악단 단장) 등이 지휘하고, 그 아래 무수한 실무스텝들이 있었다. 팀 구성도 무용과 음악, 음향, 미술, 의상, 분장, 대-소도구, 장신구 등으로 세분화돼 있었다. 그 중 하나인 음악파트를 예로 들면, 등장하는 악기만도 태평소, 북, 장고, 나각, 피리, 꽹과리 등 10여 가지의 악기 담당자를 두고 있었다.

왔소 행사가 정말 매머드급이었을까. 이는 한국 코치들을 위해 오사카행 전세기를 띄웠다는 사실만으로도 입증된다. 1990년대에는 어림잡아 150명의 스텝이 전세기편으로 왔소로 향했다.

“그때 흥은에서 지원받은 예산규모는 상당했습니다. 올림픽 외의 일개 행사에 그 정도 자금과 인력이 투입된 적이 없었죠. 한국 정부의 문화예산은 워낙 적어서 그런 행사는 꿈도 꿀 수 없던 시절입니다. 지금 기준으로 봐도 그만큼 예산을 투입하는 건 굉장한 일입니다. 스텝들이 신나게 만들고 부지런히 뛰어다녔습니다.”

안희재 박사 담당은 의상디자인과 행렬구성이었다. 하지만 아무런 정보가 없었다. 이때까지는 조선시대의 풍물과 복

枝舞踊監督(当時の国立国楽院舞踊団常任振付師)、金容萬音楽監督(ソウル市立国楽管弦楽団団長)らが指揮し、その下には無数の実務スタッフたちがいた。チーム構成も舞踊と音楽、音響、美術、衣装、メーク、大·小道具、装身具などに細分化されていた。その一つである音楽パートでは、楽器だけでも太平簫·プク(太鼓)·チャンゴ·螺角·ピリ(笛)·ケンガリ(どら)など、10種類の楽器にそれぞれの担当者が就いた。

「ワッソ」イベントは本当にマンモス級だったのか。これについては、韓国の先生方のためだけに大阪行きのチャーター機を飛ばしたという事実だけでも立証される。1990年代には、概算で150人のスタッフがチャーター機でワッソのため大阪に向かった。

「当時、興銀から与えられた予算規模は相当な額でした。オリンピック以外で一つの行事にあれほどの資金と人材が投入されたものはないでしょう。韓国政府の文化事業予算は非常に少なかったため、こうした行事を夢見ることすら叶わない時代でした。現在の基準でも、あれほどの予算を投入するのは大変なことで

식만이 전해 내려올 뿐, 1400년 전 삼국 시대로 거슬러간다는 건 무모한 도전으로 여겨졌다.

### 금빛과 파스텔톤으로 부활한 신라-백제웨어

역사학자 가운데 복식전문가들을 수소문해 자문을 구했고, 도서관과 책방에서 자료를 찾았다. 정보가 워낙 적다보니, 일본에서 출판된 고구려 고분벽화가 그려진 8만 엔짜리 도록까지 구입했다. 마치 조각난 퍼즐을 찾아다니는 기분이었다.

"그나마 고구려는 벽화 속 그림을 참고로 하니 편했습니다. 신라는 토용(土俑, 흙으로 만든 인형)이 있었고, 태종 무열왕(김춘추) 시대 이후에는 중국의 당나라 복식과 흡사했습니다. 삼국 가운데 유일하게 백제 이미지는 한국에서 찾을 수 없었습니다."

백제에 대한 이미지는 6세기 초반 중국 양梁나라 원제元帝 소역蕭繹이 그린 백제사신도를 보면서 상상했다. 일본 나라 지방의 다카마쓰총고분高松塚古墳에서 발견된 벽화도 참고했다. 물론 삼국시대와

す。スタッフたちは楽しく制作し、熱心に飛び回りました」

安晞材博士の担当は衣装デザインと行列構成だった。しかし、情報は何もなかった。これまでは朝鮮時代の風物と服飾だけが伝えられ、1400年前の三国時代を追うことは無謀な挑戦と思われた。

### 金色とパステルトーンで復活した新羅・百済の衣装

歴史学者の中から服飾の専門家を探して意見を請い、図書館と書店で資料を探した。少ない情報の中、日本で出版された高句麗の古墳壁画が描かれた８万円の図録まで購入した。まるでパズルのピースを当てはめるような気分だった。

「高句麗は壁画の絵を参考にしたので楽でした。新羅は土俑(土で作った人形)があり、太宗·武烈王(金春秋)時代以降は中国·唐の国の服飾と酷似していました。三国のうち、百済のイメージだけは唯一、韓国では見つかりませんでした」

百済に対するイメージは、６世紀初頭の中国·梁国の元帝·蕭繹が描いた百済

는 시대적 격차가 있고, 그걸 백제 것이라 단정하기 어려운 부분은 있었다.

복식의 고증과정에서 찾아낸 건, 한국은 고대부터 오방색(五方色, 오행의 각 기운과 직결된 青, 赤, 黃, 白, 黑의 오색)을 기조로 했다는 사실이다. 열쇠는 삼국고유의 특징을 살려내는 일과 어떻게 색을 적용할 것인가였다.

고구려는 벽화 속 칼라로 보건데 붉은색 계열이 분명했다. 신라는 금 세공을 많이 한 기록이 있고, 한반도 최초의 통일국가란 점에 착안해 화려함을 강조한 금색을 기본으로 정했다. 백제는 그야말로 상상력의 소산이었다. 같은 오방색이지만 색조가 옅으면서 은은하게 파스텔톤을 입혔다. 발해는 삼국과는 다르게 옷깃이 둥근 모양인 점에 착안해 복식을 재현했다. 이런 식으로 나라별로 복식을 디자인하고, 악기를 편성하고, 깃발을 배치했다. 차츰 행렬도가 완성되어 갔다. 이때 제작한 의상만 수천 벌에 달했다.

## 〈왔소〉는 한국전통축제의 원조

그럼 음악과 소리는?

四神図を見ながら想像した。日本の奈良地方の高松塚古墳で発見された壁画も参考にした。もちろん三国時代とは時代的な格差があり、それを百済のものと断定するのは難しい部分もあった。

服飾の考証過程で発見したのは、韓国は古代から五方色(五行の各気運と直結する青、赤、黄、白、黒の五つの基本色)に基づいているという事実だった。カギは、三国それぞれの特徴をどう生かすかという点と、どのように適用させるかという点だった。

高句麗は、壁画のカラーを見ると赤系であることが明らかだった。新羅は金細工を多く施していた記録があり、朝鮮半島で初めて統一を成し遂げた国家として、華やかさを強調した金系を基本色に決めた。百済はまさに想像力の産物だった。同じ五方色ではあるが、色調が薄く柔らかなパステルトーンとした。渤海は三国とは異なり、襟が丸く描かれた絵に着目し、服飾を再現した。このように、国別に服飾をデザインし、楽器を編成し、旗を配置して行列図を描き上げた。次第に行列図が完成していった。この時に制作した

6~7세기 고대인들의 음악과 소리를 재현하는 건 불가능했다. 한국의 역사시대 음악으로 전해지는 건 조선왕실의 취타대 연주, 사물놀이 길터기 연주 정도다. 내로라하는 당대의 전통음악 전문가들이 나라별로 가락(리듬)과 장단, 소리를 만들어냈다. 예를 들면 백제는 농악기를 중심으로 한 가락을 베이스로, 고구려는 타령장단을 음악으로 만들었다.

"삼국시대 음악은 전 세계를 통틀어 유일하게 왔소에만 남아 있습니다. 이건 지금도 마찬가지입니다. 복식 역시 왔소가 최초로 삼국시대의 것을 재현해냈습니다. 그 당시의 복식과 무대연출 기법이 (신라)경주나 (백제)부여 등지의 향토전통 축제로 전수되었다고 할 수 있습니다."

왔소가 현재 한국에서 열리고 있는 전통축제의 원조란 이야기다. 안 박사는 특별한 자료를 보여주었다. 극작가 장소현(미국거주)씨가 수기로 작성한 왔소 기획서였다. 취지와 목적, 아이템별 개요, 각 행렬과 등장인물에 대한 문헌 근거 등이 적혀 있었다. 각각의 행사들이 갖는 의미와 지향점을 들여다볼 수 있었다.

그 가운데 시선을 사로잡는 이벤트는 '앞풀이-떠났소!'(뿌리를 찾는 여행)였

衣装だけで数千着に達した。

### 「ワッソ」は韓国伝統祭りの元祖

それなら音楽と音は？

６～７世紀の古代人の音楽と音を再現するのは不可能だった。韓国で歴史時代の音楽として伝えられているのは、朝鮮王室の吹打隊演奏、サムルノリ演奏程度で、当時の有名な伝統音楽専門家たちが国別のリズムと尺、音で作り上げた。例えば、百済は農楽器を中心にしたリズムをベースとし、高句麗は打令の尺を音楽としてつくった。

「三国時代の音楽は、全世界の中で唯一『ワッソ』だけに残っています。これは現在も同じです。服飾もやはり『ワッソ』が最初に三国時代のものを再現しました。その当時の服飾と舞台演出技法が、(新羅)慶州や(百済)扶余などの地で郷土の伝統祭りに伝授されたと言えるでしょう」

現在、韓国で行われている伝統祝祭の元祖が「ワッソ」であるという話だ。安博士は特別な資料を見せてくれた。劇作家·張ソヒョン氏(米国在住)が手書きで作成した「ワッソ」の企画書

다. 본 행사인 왔소에 앞서 축제 참가자들이 자기고향을 찾아가는 기획이다. 참가자들은 고향 땅과 그 땅의 역사인물에게 제사를 드리고, 고향의 흙을 채취했다. 그리고 지역별 흙들을 하나로 합토하여 도판(陶板, 판상도자기)을 제작해 영구보존한다는 것이었다. 1990년 6월 하순부터 8월초까지 연인원 2000명이 참가했다. 참가자들은 각자의 고향을 거쳐 부산에 집결, 성대한 행장식行狀式을 거행했다. 이어 현해탄을 건너 시모노세키를 경유해 오사카까지 가는 장도에 올랐다.

일련의 과정을 실제로 체험함으로써, 일본에서 살아가는 동포들에게 민족정체성과 자긍심, 축제에 임하는 자세를 고취하려는 의미도 있었다.

### 김춘추 행렬에 살아있는 '공작' 등장

㈜축제문화진흥회가 초년도인 1990년에 작성한 왔소 추진 일정표를 보면, 당시의 엄청난 규모에 혀를 내두르게 만든다. 일정표에는 한국 코치들과 출연자들의 역할, 왔소에 사용된 물품목록이 자세하게 적혀 있다. 목록에는 의상 2167벌, 장신구 3340점, 악기 500점,

だった。趣旨と目的、アイテム別の概要、行列と登場人物に関する文献·典拠などが記されていた。各々の行事がもつ意味と目的が明確になっていた。

なかでも目を引くイベントは「打ち入り—旅立った！」(ルーツを探す旅)だった。メーンイベントである四天王寺「ワッソ」に先立ち、祭りの参加者らが自分の故郷を訪ねるという企画だ。参加者たちは故郷の地と、その地の歴史的人物に祝詞をあげ、故郷の土を持ち帰った。そして地域別の土を一つに合わせて陶板(板状の陶磁器)を製作し、永久保存するというものだ。90年6月下旬から8月初旬までで延べ2000人が参加した。参加者たちは各々の故郷を訪れてから釜山に集結し盛大な式典を催した。後に、玄界灘を渡り、下関を経由して大阪に戻る「長い道のり」をたどった。

一連の過程を実際に体験してもらうことで、日本に暮らす同胞たちに民族的アイデンティティーと自負心、祝祭に臨む姿勢を鼓舞する意味もあった。

수레와 가마, 우마차 같은 이동수단 등은 물론 문화재처럼 정교하게 제작한 금동미륵상까지 있다.

이렇듯 갖가지 메이드인코리아 물품들이 현해탄을 건너 오사카로 갔다. 재일동포 왔소 기획자들은 일본 쪽에도 일본 왕실에서 쓰는 금 장식품을 비롯해 10명 이상이 탑승할 수 있는 목선 후나단지리를 주문 제작했다.

왔소 행렬에서는 진풍경도 만날 수 있었다. 동물이 출연진의 일원으로 당당히 한 자리를 차지하고 있었던 것이다. 실제 신라 김춘추 행렬에는 살아있는 '공작孔雀'이 가마에 탑승하고 있었다. (행렬도 참조)

시나리오대로라면 '소'도 등장할 예정이었다. 고구려벽화에는 소가 끄는 수레, 철갑을 두른 '말'을 타고 있는 철기

## 金春秋行列に生きた孔雀も登場

「ワッソ」のコンテンツを制作した祝祭文化振興会が初年度の1990年に作成した「ワッソ」推進スケジュール表を見ると、当時の規模の大きさに舌を巻く。表には、韓国の指導者と出演者たちの役割、イベントに使用された物品目録が事細かに記されている。衣装2167着、装身具3340点、楽器500点、荷車とカマ、牛馬車といった移動手段はもちろん、文化財かのように精魂を込めて制作した金銅弥勒像まであった。

こうして、メイドインコリアの各品々が玄界灘を渡り、大阪に入ってきた。在日同胞「ワッソ」の企画者たちはこの時、日本側でも天皇家が使う金の装飾品をはじめ、10人以上が搭乗で

왔소-신라 김춘추 행렬도

병이 그려져 있다. 기획단계에서도 시나리오에서도 동물은 출연진의 일원이었다. 하지만 현실에서는 동물을 출연시키기가 간단하지는 않았다고 한다. 안희재 박사는 말한다.

"왔소에서는 가능한 고증대로 재현하려고 노력했습니다. 먼저 고서를 읽고 전문가 자문을 구한 뒤 인물의 이미지를 설정합니다. 그리고 각 나라별 특징을 잡고, 악기와 깃발 배치, 각 출연진들의 의상과 춤을 구현합니다. 그걸 토대로 행렬도를 그리고, 현장퍼레이드에서 보여줄 수 있는 것들을 정리하였습니다. 제작자도 출연자도 정말 열정적으로 임했던 기억이 생생합니다. 각자 맡은 바 할 수 있는 최선을 다했다고 생각합니다."

### 재일동포의 문화적 상징, 한일친선의 거점

약 30년의 세월이 흐른 왔소. 지금도 입장과 관점에 따라서 다르게 보일 수 있다. 한국인의 눈에는 '일본 속의 우리 축제'로 보인다. 한국인에게는 1400년 전부터 100년 전까지 한반도에서 일본으로 건너간 선조들의 모습과 그들이 일

きる船だんじりを注文·制作した。

「ワッソ」行列には一風変わった光景も見られた。動物が出演陣の一員として、堂々とした風情で席についていたのだ。実際、新羅の金春秋行列には生きた孔雀がカマに搭乗していた。(行列図を参照)シナリオ通りなら「牛」も登場する予定だった。高句麗壁画には、牛が引く荷車、馬に乗っている 鉄騎兵が描かれている。企画の段階でもシナリオでも、動物は出演陣の一員だった。しかし、動物を出演させることは現実的に容易ではなかったという。安晞材博士はこう語る。

「『ワッソ』では、可能な限り考証通りに再現しようと努めました。まず古書を読み、専門家の諮問を求めた後、人物のイメージを設定します。そして各国別の特徴を掴み、楽器と旗の配置、各出演者たちの衣装と踊りのコンセプトを具現しました。それを土台に行列図を描き、パレードの現場で見せられることをまとめました。制作者も出演者も本当に情熱的に臨んだという記憶が残っています。それぞれの担当者が最大限の努力をしたと思います」

본에 전수해준 문물이 무엇인가가 관심의 대상이다.

재일동포에게는 거기서 한발 더 나아가게 된다. '도래인渡来人'은 망국의 디아스포라라는 공통점을 갖고 있다. 삼국시대에 멸망한 백제, 고구려, 가야인들은 저마다 부득이한 사정으로 고향을 떠나 일본 땅에 정착했다. 한반도에서 보트피플이 되어 현해탄을 건너왔다. 이는 오늘날의 재일동포들이 100년 전 조선이 망해 식민지 종주국인 일본으로 건너온 자신들과 오버랩시킬 수 있는 대목이다. 더욱이 왔소를 만든 주역은 재일동포가 아닌가. 재일동포의 문화적 상징으로서 축제를 계승하고 싶을 것이다.

한편 일본인의 눈에 비치는 왔소는 과거 한반도에서 바다를 건너온 도래인들을 맞이하는 의식을 재현한 행사이다. 뿐만 아니다. 일본의 옛 수도인 오사카가 고대부터 국제교류의 창구였고, 비단 한반도만이 아니라 중국, 베트남 등지에서도 사절이 빈번하게 오간 도시임을 전하고 싶어 한다.

이렇듯 왔소는 본인이 처한 입장에 따라 달리보이는 다면성을 갖고 있다. 그러나 왔소는 그런 다양한 생각들이 공

### 在日同胞の文化的象徴であり韓日親善の拠点

約30年の月日が流れた「ワッソ」。今でも立場と観点によって見方は異なってくる。韓国人の目には「日本の中の我が祭り」として映る。韓国人にとっては、1400年前から100年前までに朝鮮半島から日本に渡った先祖たちの姿と、彼らが日本に伝えた文物は何だったのかが関心の対象だ。

在日同胞にとっては、さらに一歩踏み込んだものになる。「渡来人」は、亡国のディアスポラという共通点を持つ。三国時代に滅亡した百済、高句麗、伽耶人たちはそれぞれの事情で故郷を離れ、日本に定着した。朝鮮半島からボートピープルとなり玄界灘を渡った。これは今日の在日同胞たちが、100年前に朝鮮が亡び、植民地の宗主国·日本に渡った自分たちとオーバーラップさせることができるところだ。さらに、「ワッソ」を生んだ主役は他でもない在日韓国人ではないだろうか。在日同胞の文化的象徴として祭りを継承したいことだろう。

통분모로 결집되어 펼쳐지는 화합의 축제이다. 무엇보다 한일친선의 교두보가 될 수 있는 문화다. 또한 한국인과 일본인, 재일동포가 한 자리에서 함께 호흡하며 박수치면서 즐길 수 있는 축제의 공간이다.

一方、日本人の目に映る「ワッソ」は、過去に朝鮮半島から海を渡ってきた「渡来人」たちを迎える儀式を再現した行事だ。それだけではない。日本のかつての首都·大阪が古代から国際交流の窓口であり、朝鮮半島だけではなく中国·ベトナムなどからも使節が往来した都市であることを伝えたいはずだ。

このように、「ワッソ」は自分の置かれた立ち位置によって異なって見える多面性を持っている。「ワッソ」はしかし、そうした多様な考えの共通項を見出し、それらが結集されて繰り広げられる和合の祭りだ。何よりも、韓日親善の拠点となり得る文化だ。また、韓国人と日本人、在日同胞が一堂に会し、共に息づき、拍手を送って楽しめる祭りの空間なのだ。

12

## 2018<왔소>
## 韓日을 '잇는'
## 시간여행 속으로

## 「2018ワッソ」
## 韓国と日本をつなぐ
## タイムトラベルへ

'역사한류', '한일을 잇는 시간여행'.

'사천왕사왔소(이하 왔소)'를 짧게 정의하라고 묻는다면 이런 답을 할 수 있다.

2018년에도 왔소는 어김없이 11월 첫째 주 일요일, 오사카 주오구의 나니와궁터難波宮跡공원에서 열렸다. 제1장을 마무리하며 재일동포들이 왔소를 왜 영속적으로 이어가고 싶어 하는지, 그들의 입장에서 키포인트들을 짚어본다. 2018 왔소 현장에서 목도한 장면들은 잊을 수 없는 감동을 선사했다. 한국과 일본 두 나라가 얼마나 가까운 존재인지 실감할 수 있는 〈왔소〉현장. 앞으로 보다 많은 양국인들이 함께 보고 즐겼으면 한다.

「歴史韓流」「韓国と日本を結ぶタイムトラベル」。

「四天王寺ワッソ」祭りの定義を問われると、こう答えることができるだろう。

2018年にもワッソは例年通り、11月の第1日曜日に大阪・中央区の難波宮跡公園で開かれた。第1章を終えるにあたり、在日韓国人がなぜ「ワッソ」を永続的に続けていきたいと思っているのかを、彼らの立場からキーポイントを挙げてみたい。2018ワッソの現場で見た数々のシーンは、忘れられない感動を与えてくれた。韓国と日本の両国がどれほど近い存在なのかを実感できる「ワッソ」の現場。これから

2018왔소-일본 고등학생들이 고구려 악기를 연주하고 있다

2018왔소-일본 고등학생들이 조선시대 대북을 연주하고 있다

## Key1. 在日동포가 시작한 역사한류

1965년 한일 국교정상화 이래, 양국 관계사에서는 온풍을 불고 온 한국발 터닝포인트들이 있다. 88서울올림픽과 2002한일공동월드컵, K팝과 K드라마 등 한국대중문화가 몰고 온 한류 붐이다. 그건 일본인의 한국에 대한 편견을 변화시켰다. 그 덕분인지 마늘과 '기무치' 먹는 이민족의 음식은 '한국산 김치'라는 본명을 되찾았고, 고춧가루가 건강식을 넘어 다이어트식으로 각광받기까지 했다.

2003년 드라마 '겨울연가'가 일본에서 공전의 히트를 치던 무렵이었다. 당시 오사카에 살던 1세 재일동포는 필자와의 인터뷰에서 "식민지 시절부터 일본 땅에서 살아오면서, 죽기 전에 김치를 마음 놓고 먹을 날이 올 줄 꿈에도 몰랐다"며 감격해하던 장면이 새롭다. 2018년 7월 이노쿠마 카네가쓰猪熊兼勝 왔소 문화교류협회 이사장이 왔소 첫 대회 때 목격했다는 이야기도 기억에 남는다.

"한복을 입은 재일동포 노부인이 연신 눈물을 쏟으면서 무대를 바라보던 모습은 정말로 감동적이었습니다. 왔소는

もより多くの両国人が一緒に見て楽しんでほしいと願いたい。

## キー(1)在日が始めた歴史韓流

1965年韓日国交正常化以来、両国関係に追い風をもたらした韓国発のターニングポイントがある。88オリンピック(ソウルオリンピック)と2002年の韓日共催サッカー·ワールドカップ、K－POPやドラマなど韓国大衆文化による韓流ブームだ。それらは日本人の韓国に対する偏見を変化させた。そのためか、「にんにく」と「キムチ」を食べる異民族の食事という概念が、「韓国産キムチ」という正式名称を復権させ、副材料であるコチュカル(唐辛子粉)は健康食の次元を超えたダイエット食であるとして脚光を浴び始めた。

03年、ドラマ「冬のソナタ」が日本で空前のブームに沸いている頃だった。当時インタビューを行った在日同胞1世(大阪在住)が「植民地時代から日本の地で生きてきたが、死ぬ前にキムチを心置きなく食べられる日が来るとは夢にも思わなかった」と感激してい

꼭 이어가야 하는 마쓰리라고 생각했습니다."

최근의 한류는 민간의 힘으로 한일관계를 부드럽게 바꾸는 윤활제가 되어왔다. 한국발 문화를 일본인들이 환호하는 현상도 일어났다. 하지만 여기에 일본으로 이주하여 도래인의 문화를 이식한 자이니치在日, 재일동포의 모습은 보이지 않는다. 지금의 한류가 한국의 진짜문화인가, 한국의 정체성이 들어있는가에 대해선 한국국내에서도 의견이 엇갈린다.

그 점에서 왔소는 특별하다. 명확하게 한국식이기 때문이다. 국권을 잃고

たシーンは記憶に新しい。2018年7月、猪熊兼勝·ワッソ文化交流協会理事長が語ったワッソの初大会の話も記憶に残る。

「韓服を着た在日同胞の老婦人が涙を流しながら、ずっと舞台を見つめていた姿は本当に感動的だった。ワッソは続けていかなければならない祭りだと思いました」

最近の韓流は、民間の力で韓日関係を軟化させる潤滑剤役を果たしてきた。韓国発の文化を日本人が享受する現象も起きた。しかしこの中には、日

2018왔소-김덕수사물놀이, 왔소의 30년 단골손님이다

유랑민이 되어 현해탄을 건넌 재일동포. 그리고 1400년 전 나라가 멸망해 보트 피플처럼 일본으로 건너온 도래인들. 시대의 간극을 넘어 둘 사이에는 공통분모가 존재한다. 조국을 떠날 때는 망국의 '디아스포라'였으나, 이주지 일본에서 자기고유의 문화를 이식시키며 뿌리내렸다. 마찬가지로 재일동포들은 왔소를 통해 차별과 편견을 극복하고자 했고, 감춰왔던 민족적 정체성을 당당하게 표출하고자 했다.

왔소의 특별함은 또 있다. 재일동포가 주체적으로 시작하고 성장시킨 '역사한류'이자, 자기정체성을 세우는 기둥이라는 사실이다. 나아가 한국과 일본이 손을 맞잡고 동아시아의 우호를 촉진시키는 '국제친선의 축제', 고대 나니와에서 현대의 오사카로 이어지는 '한류(阪流, 오사카류, 일본어 발음으로 한류가 된다)' 라는 사실이다.

### Key2. 풀뿌리 민간교류
### 「뿌리내리자 전수하자 연결하자 육성하자」

왔소가 걸어온 30년 여정은 울퉁불

本へ移住し「渡来人」の文化を根付かせた在日の姿は見られない。現在の韓流が韓国の本当の文化なのか、韓国固有のものが盛り込まれているのかという点については、韓国国内でも意見が分かれるところだ。

その点、「ワッソ」は特別だ。明確に韓国式であるためだ。国権を失い、流浪の民となって玄界灘を渡った在日韓国人。そして1400年前、国が滅亡し、ボートピープルのように日本に渡って来た渡来人たち。時代を超え、この二つには共通点がある。祖国を離れる時は亡国の「ディアスポラ」だったが、移住地の日本で自分たち独自の文化を移植させ、根付かせたのだ。このように、在日韓国人は「ワッソ」を通して差別と偏見を克服しようとし、隠してきた民族的アイデンティティーを堂々と表そうとした。

「ワッソ」が特別な理由はもう一つある。在日韓国人が主体的に始めて成長させた「歴史韓流」であり、自己アイデンティティーを立てる柱だったという点だ。さらには、韓国と日本が手を取り合い、東アジアの友好促進を目指す「国際

퉁 가시밭길이었다. 2000년 간사이흥은의 파탄, 2003년 NPO법인 시대 개막, 그리고 2011년 '산요전기'가 '파나소닉'에 매수되는 사태가 일어났다. 왔소의 구원마였던 산요전기의 경영부진과 그에 따른 파나소닉으로의 합병은 왔소의 존속에 대한 우려를 낳았다.

하지만 "이우에 사토시 회장의 노력과 파나소닉의 호의"(이노쿠마 이사장)로 왔소의 스폰서는 파나소닉으로 인계될 수 있었다. 한국 쪽에서도 지원에 동참했다. 공익재단 이희건한일교류재단, 신

親善の祭り」、古代難波から現代の大阪へとつながる「阪流(大阪流)」であるという事実だ。

### キー(2)草の根民間交流「根を下ろそう、伝えよう、繋がろう、育くもう」

「ワッソ」が歩んできた30年は、いばらの道だった。2000年の関西興銀破綻、03年のＮＰＯ法人時代の幕開け。そして11年には「三洋電機」が「パナソニック」に買収された。ワッソの救世

2018왔소-사천왕사왔소로 구경 오세요 in 나니와궁터

한금융그룹, 신한은행의 일본 현지법인인 SBJ은행 등이 왔소를 지탱하는 축이 되기를 자처했다.

이희건재단은 2008년 한일 간 학술 문화경제 교류지원 및 양국교류에 이바지할 인재육성을 목적으로 세워진 이래, '왔소'를 제1사업으로 후원하고 있다. 기본정신은 「뿌리내리자 전수하자 연결하자 육성하자」이다. 재단은 고 이희건 씨의 유지를 받들어, 한일 간 풀뿌리 민간 교류와 우정 만들기, 나아가 동아시아 우호의 축제를 만들고자 애쓰고 있다.

왔소는 재일동포를 포함한 한국인에게는 한민족의 자부심을, 일본인에게는 국제도시 오사카의 역사와 글로벌화를 보여주는 장이다. 그 마당에서 펼쳐지는 갖가지 세리모니는 한일공존의 시너지, 한일시민이 화합하는 장면들로 가득 차 있다.

### Key3. 잡화장엄雜華莊嚴

'잡화장엄'. 개개의 잡스런 것들이 모여서, 위대하고 장엄한 '하나'를 이룬다는 뜻이다. 불교경전인 화엄경華嚴經의 다른 이름이기도 하다. 왔소 발안자인 오

主だった三洋電機の経営不振と、それに伴うパナソニックへの吸収合併で、「ワッソ」の存続が危ぶまれた。

しかし「井植敏元会長の努力とパナソニックの好意」(猪熊理事長)により、「ワッソ」のスポンサーはパナソニックへと引き継がれることになった。韓国側からも支援があった。公益財団の李熙健韓日交流財団、新韓金融グループ、新韓銀行の日本現地法人·ＳＢＪ銀行などが「ワッソ」を支える軸になることを自ら名乗り出た。

李熙健財団は08年、韓日間学術文化経済交流に対する支援、及び両国交流に貢献する人材の育成を目的として設立されて以来、「ワッソ」を筆頭事業として後援している。基本精神は「根を下ろそう、伝えよう、繋がろう、育くもう」。財団は李熙健氏の遺志を受け継ぎ、韓日間の草の根民間交流と友情構築、さらには東アジア友好の祭りを築こうとしている。

「ワッソ」は、在日同胞を含む韓国人にはプライドを、日本人には国際都市、大阪の歴史とグローバル化を示す場だ。その場で披露されるさまざまなセレモニ

사카흥은의 이승재 전 부회장은 왔소를 잡화장엄이라 불렀다.

"흥은이 행해온 11년간 매년 4000명 가까운 스텝들이 움직였습니다. 서로 마주한 적도 없는 사람들이 각자의 업무를 수행하였습니다. 행사의상을 세탁하는 사람, 청소하는 사람, 고장 난 물품을 고치는 사람, 춤추고 노래하는 사람, 운전하는 사람, 식사 준비를 하는 사람, 대형 목선 후나단지리에 올라간 사람... 각자가 맡은 요소들이 합쳐지면서 사천왕사 왔소가 만들어진 것입니다."

감동할 수밖에 없는 또 하나의 울림은 산요전기의 이우에 사토시 전 회장이 왔소 부활에 솔선했다면서 밝힌 이유다. "지켜나가야 할 귀중한 문화재니까"란 그의 말은 진정성이 느껴졌다.

초창기 왔소는 강렬했다. 조직 파워와 스텝들의 열정도 불꽃같았다. 그때에 비하면 지금의 왔소는 작고 초라하다는 인상을 줄지 모른다. 하지만 한국의 대통령과 일본의 총리가 함께 축사를 내는 유일한 축제이다. 한일시민이 함께 행하는 유일한 역사재현의 무대이자, 오사카 시민의 축제다.

왔소를 움직이는 제일 강한 동력은

ーは韓日共存の相乗効果、韓日市民を和合へと導くシーンが盛りだくさんだ。

### キー(3)雑華荘厳

「雑華荘厳」—。個々の雑多なものを集め、偉大で荘厳な「一つ」になるという意味だ。仏教経典·華厳経の別称でもある。「ワッソ」を発案した大阪興銀の李勝載·元副会長は「ワッソ」を「雑華荘厳」と呼ぶ。

「興銀が行ってきた11年間、毎年4000人近いスタッフたちが動きました。面識はありませんでしたが、各自の業務を全うしました。衣装を洗濯する人、清掃し、壊れた物品を直す人、歌って踊る人、運転し食事を用意する人、木造の大型船だんじりに上る人…。そのように、各自の担った要素が合わさって四天王寺ワッソがつくられたのです」

感動せざるを得なかったもう一つの響きは三洋電機の井植敏・元会長がワッソ復活に乗り出した理由だ。「守っていくべき貴重な文化財だから」という言葉からは真の誠意が感じられた。

草創期のワッソは強烈だった。組織

'어떤 상황에도 굴하지 않고 축제는 계속된다'는 생각을 가진 이가 많다는 점이다. 한일 간의 불행한 과거 역사, 한일 정부간 첨예한 갈등이 이어질지라도, 왔소만큼은 이어가겠다는 한일 민간의 의사가 결집하여 왔다. 매년 11월 첫째 주 일요일, 왔소가 비추는 시간여행은 나니와(오사카)의 가을하늘을 밝힐 것이 틀림없다. 앞으로도 계속...

のパワーもあり、スタッフたちの情熱も熱かった。それに比べると、現在の「ワッソ」は小さく貧相な印象を与えるかもしれない。しかし、韓国の大統領と日本の総理が共に祝辞を贈る唯一の祭りだ。韓日市民が共に行う唯一の歴史再現の舞台であり、大阪市民の祭りだ。

「ワッソ」を動かす最も強いパワーは「どんな状況にも負けず、祭りは続く」という気持ちを持っている人たちが多いことだ。韓日間の不幸な過去の歴史、韓日政府間の葛藤があっても、ワッソだけは続けていくという韓日民間の意思が結集している。毎年11月の第1日曜日、「ワッソ」が照らすタイムトラベルが、難波(大阪)の秋の空を照らし続けることは間違いない。今後も、ずっと……。

◇◇◇◇◇◇◇◇◇◇◇

## "할머니 되서도 손자 데려오고 싶어요"

2018왔소축제는 백두학원 건국학교 전통예술부의 길터기 공연으로 시작되었다. 사물놀이 공연은 일의 행복을 기원하는 의미가 깃든 우리나라 전통의식이다. 초등학생부터 고교 졸업반까지 선후배들이 서로를 다독이며 멋진 무대를 선보였다. 주제는 '몽무夢舞', 미래를 향한 꿈, 한 사람 한 사람의 꿈, 평화를 위한 꿈을 역동적인 춤사위와 열정적인 타악기 연주로 풀어냈다. 백두학원 전통예술부는 아마추어라 얕볼 수 없는 실력의 소유자들이다. 2007년 세계사물놀이경연대회 1등, 오사카부 전통예술

◇◇◇◇◇◇◇◇◇◇◇

## 「おばあちゃんになったら孫を連れて来たい」

2018年の「ワッソ」祭りは、白頭学院建国学校伝統芸術部によるオープニング公演から始まった。サムルノリ公演は、日々の幸せを願うという意味が込められた韓国の伝統儀式だ。小学生から高校３年生までの先輩後輩たちが交わり、華やかな舞台を披露した。テーマは「夢舞」。未来に向かう夢、一人ひとりの夢、平和のための夢を躍動的な踊りと情熱的な打楽器演奏で演出した。白頭学院伝統芸術部は、アマチュアとは思えない演技力を持つ実力者たち。2007年、世

대표 14년 연속 진출을 이어가고 있다. 왔소에서도 아이들은 단빵 속 앙꼬 같은 존재들이다.

이어서 한국을 대표하는 김덕수사물놀이가 무대에 올랐다. 1990년 첫 대회부터 해마다 왔소에서 공연하고 있는 김덕수金德洙 씨는 "오사카 한복판에서 한국과 일본을 '잇는' 의미 있는 축제에 참가할 수 있어 영광"이라며 "가깝고도 가까운 두 나라간 우호와 친선이 더욱 깊어지기를 바란다"며 내년을 기약했다.

다음 순서는 미니역사극 '조선통신사와 아메노보리 호슈雨森芳洲'. 2017년 10월

界サムルノリ競演大会で１位となり、大阪府伝統芸術代表として14年連続で進出を果たしている。「ワッソ」でも彼らは欠かせない存在だ。

続いて、韓国を代表する金徳洙サムルノリが舞台に登場した。1990年の大会初回から毎年、「ワッソ」で公演を行っている金徳洙氏は「大阪の真ん中で、韓国と日本を"つなぐ"意義深い祭りに参加できて光栄だ。近くて近い両国間の友好と親善がより深まると嬉しい」とし、来年の公演を約束した。次いで、ミニ歴史劇「朝鮮通信使と雨森芳州」が行われ

2018왔소-왔소에 가면 어린이기차도 탈 수 있고, 지짐이도 맛볼 수 있다

유네스코는 '조선통신사에 관한 기록'을 세계기록유산으로 등록했다. 무엇보다 의미 있는 건 한일 양국의 시민들이 힘을 모아 등록에 성공했다는 사실. 조선왕조가 파견한 통신사와 일본의 영접인사 아메노보리 간의 소통을 역사극으로 맛깔나게 재현해냈다.

그리고 드디어 왔소의 하이라이트인 '퍼레이드'가 막을 올렸다. 오사카를 무대로 펼쳐졌던 한반도의 나라들과 일본의 우호역사를 퍼레이드와 교류의식으로 재현해낸 퍼포먼스다. 수隨나라를 제외한 해외의 왕조들은 모두 한반도의 나라들. 고구려, 신라, 백제, 가야, 탐라, 조선. 1400년 전 삼국시대에서 100년 전 조선시대까지, 한국의 위인들이 바다를 건너 오사카에 당도하고 거리를 행차하는 모습을 재현했다.

퍼레이드 참가자 다수는 중고대학생들이다. 참가학교는 백두, 금강학원을 포함하여 26개교, 단체와 기업은 32개에 이른다. 순행과 운영에 동참한 인원 1,300명에 관람객 약 5만 명에 달하는 결코 작지 않은 규모의 이벤트다.

전통에 따라 문재인文在寅 대통령도 축사(오태규 오사카총영사 대독)를 보내왔다. 문대통령은 "한일 교류협력의 귀한 인연이 1400년을 이어, 재일동포들에게도 계승되

た。2017年10月、ユネスコは「朝鮮通信使に関する記録」を世界記憶遺産に登録した。何より意義深いのは、韓日両国の市民たちが力を合わせ、これを成し遂げたという事実だ。朝鮮王朝が派遣した通信使と、日本側の出迎え役·雨森間の関係を歴史劇で味わい深く再現した。

そして、ついに「ワッソ」のハイライトである「パレード」が幕を開けた。大阪を舞台に繰り広げられた朝鮮半島の国々と日本の友好の歴史をパレードと交流の儀式で再現するパフォーマンス。隋を除き、登場した海外の王朝はいずれも朝鮮半島の国々だった。高句麗、新羅、百済、伽耶、耽羅、朝鮮。1400年前の三国時代から100年前の朝鮮時代まで、韓国の偉人たちが海を渡って大阪にたどり着き、練り歩く様子を再現した。参加者の多くは中高大学生たちだ。参加校は、白頭、金剛学園を含む26校。団体と企業は32に達した。パレードと運営に1300人が関わり、およそ5万人が観覧するという、決して小さいとは言えない規模のイベントだ。

これまでの伝統に基づき、文在寅大統領も祝辞(呉泰奎·大阪総領事代読)を寄せ

고 있다"며 "올해의 축제주제처럼 양국 간 교류를 계속해서 '이어가고', 양국의 우정을 미래세대로 '이어가야' 한다. 그건 양국이 공동 추구해야 할 지향점"이라고 말했다.

다만 전통이었던 일본총리의 축사는 2018년에는 빠졌다. 쇼토쿠태자 역을 맡은 히라노 토시오平野俊夫 씨는 2018평화 선언에서 "왔소는 화和의 정신을 오사카에서 일본으로 아시아에서 세계로 확산하는 축제"라며 "이것이 사람들의 '연결'을 낳고, 대립에서 '화和'를, 조화 있는 다양성의 창조로 평화로운 인류사회 발전으로 이어지는 일이라 확신한다"고 강조했다.

た。文大統領は「韓日の交流と協力の貴重な縁が1400年を繋ぎ、在日同胞たちが受け継いでいる。祭りの今年のテーマのごとく両国間の交流を今後も"つなぎ"、両国の友情を未来の世代に"つないでいかなければならない"。それは両国が共同で追求すべき目標」と語った。

一方、伝統だった日本の首相からの祝辞は今年は見送られた。聖徳太子役を務めた平野俊夫氏は、2018平和宣言で「祭りを通し、和の精神を大阪から日本に、アジアから世界に拡散する。これが人々の"繋がり"を生み出し、対立から"和

왔소 주역들-왔소를 만든 오사카흥은 OB들의 청춘시절(최박문 제공)

현장에서 인터뷰에 응한 이우에 사토시 전 산요전기 회장은 "왔소 축제를 다음 세대에게 계승하여 가는 걸 시야에 두고, 한일 양국 분 아니라 동아시아 문화를 세계로 발신하기를 바란다"고 말했다.

이날 저녁 오사카시내 한 불고기집에서는 왔소 부활을 주도한 리더 최충원崔忠垣씨 주최로 '사천왕사왔소지원모임'이 열렸다. 왔소 출연자로 참여한 오사카흥은의 OB들, 사무국 임직원, 한국에서 온 의상제작자 등이 왔소의 성공을 축하하는 자리였다. 마치 '왔소 동창회' 같았다. 해마다 왔소에서 출연자, 코치, 자원봉사 활동을 이어가고 있는 이들이 적지 않았다. 그 중 한 사람 양영순梁永順씨는 "왔소가 영원히 계속되기를 바란다"며 "나중에 할머니가 되어서 손자 손을 잡고 왔소를 함께 관람하면서 '할머니가 함께 만든 축제'라고 이야기 해주고 싶다"고 말했다.

"を生む。さらに、調和のとれた多様性の創造へ、平和な人類社会の発展へとつながることと確信する」と強調した。

現場でインタビューに応じた井植敏·元三洋電機会長は「ワッソ祭りを次の世代に継承していくことを視野に、日韓両国に加えて東アジアの文化をグローバルに発信していくことを願う」と語った。

この日の夜、大阪市内の焼肉店ではワッソ復活を主導したリーダー、崔忠垣氏の主催で「四天王寺ワッソ支援の集い」が開かれた。「ワッソ」の出演者として参加した大阪興銀のＯＢたち、事務局の職員、韓国から来日した衣装製作者らが「ワッソ」の成功を祝う場だった。まさに「ワッソ同窓会」の様相だった。毎年欠かすことなく、出演、コーチ、ボランティア活動を続けている者は少なくない。そのうちの１人、梁永順氏は「ワッソが永続することを願う。将来おばあちゃんになって、孫の手をつないでワッソを一緒に観覧して『おばあちゃんが一緒につくった祭りだよ』と話してあげたい」と語った。

'왔소' 축제.

일본 땅에서 펼쳐지는 한국의 전통 춤사위와 노래, 악기 연주. 1400년 전부터 100년 전까지의 우리선조의 소리를 들을 수 있는 유일한 마당. 서로를 이해하고 좋아하는 양국시민들이 함께 만드는 마당. 이 화려하고 멋진 마당이 한반도 도래인들이 일본으로 들어온 통로인 오사카, 재일동포의 수도인 오사카 한복판에서 펼쳐지고 있다. 왔소를 취재하면서 가슴 뭉클한 순간이 많았다. 보다 많은 양국시민들이 왔소 현장에서 함께 하면 얼마나 좋을까. 그런 날이 왔으면 좋겠다.

백문불여일견(百聞不如一見).

한번 가서 보라.

〈왔소〉를 보러 오이소!

「ワッソ」祭り。

日本で繰り広げられる韓国伝統の振付と唄、楽器演奏。1400年前から100年前まで、わが先祖の音を聞ける唯一のイベント。お互いを理解する両国市民が共に楽しむイベント。きらびやかですばらしいこのイベントが，朝鮮半島出身の渡来人が日本に入った関門の大阪、在日の首都とされる大阪の真ん中で行われている。「ワッソ」を取材する間、終始万感胸に迫る思いだった。より多くの両国市民たちがこの晴れやかな祭りの場を分かち合うことになれば、どれだけ幸いなのか。そんな日が来ることを願いたい。

百聞は一見に如かず。

一度、見に行ってみて。

「ワッソ」を見にいらっしゃい！

# 第2章

# 「ワッソ」をつくった人々

제2장

# 〈왔소〉를 만든 사람들

01

# <왔소>의 원점, 오사카흥은과 쓰루하시시장

# 「ワッソ」の原点 大阪興銀と鶴橋市場

## 이희건과 쓰루하시상점가 진흥조합

오사카 쓰루하시鶴橋시장이 일본에서 제일 큰 한국시장이란 사실은 재일동포에 관심 있는 이들에게는 상식으로 통한다. 하지만 몇 번씩 와 봐도 무심결에 지나치는 것이 있기 마련이다.

줄여서 '쓰루신'이라 부르는 '쓰루하시상점가 진흥조합'도 그 중 하나인 듯 싶다. 시장입구에 들어서면, 바로 오른편 건물 2층에 있는 이 조합은 오늘날 재일동포들의 고단했던 일본 정착기를 증언하는 살아있는 역사다.

시장조합의 시작은 1945년 8월 해방(일본표현으로는 종전) 직후로 거슬러 올라

## 李熙健氏と鶴橋商店街振興組合

大阪の鶴橋市場が日本で最も大きい韓国市場である事実は、在日に関心のある人には常識と言えよう。しかし、何度足を運んでも思わず通り過ぎるようなことがある。

通称「つるしん」と呼ばれる「鶴橋商店街振興組合」もその一つではないだろうか。市場の入り口に入ると、すぐ右側の建物の２階にある同組合は、今日の在日同胞が日本に定着するまでの苦労を証言する生きている歴史だ。

組合の始まりは1945年８月の解放(終戦)直後のさかのぼる。闇市だっ

간다. 암시장이던 이 근방 상인들이 힘을 모아 세운 연합회가 그 출발이다. 당시 시장통은 바람 잘 날 없었다. 한국인과 일본인, 중국인이 뒤섞여서 다투고 대립하는 나날이 지속됐다. 매일 같이 벌어지던 쓰루하시 속 '국제전쟁'의 종지부를 찍은 건 한국인 청년이었다. 이 청년이 앞장서 '무허가' 암시장을 정식 시장으로 승격시켰고, 상인연합회 결성을 주도했다. 바로 재일한국인신용조합인 오사카흥은大阪興銀창립자이자, 한국의 신한은행 창립의 일등공신 이희건(李熙健, 1917~2011) 씨다.

이희건은 쓰루하시시장 번영회의 초대 회장으로, 청년상인 시절부터 리더로서의 자질을 유감없이 발휘했다. 그는 2007년 2월 필자와의 인터뷰에서 조직의 성공비결은 많은 이들에게 참여할 기회를 주고, 대중조직을 만드는 일이라 강조했다.

"무슨 일을 하든지 마찬가지입니다. 되도록 많은 사람을 참여시키는 게 바람직합니다. 그리고 대중에게 도움이 되는 조직 만들기를 해야 합니다. 신한은행을 세울 때도 기본에는 재일동포 다수를 참여시키겠다는 생각을 바탕에 깔고 있었

た鶴橋駅周辺の露天商が集まり、発足した連合会がその始まりだ。当時、市場に平穏な日はなかった。韓国人、日本人、中国人がごたまぜになり、争って対立する日々が続いた。毎日のように起きた鶴橋市場の中の「国際戦争」に終止符を打ったのは韓国人の青年だった。この青年は先頭に立ち、「無許可」の闇市を正式な市場に昇格させ、商人連合会の結成を主導した。在日韓国人信用組合、大阪興銀の創立者で、韓国大手、新韓銀行の創立の立役者だった李熙健氏(1917～2011年)だ。

李氏は鶴橋市場繁栄会の初代会長に就き、青年商人時代からリーダーとして資質を遺憾なく発揮した。彼は2007年2月、筆者とのインタビューで、組織の成功秘訣は多くの人に参加するチャンスを与え、大衆的な組織をつくることだと強調した。

「何事においても同じです。できる限り多くの人を参加させることが望ましいです。そして大衆に役立つ組織づくりをすべきです。新韓銀行を設立する時も、在日同胞を多数参加させることを基本にしました。昔も今も変わらない信念です

습니다. 예나 지금이나 변함없는 신념입니다만, 조직을 세우는 절대적인 조건은 참여자를 많이 만드는 일입니다. 이건 종전직후 쓰루하시암시장에서 얻은 교훈입니다. 시장 안에서 한국인, 일본인, 중국인들이 뒤섞여서 하루가 멀다 하고 다툴 때 그걸 정리해가면서 배운 것입니다. 요즘 젊은 사람은 암시장 같은 건 모를 테지만…"

일본사회는 패전의 충격에 휩싸였다. 정치, 경제체제가 마비되면서 순식간에 당장의 한 끼 식사를 걱정해야 하는 궁핍과 혼란의 시대를 맞이하게 된다. 너나 할 것 없이 먹을거리를 구하려고 분주했다. 주린 배를 채우려면 집안 가재도구부터 가보家寶까지 내다팔아야 할 지경이었다. 물물교환 장터인 암시장이 일본 곳곳에 우후죽순처럼 생겨난 배경이다. 암시장은 오사카에서 재일동포가 가장 많이 모여 사는 곳인 이쿠노生野구 쓰루하시역 근방에도 섰다.

"가보를 돈으로 바꾸는 사람, 전사戰死한 남편의 유품을 파는 아내, 숨겨놨던 군수물자를 땅바닥에 늘어놓은 사람, 그런 걸 사들여 지방에 되파는 사람 등 각양각색의 상인들로 넘쳐났다. 그 수가 족

が、組織をつくる絶対的な条件は参加者を多く募ることです。これは終戦直後に鶴橋の闇市で得た教訓です。韓国人、日本人、中国人がごたまぜになり、毎日のように争う 市場の問題を解決しながら分かったことです。今の若者は闇市なって知らないと思いますが……」

日本社会は敗戦の衝撃に陥っていた。政治、経済体制がまひし、その日にごはんを食べられるかどうか心配しなければならない貧困と混乱の時代を迎えることになった。ほとんどの人が食べ物をかき集めるために奔走した。人々は空腹を満たすため、家財から家宝まで売り出して食糧を確保した。物々交換をする闇市が日本各地に雨後の筍のごとく次々と誕生した背景だ。闇市は大阪で在日同胞が最も多く暮らす生野区鶴橋駅周辺にもできた。

「家宝をお金に換える人、戦死した夫の遺品を売る妻、隠しておいた軍需物資を地べたに並べている人、それを買い取り地方に転売する人など、さまざまな商人であふれ返った。その数は2000人を超えた」(大阪興銀30年史)

鶴橋市場は一日の来客数が20万人

오사카흥은 본사(1980년대, 오사카)

히 2,000명을 넘었다."(오사카흥은 30년사)

쓰루하시시장은 하루손님만 20만 명에 달하는 대형마켓이었다. 그러나 암시장은 어디까지나 무허가 시장이라, 손님이 많든 적든 당국 입장에선 단속대상일 뿐이다. 처음에 시장외곽의 일부 노점만 단속하다가 점차 넓히더니, 급기야 1946년 8월 1일부로 쓰루하시시장을 강제 폐쇄시켜버린다.

## GHQ와 협상해 '국제상점가'로 변신

하루아침에 생업을 잃은 상인들은 우왕좌왕하고 있었다. 이때 해결사를 자처하고 나선 이가 바로 이희건 회장이다. 그 역시 쓰루하시시장 구석에서 자전거 튜브와 오토바이타이어 장사를 하는 상인이었다.

"상인마다 국적이 다르다보니, 이해관계가 달라 의견취합이 안되었습니다. 날마다 모여 협의는 하는데, 만나기만 하면 으르렁대며 언쟁만 일삼았습니다. 그중 한국사람이 4할 정도로 가장 많았습니다. 누군가 나서서 정리하지 않으면 안되는 상황이었습니다. 그때 제가 용기를 내어 단결하지 않으면 시장은 영원히

に達する大型マーケットだった。しかし、闇市はあくまでも無許可であるため、客数とは関係なく、当局の立場からは取り締まりの対象にすぎなかった。最初は外郭の一部露天商だけを取り締まったが、ついには1946年8月1日付けで鶴橋市場を強制的に閉鎖した。

## ＧＨＱと交渉して「国際商店街」に

一朝にして仕事を失った商人たちは右往左往していた。その時、「火消し役」を名乗り出たのが、李熙健氏だ。彼もまた、鶴橋市場の一角で自転車用のタイヤチューブやバイク用のタイヤを売る商売人だった。

「それぞれ国籍が異なるため、利害関係も異なり、意見がまとまりませんでした。毎日集まって協議を行ったが、結論は出せず、激しい口論ばかりをしていました。そのうち、韓国人は４割程度で、最も多かったです。誰かが意見をまとめないと、どうにもならない状況でした。その時、私が勇気を出して団結しないと、市場は永遠に閉鎖となるから、まず『商人連合対策会議』をつくることを

폐쇄되고 말테니 '상인연합대책회의'부터 만들자고 제안했죠. 한 사람 한 사람 찾아다니며 설득하였습니다."

그는 끈질겼다. 수천 명 상인을 일일이 만나서 대책회의에 참여하겠다는 약속을 받아냈다. 연판장을 돌려 손수 청원서도 만들었다. 협상대상은 미 연합군 사령부 GHQGeneral Head Quarters. 청년 이희건은 일본인들도 엄두도 못내는 GHQ를 상대로 호기 좋게 교섭에 나섰다. 궁핍에 지친 상인의 실상을 설명하고 시장을 재개할 수 있도록 해달라고 거듭 부탁했다.

그러나 GHQ는 콧방귀도 안 뀌었다. 해제조치는 차일피일 미뤄졌다. 상인들 사이에서 무력시위로 자기들의 뜻을 내보이자는 강경론이 대두됐다.

"무력사용은 결단코 안됩니다. 협상만이 유일한 카드여야 합니다."

그는 다시 상인들을 찾아다니며 설득했다. 강자의 아량이 없어지면, 약자(=상인)만 손해 보게 된다는 걸 본능적으로 알았던 것이다. 매일 GHQ를 출근하듯 찾아가 사령관 면담을 신청하고, 시장재개를 해달라고 부탁하고 또 부탁했다. 뚝심은 보람으로 돌아왔다. 1947년 3월

提案しました。一人ずつ訪れて説得しました」

彼は粘り強かった。数千人の商人を一人ひとり訪ね、対策会議に参加するとの約束をもらった。連判状をつくり請願書も提出した。交渉対象はＧＨＱ(連合国軍最高司令官総司令部)。青年、李熙健氏は日本人が考えもしなかったＧＨＱを相手に威勢よく交渉に乗り出した。貧困にあえぐ商人たちの実情を説明し、市場の再開を重ねて求めた。

しかし、ＧＨＱはびくともしなかった。再開のめどは立たず、時間だけが過ぎていった。商人の中からは行動で意思表明をすべきという強硬論が浮上した。

「暴力は決してあってはなりません。交渉だけが唯一の手段であるべきです」

彼は再び商人たちを訪れ説得した。弱者を容れる雅量が強者からなくなれば、弱者(商人)だけが損することを本能的に感じていたのだ。毎日、ＧＨＱに出勤するように訪れ、司令官への面談を申し込み、市場再開を重ねて要請した。粘った甲斐あって、１９４７年3月、ついに市場再開の承認が出た。それだけでは

마침내 시장재개 승인이 떨어졌다. 뿐만 아니다. '쓰루하시 국제상점가'라는 버젓한 이름까지 얻어냈다. 무허가딱지를 뗀 합법시장으로 변모한 것이다.

"제 나이 서른 살 때의 일입니다. '대중이 하나'가 되면 얼마나 큰 힘이 되는지 절감한 순간이었죠. 방관해서는 안된다는 것도 깨달았습니다. 참여의 힘은 가망 없어 보이는 일도 가능하게 만들어 낸다고 생각합니다."

대책회의는 정상조직으로 변모했다. 상인의 이익을 지키는 조직으로서 '쓰루하시국제상점가연맹 번영회'를 결성한 것이다. 이희건 씨는 그의 리더십을 인정한 상인들의 만장일치 추대로 번영회장에 선출됐다.

### 쓰루하시는 '아리랑고개'

국제란 이름은 붙었지만, 쓰루하시시장은 입구부터 김치냄새, 된장냄새를 물씬 풍기는 한국의 시장이다. 이곳이 '아리랑고개'라는 별칭으로 불린다는 사실도 한국시장임을 말해준다. 쓰루하시시장은 설날과 추석 같은 명절 때면, 차례상 재료를 사려는 사람들로 발 디딜 틈

ない。「鶴橋国際商店街」という立派な名前ももらった。無許可の闇市から合法な市場に生まれ変わったのだ。

「私が30歳の時のことでした。『大衆が一つ』になれば、どれだけ大きな力になるのかを切に感じた出来事でした。傍観してはならないことも分かりました。参与の力は可能性がないようにみえることも可能にすると思います」

対策会議は正常な組織に変貌した。商人の利益を守る組織として「鶴橋国際商店街連盟繁栄会」を結成したのだ。李熙健氏は、こうしたリーダーシップが認められ、満場一致で繁栄会の初代会長に選ばれた。

### 鶴橋は「アリラン峠」

「国際」という名前が付いたが、鶴橋市場は入り口からキムチや韓国味噌の匂いがする韓国の市場だ。ここの別名が「アリラン峠」であることもそれを裏付けている。鶴橋市場は正月や秋夕(チュソク、旧盆)などの名節になると、祭礼でお供えする材料を買う人たちでにぎわう。

오사카 쓰루하시시장-옛 모습(1950년대)

오사카 쓰루하시시장-현재 모습(2019년 1월)

이 없다. 오사카뿐 아니라 교토, 나라, 와카야마, 오카야마 등지에서도 이 시장을 찾는다. 그러다보니 친구와 지인이 10년 만에 20년 만에 만나는 일도 심심찮게 일어나곤 한다.

「나를 버리고 가시는 임은 십리도 못 가서 발병난다」

우리민요 아리랑의 노래가락처럼 어디 도망도 못가고, 쓰루하시에서 만난다고 해서 붙여진 이름이 '아리랑고개'다. 오사카흥은 OB인 김성근金聖根 씨는 예나 지금이나 쓰루하시는 재일동포의 고향 같은 곳이라 말한다.

"재일한국인이 3세 4세로 바뀌고 우리말도 잘못합니다. 하지만 제사만큼은 확실하게 지냅니다. 할아버지 할머니 대부터 이어온 우리나라 전통이고, 집안의 전통이니까요. 아직도 한국식으로 제대로 지내죠. 고춧가루부터 우리나라 식재료를 다 살 수 있는 데는 쓰루하시 뿐이죠."

시장에 붙어 있는 쓰루하시역은 일본인들을 냄새로 고문(?)하는 역이다. 열차 문이 열리면 진동하는 맛있는 한국음식 냄새가 그들을 괴롭히기(?) 때문이다. 불고기가게, 곱창구이가게가 즐비한 한

大阪だけではなく、京都、奈良、和歌山、岡山などからもこの市場を訪れる。そのため、友人や知人を10〜20年ぶりに会うことも珍しくない。

「私を捨てて行かれる方は、 十里も行けずに足が痛む」

朝鮮半島の民謡「アリラン」の歌詞のように、どこかに逃げることもできず、鶴橋で再開するとの意味から付けられたのが「アリラン峠」だ。大阪興銀OBの金聖根さんは、昔も今も鶴橋は在日同胞の故郷のような場所と話す。

「在日世代が3、4世になり、韓国語も話せなくなりましたが、祭事だけはしっかりやっています。祖父·祖母の代から続いてきたわれわれの伝統であり、家の伝統ですから。今でも韓国式で行います。唐辛子など韓国の食材を手に入れられるところは鶴橋だけです」

市場の最寄駅である鶴橋駅は、日本人を匂いで拷問(?)する駅だ。電車のドアを開けば、おいしそうな韓国料理の匂いが漂ってきて、彼らを苦しめる(?)のだ。プルコギやホルモン焼きの名店が立ち並ぶ韓国の町。長い歳月、韓国人を差別した日本人さえも、よだれ

국 동네, 긴 세월 한국인들을 차별하던 일본인들마저 군침 돌게 만드는 우리 동네역이 쓰루하시역이다. 재일동포들에게는 가난한 시절의 옛 기억을 떠올리는 곳, 판잣집 짓고 동포들끼리 옹기종기 붙어 지냈던 시장. 구박받고 배곯던 시절, 고개 숙인 동포들에게 안식처가 되어준 시장이 바로 쓰루하시다.

## 〈왔소〉의 원점 '오사카흥은'

쓰루하시시장 문제에서 리더 자질을 보인 이희건 씨가 재일동포를 위해 팔을 걷어붙인 사업은 금융업이었다. 국적차별이 심하던 시대, 일본에 사는 동포들은 돈이 필요해도 은행을 이용할 도리가 없었다. 단지 외국인이란 이유 때문이었다. 규모가 크고 경영실적이 우수한 우량기업의 동포경영자들도 차별에서 예외가 아니었다.

일본 은행들은 재일동포들에 대출조건으로 ▲귀화(歸化=일본국적 변경) 종용 ▲일본인 보증인 세우기 ▲턱없이 높은 담보 및 저당설정 등 일본인에게는 적용하지 않는  매우 까다로운 것들을 요구했다. 쓰루하시시장 번영회장인 이희건

を垂らすようにするわれわれの町の駅なのだ。在日同胞には貧しかった時代を思い出させる場所、小さなバラックを建て同胞同士が集まって暮らした市場、差別と貧困にあえぐ時代に同胞たちが心安らぐ居場所となってくれたのが鶴橋市場だ。

## 「ワッソ」の原点は大阪興銀

鶴橋市場の問題でリーダーとしての資質があることを示した李熙健氏が次に在日同胞のために腕まくりをした事業は金融業だった。国籍差別があった時代、在日同胞たちはお金を銀行から借りることができなかった。単に、外国人である理由からだ。事業規模が大きく業績がよい優良企業の在日経営者も例外ではなかった。

日本の銀行は在日同胞に融資条件として▼帰化(日本国籍取得)▼日本人の保証人▼無理な担保や抵当権設定ーーなど、日本人には適用しないものを求めた。鶴橋市場繁栄会会長の李熙健氏はこうした不当な現実を誰よりも知っていた。

씨는 이런 부당한 현실을 누구보다 잘 알고 있었다.

금융차별 문제를 해결하기 위해 추진한 자구책은 재일동포를 위한 은행 설립이었다. 1955년 쓰루하시 동포상인들을 규합해 그들의 출자금으로 설립한 오사카흥은大阪興銀. 현상타파란 선택은 어지간한 용기와 배짱 없이는 실행할 수 없는 일이다. 흥은 설립은 주류사회의 차별에 맞선 「마이너리티Minority 권익찾기 운동」의 의미도 갖고 있었다.

시장 한 켠 작은 목조건물에서 영업을 개시한 오사카흥은은 동포들의 응원 속에 고속성장 가도를 달린다. 1968년 한국계 금융기관 가운데 제일 먼저 예금고 100억 엔을 달성한 데 이어, 1991년에는 '마魔의 벽'으로 여겨지던 예금고 1조 엔마저 돌파했다. 이는 일본 내 전체신용조합 가운데 압도적인 1위였다. 1993년 7월 1일에는 관서지방 5개 재일동포 신용조합을 합병하여 간사이흥은關西興銀으로 다시 태어났다. 사업영역을 오사카뿐 아니라 서일본지역으로 확장하는 기반을 마련했다.

"흥은은 단순히 영리활동을 하는 금융기관이 아니었습니다. 재일동포들의

金融差別の問題を解決するために推進したのが、在日同胞のための銀行設立だった。1955年、鶴橋の同胞商人たちを集め、彼らの出資金で設立した大阪興銀。現状を打破することは相当な勇気と度胸がある人ではなければ、できないことだ。興銀の設立は主流社会の差別に対抗する「マイノリティの権利獲得」の意味も持っていた。

市場の片隅の小さな木造建物で営業を開始した大阪興銀は同胞たちの応援の中で高速成長を続ける。1968年に韓国系金融機関では初めて預金残高100億円を達成したのに続き、91年には「魔の壁」といわれる預金残高1兆円も突破した。これは日本国内の信用組合の中でも圧倒的なトップだった。93年7月1日には、関西地域の韓国系信用組合5行を合併し、関西興銀を誕生させた。これにより、営業地域を大阪だけではなく、西日本地域に拡大する基盤をつくった。

「興銀は単に営利活動をする金融機関ではありませんでした。在日同胞の精神的な支柱の役割を担っておりました。だから、興銀のメンバーはわれわれの祭り

정신적인 지주역할을 담당했습니다. 그래서 흥은 멤버들은 우리들의 축제를 만들겠다고 나섰고, 그 완성품이 '사천왕사왔소'였습니다. 오사카 대로에서 자동차까지 멈춰 세우고 '왔~소' 구호를 외치며 행진하는 건, 걷는 사람도 보는 사람도 재일한국인으로서는 자부심을 느끼게 하는 일이었습니다."(김성근 씨)

오사카흥은과 쓰루하시시장.

〈왔소〉의 원점인 이 두 가지는 재일동포사회를 지탱해온 든든한 버팀목이었다.

をつくると乗り出しました。その完成品が四天王寺ワッソだったのです。大阪の大通りで車まで止めさせ、『ワーッソワーッソ！』と声をあげながら行進することは、歩く人にも見る人にも在日韓国人としてのプライドを芽生えさせました」(金聖根氏)

大阪興銀と鶴橋市場。

「ワッソ」の原点となるこの二つは在日同胞社会を支えてきた頼もしい柱だった。

## 02

# 기획자 이승재 부회장 "이제는 말할 수 있다"

# ワッソ企画者の李勝載氏「今だから言える」

〈왔소〉를 세상에 선보인 조직은 재일동포 민족금융기관 오사카흥은이었다. 흥은에서 부회장직을 맡고 있던 이승재李勝載씨는 왔소의 기획자 겸 총괄프로듀서였다. 연구조사, 고증, 시나리오 작성부터 대형목선과 가마 등 각양각색의 하드웨어, 춤과 노래 같은 소프트웨어 제작에 이르기까지 그의 손을 거치지 않은 것이 없다. 이번 편에서는 "왔소, 이제는 말할 수 있다"라는 테마로 이승재 부회장과의 인터뷰 문답을 소개한다. 본 인터뷰는 2019년 1월 오사카 호텔뉴오타니에서 이뤄졌다.

「ワッソ」を世の中に披露させた組織は在日同胞の民族金融機関、大阪興銀だった。興銀で副会長を務めた李勝載氏は「ワッソ」の企画者兼プロデューサーだった。研究調査、時代考証、シナリオ作成から大型の木造船や輿などさまざまなハードウェア、踊りと歌のようなソフトウェア制作に至るまで、すべてのことに関わった。ここでは「ワッソ、今だから言える」をテーマに、李勝載氏とのインタビュー内容を紹介する。インタビューは2019年1月、大阪市内のホテルニューオータニ大阪で行われた。一問一答は次の通り。

**Q** 사천왕사왔소를 기획한 계기는?

**A** 예전부터 재일한국인을 위해 대축제를 만들고 싶었습니다. 특히 한국과 일본이 사이가 좋았던 시대를 배경으로 한 행렬을 재현해 보고 싶었습니다. 이왕이면 거리 퍼레이드를 하면 어떨까 생각해 봤습니다.

**Q** 모티브를 준 이벤트가 있습니까?

**A** 해마다 3월 17일 아일랜드계 이민자들이 펼치는 '성패트릭데이'입니다. 1987년으로 기억합니다만. 그때 가족과 함께 뉴욕에 갔다가 그 광경을 목격한 적이 있습니다. 어느 날 뉴욕 5번가를 가려고 길을 나섰는데 도로가 전부 폐쇄되어 있었습니다. 그 도로를 엄청난 수의 행렬이 가득 채우고 있었지요. 성패트릭의 생일에 맞춰, 미국에 사는 아일랜드계 사람들이 녹색셔츠와 모자를 쓰고, 백파이프 등을 연주하면서 지나가는 겁니다. 약 2시간에 걸쳐 퍼레이드 광경을 지켜보면서, 이걸 일본에 가져가 재일한국인의 축제로 만들고 싶다는 생각이 강하게 들

**Q** 四天王寺ワッソを企画したきっかけは何でしょうか。

**A** 昔から在日韓国人のための大きな祭りをつくりたいと思いました。特に韓国と日本の仲がよかった時代を背景にしたパレードを再現しかったです。どうせなら、ストリート·パレードにすればどうかと考えていました。

**Q** モチーフにしたイベントがありますか。

**A** 毎年３月17日にアイルランド系移民者が行う「聖パトリックデー」です。1987年だったと思いますが、家族と共にニューヨークに行った際にその光景を見たことがあります。あの日、５番街に出ようとしたら、道路が全部閉鎖されていました。その道路では大勢の人たちによるパレードが行われていました。聖パトリックの誕生日に合わせ、米国に暮らすアイルランド系の人たちがグリーンのシャツと帽子をかぶり、バグパイプなどを演奏しながら進んでいました。約２時間にわたりパレードを行う

었습니다.

**Q** 한반도 위인들을 왔소에 등장시킨 이유가 궁금합니다.

**A** 한일관계라 하면, 먼저 일제식민지 시절이 떠오르지만. 역사를 탐구해보면 한국에서 일본으로 기술문화가 전수된 것들이 많이 있습니다. 예를 들면 6~7세기 한국은 일본보다 훨씬 앞선 나라였습니다. 학술, 문화, 음악, 기술 등의 고등 문물을 일본에 전수하였습니다. 그래서 일본은 당시 수도인 오사카로 한반도 위인들을 초청했고, 그분들은 사천왕사에 머물다가 돌아갔습니다. 왔소에서 그 모습을 재현하고 싶다고 생각했습니다.

**Q** 일본 역사학계에서는 한반도 '도래인'을 '귀화인'이라 보는 시각이 있는데요.

**A** 일본에서도 원래는 '도래인'이라 불렀습니다. 그런데 헤이안平安시대 8세기 이후에, 일본의 생각이 좀 바뀌었다고 할까요. 자기들 국력이 한국과 대등하거나 그 이상이 됐다고 보면서부터 한국을 멸

ことを見て、これを日本に持ち込んで在日韓国人の祭りとしてつくりたいとの思いが強くしました。

**Q** 朝鮮半島の偉人を「ワッソ」に登場させた理由は何でしょうか。

**A** 韓日関係と言えば、真っ先に日帝植民地時代が思い浮かびますが、歴史を調べてみると、韓国から日本に技術文化が伝わったものが多いです。たとえば、６～７世紀にかけては韓国が日本よりはるかに進んでいました。学術、文化、音楽、技術など、高等なる文物を日本に伝えました。だから、日本は当時の首都、大阪に朝鮮半島の偉人を招き、彼らは四天王寺に滞在してから戻りました。ワッソでその様子を再現したいと思いました。

**Q** 日本の歴史学界では朝鮮半島出身の渡来人を「帰化人」と呼ぶこともありますが。

**A** 日本でももともとは渡来人と呼びました。しかし、平安時代の８世紀以降、日本の考えが変わりました。自分たちの国力が韓国と対等

시하는 풍조가 생겨났습니다. 그게 바다를 건너와 선진문물을 전해준 도래인이 아닌 귀화인으로 부르기 시작한 연유라고 알고 있습니다.

**Q** 제로베이스에서 시작한 왔소, 제일 힘들었던 기억은?

**A** 아버지(이희건 오사카흥은 회장)를 설득하는 일이었습니다.(하하) 아버지 세대는 2차 세계대전 이전에 태어났습니다. 식민지 시절이었기 때문에 먹고살기도 바쁘니까 역사를 공부할 기회가 없었다고 봐야지요. 그러니 한국의 여러 위인들이 일본에 건너온 스토리를 알 리 없고, 선조들이 일본에 문화를 전수해줬다는 걸 믿지 못했습니다. 그래서 전 "이게 역사적 사실이니 일본사서인 일본서기와 고사기에도 기록되어 있습니다. 그러니까 읽어보세요."라고 했습니다. 어쨌든 설득하는 데 시간이 걸렸습니다.

**Q** 일본서기는 읽어봤습니까?

**A** 한 20~30번 읽었습니다. 현대 일본어판으로 700페이지 쯤 됩니

またはそれ以上になったと考えるようになってから、韓国を蔑視する風潮が生まれました。それが海を渡り、先進文物を伝えた渡来人ではなく、帰化人と呼ぶようになったと伝えられております。

**Q** ゼロベースからスタートした「ワッソ」、最も大変だったことは何でしょうか。

**A** 親父(李熙健・大阪興銀会長)を説得することでした(笑)。親父の世代は第二次世界大戦前に生まれております。植民地時代だったから食べていくことに精一杯で、歴史を勉強する機会がなかったでしょう。だから韓国からさまざまな偉人が日本に渡って来たストーリを知らないし、先祖が日本に文化を伝えたことも信用しなかったです。だから私は『これは歴史的事実だから、日本書紀と古事記に記録されております。どうぞ、お読みください』と言いました。とにかく、説得するのに時間がかかりました」

**Q** 日本書紀は読みましたか。

**A** 20～30回読みました。現代語

이승재 부회장과 아버지 이희건 오사카흥은 창립자

인터뷰에 응하는 이승재 부회장(2019년 1월)

다만, 제대로 읽어야 고증할 수 있다고 생각해 열심히 읽었습니다. 초점을 맞춘 건 등장인물입니다. 한반도의 어떤 사람이 일본에 어떤 문물을 갖고 왔는가, 이런 걸 일본서기에서 찾아냈습니다. 일본인들이 쓴 역사서(일본의 正史)니까 인용하기 좋다고 생각했습니다.

**Q** 도래인 가운데 특히 기억에 남는 인물은 누구입니까?

**A** (신라 무열왕) 김춘추입니다. 일본서기에는 곤춘추라고 나오죠. 아마도 그때는 김이라 쓰고 곤(한국 발음으로 금)이라 읽었죠. 7세기 아스카시대의 정치가인 후지와라 카마타리藤原鎌足가 김춘추가 "얼마나 대단한 청년인가"를 묘사하는 글귀가 일본서기에 쓰여 있습니다. 후지와라는 텐지天智천황의 브레인이었죠.

* 일본서기는 김춘추가 647년에 일본을 방문했으며, 그의 모습을 "춘추는 용모가 아름답고 착하고 담소를 잘했다(春秋美姿顔善談笑, 일본서기 孝德天皇48편)"고 묘사했다.

訳で700ページになりますが、しっかり読まないと考証できないと思って一生懸命に読みました。焦点を合わせたのは登場人物です。朝鮮半島のどんな人が日本にどんな文物を持ってきたのか、日本書紀から探しました。日本人が書いた歴史書(日本の正史)だから引用すればいいと思いました。

**Q** 渡来人の中で最も記憶に残る人は誰ですか。

**A** (新羅の武烈王)金春秋です。日本書紀にはコム・チュンチュと書いてあります。おそらくあの時は、金と書いてクムと呼び、日本ではそれをコムと呼んだと思います。7世紀飛鳥時代の政治家、藤原鎌足が「なんと素晴らしい青年だ」と言ったことが日本書紀に書いてあります。藤原鎌足は天智天皇のブレーンだった人です。

* 日本書紀は、金春秋が647年に来日したとし、「春秋、姿顔美くして、善みて談笑す＝日本書紀孝徳天皇(四十八)＝」と記録している。

**Q** '왔소'란 작명에 숨은 이야기가 있다던데?

**A** 오사카에는 한반도 3국의 마을 흔적이 모두 있습니다. 신라 상인들이 살던 신라교(시라기바시), 지금의 신사이바시입니다. 백제 상인들이 살던 백제정(구다라마치), 큐타로久太郎입니다. 그리고 고구려 상인들이 살던 고려교(고라이바시)입니다. 문득 이런 생각이 들더군요. 상인들이 한반도에서 배가 들어올 때면 "오세요, 오세요", "왔소, 왔소"라 외치며 손님을 부르지 않았을까 말이죠. 웰컴 투재팬Welcome to Japan의 의미도 되고. 그래서 왔소를 축제이름에 붙였습니다.

**Q** '왔소'는 구령이기도 합니다. 사람들이 따라 부르던데 그걸 예상했습니까?

**A** 90년대 첫 대회 때는 구령이 없었습니다. 2회 때부터는 뭔가 외치면 좋겠다는 요망이 들어왔습니다. 찾아보니까 일본어 구령에 '왓쇼이'가 있었습니다. "왔어?"가 경상도 사투리로 "왔소"가 되

**Q** 「ワッソ」と名づけた裏話があると聞いておりますが。

**A** 大阪には朝鮮半島三国の村の痕跡がすべてあります。新羅の商人が居住した新羅橋、現在の心斎橋です。百済の商人が住んでいた百済町、久太郎です。そして高句麗の商人が居住した高麗橋です。ふっと思ったんです。これらの商人たちは朝鮮半島から船が来ると「オセヨ(来て)オセヨ」「ワッソ(来た)ワッソ」と声を上げてお客さんを迎えたのではないかと。ウェルカムジャパンの意味にもなるし。だから「ワッソ」を祭りの名前につけました。

**Q** 「ワッソ」は祭りの掛け声でもあります。みんなが一緒に声を上げると予想しましたか。

**A** 90年の初大会の時は掛け声がありませんでした。2回目からは何か声を掛けたいとの要望がありました。調べてみると、日本の「わっしょい」というのがありました。「ワッソ(来た)」の慶尚道の方言である「ワッショ(来た)」に

고, 일본에 들어와서 "왓쇼이"로 바뀐 게 아닐까 싶어요. 관객 대다수가 일본인들이니까 "왔~소"란 구호는 그들에게 친숙한 2박자와 매칭이 됩니다. 그래서 따라 부르는 게 아닌가도 싶습니다.

**Q** 한국의 축제를 일본대로에서 퍼레이드로 보여준다는 게 모험이었단 생각이 듭니다. 일본시민들의 반응은 어땠습니까?

**A** 굉장히 놀라워했습니다. 우선 우리나라 의상이 아름답습니다. 왔소 행렬은 빨강, 흰색, 노랑 등으로 다채롭지요. 그에 비해 일본의상은 단조롭지요. 거기다 1.6km에 달하는 긴 구간에 걸친 행렬, 10m가 넘는 대형목선 20척이 등장했습니다. 그러니 놀랄 수밖에요. 관객들은 신라, 백제, 고구려, 탐라 등의 행렬을 보며 매우 즐거워했습니다.

**Q** 한반도의 음악은 어떻게 만들었습니까?

**A** 한국 고고학자인 서울대 김원룡金元龍 교수를 찾아갔더니, 고대의 악보는 남아있지 않다고 했습니니

似ており、これが日本に入ってくる時に「わっしょい」になったのではないかと思います。観客の多くが日本人ですから「ワッソ」という掛け声は彼らに馴染んでいる２拍子とマッチングします。だから一緒に声を上げているのではないかと思います。

**Q** 韓国の祭りを日本の大通りでパレードとして披露するというのは冒険だったと思います。日本市民の反応はどうでしたか。

**A** 非常に驚いていました。まず、韓国の衣装は美しいです。ワッソの行列は赤、白、黄など多彩な色です。これに対し、日本の衣装は地味です。その上、1.6キロに達する長い区間を練り歩く行列、10メートル以上の大型木造船20隻が登場しました。驚かざるを得なかったでしょう。観客は新羅、百済、高句麗、耽羅などの行列を見ながら、非常に楽しんでいました。

**Q** 朝鮮半島の音楽はどうやってつくりましたか。

다. 수소문해 찾아간 사람이 판소리 전문가인 허규許圭 감독이었습니다. 그 분이 경상도(신라), 전라도(백제), 강원도(고구려) 민요를 바탕으로 각 나라별 음악을 만들어 주었습니다. 아리랑만 해도 지역마다 음계와 리듬이 제각기 다르지요.

* 이승재 부회장은 인터뷰 때 지역별 아리랑을 직접 부르며 그 차이를 보여주었다.

**Q** 왔소, 존재해야 할 이유는 무엇이라고 생각합니까?

**A** 왔소의 제일 큰 목적은 자라나는 재일한국인 아이들, 손자들에게 자기정체성, 뿌리에 대해 자신감을 심어주고 싶다는 것입니다. 글로벌리즘을 이야기하지만, 스스로의 뿌리에 대한 자긍심이 없는 상태에서는 그게 허황된 이야기에 지나지 않습니다. 우리는 한국인이니까 한국의 뿌리를 인식하는 게 최우선, 그걸 왔소로 구현한 것입니다.

**A** 韓国の考古学者、金元龍·ソウル大教授を訪ねたら、古代の楽譜は残っていないと言うのです。紹介を受けて訪ねた人が「パンソリ(韓国の伝統芸)」専門家の許圭さんでした。彼が慶尚道(新羅)、全羅道(百済)、江原道(高句麗)の民謡を基に、国別の音楽をつくってくれました。「アリラン」だけでも、地域ごとに音階とリズムがそれぞれ異なります。

* 李勝載氏はインタビューの時、地域別のアリランを直接歌い、その違いを見せてくれた。

**Q** 「ワッソ」が存在すべき理由は何だと思いますか。

**A** 在日韓国人の子どもたち、孫たちが自分のアイデンティティー、ルーツに対し、自信を持ち、誇りに思う、そんな催しにするのが一番の目的でした。グローバリズムというのはそれぞれのルーツにしっかりプライドを持て取りかかるものです。韓国人だから韓国のルー

**Q** 왔소의 콘텐츠 중에서 지켜가야 할 부분은 무엇일까요?

**A** 저는 초대부터 11번째 대회로 끝이 났으니, 지금의 왔소에 대해 말할 입장은 아닙니다. 다만 희망은 처음의 취지대로 일본역사에 영향을 미친 인물들, 한국과 일본 간의 교류, 이걸 재현하는 데 충실하면 좋겠습니다. 관객을 더 모으겠다고 한류스타나 모던댄스가 나오는 일은 피했으면 합니다.

**Q** 왔소는 한일시민의 축제이기도 합니다. 마지막으로 꼭 하고 싶은 말이 있다면?

**A** 역사학자인 교토대학의 우에다 마사아키 교수가 한 말을 인용하고 싶습니다.

"어두운 곳도 밝은 빛을 비추면 환해지는 법이다"

저는 한일관계의 어두운 면을 왔소라는 빛으로 비추기를 바랍니다. 왔소를 통해 양국민이 일제식민지 시대라는 어두운 36년의 역사에 스폿을 맞추기보다는, 아주 오래전부터 줄곧 우호친선의 관계였다는 사실을 깨달았으면 합니다

ツを認識すること、これが一番の目的でした。

**Q** 「ワッソ」のコンテンツの中で守っていく部分は何だと思いますか。

**A** 私は11回の大会で終わりましたから、今の「ワッソ」について話をする権利も立場でもありませんが、私からの希望としては最初の趣旨通り、日本書紀の歴史に則った人物、そういうひとたちの日本との交流、これを大切にしてほしいなと思います。祭りの途中に韓流スターや韓国のモダンダンスが出てきたりすることはしてほしくありません。

**Q** 「ワッソ」は韓日市民の祭りでもあります。最後に言いたいことがあれば。

**A** 歴史学者である京都大学の上田正昭教授が言った言葉を引用したいです。

「暗いところも明るい光を当てると明るくなる」。

「ワッソ」を通じ、両国民が植民地という暗い36年の歴史にスポット

이희건, 이승재 부자(父子)

왔소에 참가한 이승재 부회장(1990년대)

다. 왔소가 계속되어야 하는 이유입니다.

を当てるより、それ以前からずっと友好親善の関係にあったことを分かればと思います。「ワッソ」が継続されなければならない理由です。

03

## “스님은 귀족” 삭발 감행한 <왔소>OB들

## 「僧侶は貴族」丸刈りにしたワッソのＯＢたち

이번 편은 〈왔소〉를 일선현장에서 발로 뛰며 만들었던 사람들 이야기다. 오사카흥은의 왔소팀에서 실무를 담당했던 최박문(崔博文, 이하 최), 김기홍(金基弘, 이하 김), 이상화(李相華, 이하 이) 씨. 1990년 시작할 때만 해도 30대 중반이던 세 사람은 어느새 손자까지 있는 할아버지가 됐다. 간담회는 2018년 7월과 2019년 1월 두 차례 행했다. 본서에서는 오사카한국문화원에서의 1월 간담회를 중심으로 소개한다.

今回は日々フル回転で現場を駆け回り、「ワッソ」をつくった人たちの話だ。大阪興銀のワッソチームで実務を担当した崔博文、金基弘、李相華の３氏。「ワッソ」初大会が開かれた1990年に30代半ばだったこの３人はいつの間にか孫までいるおじいちゃんとなった。懇談会は2018年７月と2019年１月に２回行われた。ここでは19年１月に大阪韓国文化院で行った懇談会での話を中心に紹介する。

**Q** 먼저 근황에 대해...

**김** 2000년 흥은 파탄으로 퇴직한 뒤, 지금은 광고대리점을 경영하

**Q** まず、近況を聞かせてください。

**金** 2000年の興銀破綻で退職後、現在は広告代理店を経営してい

고 있습니다.

이 다른 인생을 찾기 위해 여러 일을 하다가, 지금은 고령자케어와 부동산 사업을 하고 있습니다.

최 인재파견회사를 경영하고 있습니다. 50세 이상의 인재를 파견하는 회사입니다.

ます。

李 違う人生を探すため、さまざまなことをやりましたが、現在は介護と不動産事業をしています。

崔 人材派遣会社を経営しております。50歳以上の人材を派遣する会社です。

Q 거리 퍼레이드라 많은 장벽을 넘어야 했을 텐데요. 특히 경찰이 반대했을 것 같습니다만.

최 제가 경찰과 협상을 맡았습니다. 처음 6개월간은 아예 만나주지도 않았습니다. 경찰 입장은 '도로폐

Q ストリート・パレードは超えなければならないか壁が多かったと思います。特に警察側の反対があったと思われますが。

崔 私が警察との交渉を担当しました。最初の6カ月間は会っても

왼쪽부터 최박문, 김기홍, 이상화 씨

쇄는 있을 수 없는 일'이며, 그런 생각을 하는 것 자체가 '틀린 것'이라는 입장이었습니다.

**이** 퍼레이드 구간에 관할 파출소가 3군데였습니다. 도로폐쇄도 미친 짓이라 했는데. 관할이 다른 경찰들끼리 연계해야 하는 일이라, 경찰은 무척 싫어했습니다.

**최** 이승재 오사카흥은 부회장이 오사카시장을 찾아가 부탁하고 나서야 경찰들이 만나주었습니다. 그때부터 협상에 들어갔고 그 기간이 2년은 걸렸습니다.

**김** 다행히도 허가는 났지만, 무척 고생했습니다.

**Q** 무경험자들이 출연자만 4천명에 달하는 퍼레이드를 한다는 건 무모한 시도 같은데요.

**최** 이제와 하는 말이지만, 그때 유명한 대행회사가 찾아온 적이 있습니다. 축제 허가부터 기획, 운영, 방송진행까지 전부를 대행해주겠다는 겁니다. 근데 그 비용이…

**이** 기획료만 2억 엔인가 그랬죠.

**최** 토탈해서 10억 엔의 비용을 부릅

くれませんでした。警察は「道路の通行止めはあり得ない。そんな考えをすること自体が間違っている」との立場でした。

**李** パレード区間は3つの区にまたがっており、管轄する警察もそれぞれ異なりました。道路の通行止めもあり得ないというのに、管轄が異なる警察が連携しなければならないから、彼らは嫌がってました。

**崔** 李勝載・大阪興銀副会長が大阪市長を訪ねて話をしてから警察が会ってくれるようになりました。それから交渉に入り、2年かかりました。

**金** 幸い許可はおりましたが、大変苦労しました。

**Q** 経験のない人たちが出演者だけで4000人に達するパレードをすることは無謀な挑戦に思えますが。

**崔** 今だから言えますが、当時、有名な某大手の代行会社から提案がありました。祭りの許可から企画、運営、放送まですべて代

디다. 그쪽서 '왔소'같은 큰 축제를 아마추어가 하는 건 절대 불가능하다며 자기들에게 맡기라 그랬습니다. 그 이야기를 이승재 씨에게 보고하니까 "그냥 아마추어끼리 해봅시다"라고 하였습니다. 우리가 정말 해낼 수 있는가 심히 의문은 들었지만, 도전해보기로 했습니다.

**Q** 실제로 머리 밀고 스님 역으로 출연한 분들도 있었다던데요. 용기가 있다고 할 수 있는 일은 아닌 것 같습니다만.

**이** 제가 머리를 밀었죠. 어느 날 빡빡 밀고 집에 들어가니까, 식구들이 모두 믿을 수 없단 얼굴로 쳐다봤습니다.(하하)

**김** 그건 용기라기보다는 분위기로 한 일이기도 합니다. 이상화 말고도 6명인가 머리 밀고 스님이 되었죠.(하하)

**이** 이웃들이 이상하게 생각했는지도 모릅니다. 은행원인줄 알던 제가 갑자기 머리 밀고 나타났으니…

行するというものです。しかし、その費用が……。

**李** 企画料だけで２億円か、それくらいだったと思います。

**崔** トータルで10億円だったんです。「ワッソ」のような大きなイベントをアマチュアがすることは絶対不可能だから、自分たちに依頼するよう言ってました。この話を李勝載氏に報告したら、「アマチュア同士でやってみよう」と言ってました。われわれがやれるかという不安はありましたが、挑戦してみることにしました。

**Q** 実際に坊主頭にしてお坊さん役で出演した方もいると聞いております。勇気があるからとできることではありませんね。

**李** 私が坊主頭にしました。丸刈りにして家に帰ると、家族みんなが信じられないという顔をしました(笑)。

**金** それは勇気というより、ノリでやったことでもあります。李さ

＊일본에서 민머리는 세 부류가 있다고 한다. 첫째, 원래 대머리. 둘째, 진짜 스님. 셋째, 조직폭력배인 야쿠자. 필자가 왔소 취재 중 만난 흥은OB 한 사람은 스님 역으로 출연한 뒤, 이웃으로부터 야쿠자란 오해를 받았고 그 때문에 이사를 갔다고 했다.

우리나라 삼국시대 스님은 지체 높은 귀족이었다. 스님 역을 맡은 왔소 멤버들은 "스님은 귀족이니까"라며 삭발을 위로하였을 지도 모르겠다.

**Q** 고증하는 일이 여간 어려운 작업이 아니었을 텐데요.

**이** 왔소 팀원들은 일본서기부터 삼국사기까지 모두 읽었습니다. 한일의 역사서를 읽으면서 축제에 어떻게 표현할 것인가 고민하고 궁리했습니다.

**최** 고증은 이승재 씨가 주도했습니다. 한반도 인물이 등장하는 대목을 팀원들과 공유하였죠. 현장에서 어떻게 살릴지 검토하는 팀이 따로 있었습니다. 한번은 우노宇野 씨라고 방적회사 경영자를 만났더니, 그 사람이 직물기술은 한

んのほか、６人が坊主頭をしてお坊さん役を努めました(笑)

**李** 近所の人たちは変と思ったかもしれません。銀行員の私が突然、坊主頭をして現れましたから……。

＊日本で坊主頭は三つの部類があるという。一つ目はもともとはげ頭、二つ目はお坊さん、三つ目は暴力団のヤクザ。取材中に会った興銀ＯＢの一人は、お坊さん役のため坊主頭にしてから、近所からヤクザという誤解を受け、引っ越しをしたという。

韓国の三国時代のお坊さんは身分の高い貴族だった。お坊さん役を努めたワッソのメンバーたちは「お坊さんは貴族だから」と坊主頭をしてことを自ら慰めたかもしれない。

**Q** 考証を行うことは大変だったと思いますが。

**李** ワッソのチーム員はみんな日本書紀から三国史記まですべて読みました。韓日の歴史書を読みながら祭りでどのように表現す

반도에서 전수받은 것이라 말하더군요. 일본인이 그렇게 말하니 묘한 기분이 들었습니다.

**Q** 세 분이 왔소에서 맡은 역할은 무엇이었습니까?

**김** 저는 의전담당이었습니다. 그래서 퍼레이드는 구경도 못하고, 도착지점인 사천왕사에서 대기해야만 했지요.

**최** 저는 퍼레이드를 지휘했습니다. 스타트지점부터 무전기 들고 진행상황을 실시간 체크하였죠. 각 나라별 출발신호를 지시하는 역할이었습니다.

**이** 재정담당이었습니다. 그런데 첫 대회 때 저에게는 일본총리 축사를 받아오라는 특명이 내려졌습니다. 도쿄에 있는 총리공관을 찾아갔더니 이상한 사람 취급을 받았습니다. 솔직히 그땐 왔소를 설명하는 일도 어려웠습니다. 다행히 그때 한국대사관에서 우리나라 대통령 메시지도 나오는 축제라면서, 총리공관 쪽에 일본총리도 메시지를 내야하지 않겠느냐

るかを工夫しました。

**崔** 考証は李勝載氏が主導しました。朝鮮半島の人物が登場する部分をチーム員と共有しました。それをどのように反映するかを検討するチームが別にありました。ある時、宇野さんという紡績会社の経営者にあったことがありますが、彼が織物技術は朝鮮半島から伝授されたものと言いました。日本人がそういうと、不思議な気分になりました。

**Q** ワッソで担った役はそれぞれ何だったでしょうか。

**金** 私はＶＩＰ担当でした。だから、パレードを見ることができず、到着地の四天王寺で待機していました。

**崔** パレードの出発などを担当しました。スタート地点で、トランシーバーで連絡を取り合いながらチェックしました。各国別の出発を指示する役割でした。

**李** 経済(財政)です。しかし、初大会の時、日本首相から祝辞をも

고 지원해주었습니다. 우여곡절은 있었지만 첫 대회 때부터 총리 축사가 나왔습니다.

**Q** 한국에 들어가서 악기 연주와 춤을 배웠다고요?

**김** (한국전통예술 전문가인) 허규 감독이 지도해주었습니다. 2주 동안 서울에 머물렀습니다.

**최** 여성들도 수십 명 갔었습니다.

**이** 2주 동안에 모두 익힐 수는 없었습니다. 그래서 한국의 전문코치들을 일본으로 초청해, 일본에서 지도를 받았습니다.

**김** 회사업무가 5시 반쯤 끝나면 삼삼오오 모여 저녁 9시, 10시까지 연습했습니다. 한 6개월 쯤 했었죠. 왔소 연습이 곧 회사 일로 여겨졌던 시절입니다.

**Q** 흥은의 왔소팀 풍경은 어땠습니까?

**최** 사무국이 흥은 본점 4층에 있었습니다. 첫해에는 팀원들이 퇴근 못하는 날이 많았습니다. 아침이면 몇 명씩 구석에서 자고 있었으니까요.

らってくるよう特命を受けました。その足で東京にある首相公邸を訪ねたら、変な人扱いをされました。正直、その時はワッソを説明することも難しかったです。幸い、韓国大使館側が韓国大統領もメッセージを贈るので、日本首相のメッセージも出すべきだと、首相公邸側に働きかけてくれました。紆余曲折はあったものの、初大会から日本首相のメッセージをもらうことができました。

**Q** 韓国に行き、楽器演奏や踊りなどを習ったと聞いております。

**金** (韓国伝統芸の専門家)許圭さんが指導してくれました。２週間、ソウルに滞在しました。

**崔** 女性たちも数十人、行きました。

**李** ２週間ですべてを習うことはできませんでした。だから韓国から専門のコーチを招き、日本で指導を受けました。

**金** 仕事が午後５時半ごろ終われば、三々五々集まり、夜９時、

**이** 저는 그때 신혼이라서 난감했습니다. 며칠씩 사무국에서 자고, 아침이면 근처 목욕탕 가서 씻고 오는 나날이었습니다.

**김** 그때 멤버들의 열정은 대단했습니다. 본부, 기획부, 교무부 등 사무국 사람들은 엄청 고생했지요.

**Q** 왔소 퍼레이드가 펼쳐지자, 일본 사람들은 어떻게 반응하던가요?

**김** 일본인들은 불교를 비롯한 문물이 모두 중국에서 왔다고 믿던 시절입니다. 학교에서 다들 그렇게

10時まで練習しました。約6カ月間、そうやって練習しました。「ワッソの練習＝仕事」と思った時代でした。

**Q** 興銀のワッソチームの風景はどうでしたか。

**崔** 事務局が興銀本店の４Ｆにありました。初年度はチーム員が家に帰られない日が多かったです。朝になると、あちらこちらで数人ずつ寝ていました。

**李** 私は当時、新婚だったので困り

2018왔소-스님들의 행렬

배우니까. 그런데 왔소에서 백제인 아직기阿直岐가 일본에 불교를 전수해줬다는 걸 보여주자, 일본 사람들이 놀랐습니다.

**최** 불교와 연결 지으려고 사천왕사를 무대로 삼은 면도 있습니다. 더욱이 사천왕사 창건자는 쇼토쿠태자, 일본인들이 아주 좋아하는 인물이죠. 그래서 우리는 왔소에서 쇼토쿠태자를 한반도 도래인들을 맞이하는 일본 측 주인공으로 설정했습니다.

**김** 일본인들은 (신라 무열왕) 김춘추가 누군지도 몰랐죠. 겨우 (천자문과 논어를 전수한) 왕인 박사 정도가 한국사람이란 게 알려졌을 때니까요. 마이니치방송MBS의 아나운서가 100m 단위로 움직이며, 퍼레이드에 등장하는 우리선조들을 소개하던 장면이 눈에 선합니다.

**Q** 2000년 12월 흥은 파탄 후, 왔소가 사라질 위기에 처했지요?

**최** 당시 저는 흥은의 총무부장이었습니다. 일본 당국으로부터 필요

ました。何日も事務局で寝泊りし、朝には銭湯に行く日々を送りました。

**金** あと時のメンバーたちの情熱本当にすごかったです。本部、企画部、教務部など事務局の人たちは本当に苦労しました。

**Q** ワッソのパレードが披露されると、日本人はどのような反応でしたか。

**金** 日本人は仏教をはじめとする文物がすべて中国から伝授されたと信じていた時代です。学校でそう教えていましたから。しかし、ワッソで百済の阿直岐が日本に仏教を伝授したことを披露すると、日本人は驚きました。

**崔** 仏教との関わりを演出するため、四天王寺を舞台にした面もあります。さらに四天王寺の創健したのは聖徳太子で、日本人が好きな人物です。だから、われわれは聖徳太子を朝鮮半島の渡来人を迎える日本側の主人公に設定しました。

없는 자산을 정리하라는 업무를 맡게 되었습니다. 당국은 왔소에서 사용하는 도구의 가치를 '제로'로 평가했습니다. 어느날 영업에 도움이 되지 않는다는 이유로, 왔소 물품을 전부 폐기처분하라는 지시가 내려왔습니다.

* 초기부터 왔소 사무국장을 맡았던 이수명 SBJ은행 조사역은 당시를 이렇게 기억했다. "물품을 폐기하라는 지시를 받고, 대형목선 후나단지리 앞에서 한국식 제사를 지냈습니다. 술을 따르면서 미안하다고 말하며 절을 했었습니다."

**Q** 중단됐던 왔소가 어떻게 부활하게 되었나요?

**김** 창설자인 이희건 회장의 염원이 굉장히 강했습니다. 흥은은 비록 파탄됐더라도 왔소 축제, 우리의 전통문화까지 없어지는 건 곤란하다고 생각하고 있었습니다. 그의 염원에 호응한 이가 일본인으로는 이우에 사토시 산요전기 회장, 재일한국인으로는 최충원 이스톤아미 회장이었죠.

**金** 日本人は(新羅の武烈王)金春秋が誰なのかも知らなかったです。せいぜい(千字文と論語を伝えた)王仁博士が朝鮮半島から来た人と知られていた時ですから。毎日放送(ＭＢＳ)のアナウンサーが100メートル単位で動きながら、パレードに登場するわが先祖を紹介したことが記憶に鮮明に残っています。

**Q** 2000年12月、興銀の破綻後、ワッソが消滅の危機に陥りました。

**崔** 当時、私は興銀の総務部長でした。日本当局から必要のない資産を整理するように言われ、その業務をしました。当局は、ワッソで使用する道具の価値を「ゼロ」と評価しました。営業にプラスになるものではないとの理由から、全て廃棄処分するよう指示がありました。

* 初期からワッソ事務局長を努めた李秀明ＳＢＪ銀行調査役は当時をこう記憶する。「全て廃棄処分するよう指

**최** 최충원 회장은 왔소 부활을 위해 2가지 액션을 취했습니다. 첫째, 왔소는 흥은OB들이 없으면 절대 실행할 수 없으니 이들을 규합하는 데 힘을 기울였습니다. 둘째는 재정기반 마련이었죠. 재일동포 경제인들을 찾아다니며 왔소 지원을 부탁하였습니다.

**김** 정말 흥은OB들이 없으면 부활은 불가능했죠. 운영노하우에 컨텐츠도 갖고 있으니까요.

**이** 양영순 씨가 일본고등학생들에게 춤을 가르쳐주었고. 음악과 악기는 백두학원 건국학교의 전통예술부 차천대미 선생님을 찾아갔습니다. 악보도 새로 만들었습니다. OB들은 그걸 갖고 가르치러 다녔지요.

**Q** 재일동포에게 왔소란 어떤 의미를 가진다고 말할 수 있을까요?

**김** 앞으로도 영원히 지속되기를 바랍니다. 일본서 나고 자란 우리 세대도 이미 60대가 되었습니다. 왔소는 일본에서 한국인이란 아이덴티티를 당당히 표현하는 일

示を受け、大型木造船の船だんじり前で韓国式の祭祀まで執り行いました。お酒をお供えして申し訳ないとお辞儀をしました」

**Q** 中断したワッソはどのようにして復活することになりますか。

**金** ワッソ創設者の李熙健理事長の思いが非常に強かったです。興銀は破綻したものの、ワッソ祭り、われわれの伝統文化まで無くなるのはよくないと考えておりました。李会長の思いに応えたのが日本人では井植敏·三洋電機会長、在日韓国人では崔忠垣(株)イーストンアーミー会長でした。

**崔** 崔忠垣会長はワッソの復活のため二つのアクションを取りました。一つ目は、ワッソは興銀のＯＢたちなくしては実行できないとし、ＯＢたちの集結に力を入れました。二つ目は財政基盤づくりです。在日同胞の経済人を訪ね、ワッソへの支援を呼びかけました。

**金** 本当に興銀のＯＢがいなければ

입니다. 그게 가능한 유일한 축제 이니까요.

**최** 저는 한국인도 아니고, 그렇다고 일본인도 아닌 재일한국인입니다. 후손들에게 우리 선조가 이런 일들을 해왔다라는 전도사의 역할이랄까. 왔소는 우리들이 해야 할 역할이라고 생각합니다.

**이** 왔소는 이상화라는 인간의 골격을 만들어준 동력이었습니다. 제 인생에서 흉은과 같은 무게감을 갖고 있습니다.

**김** 손자에게 왔소는 할아버지가 처음부터 끝까지 참가해서 만든 우리축제라고 말해주고 싶습니다.

**최** 왔소는 제 인생 최대의 취미고, 앞으로도 계속 그럴 것입니다. 일본 뿐 아니라 한국 젊은이들까지도 이런 축제가 있다는 걸 알았으면 하는 바람입니다.

이 세 사람과의 간담회는 첫 만남이후 6개월만이었다. 왔소 취재에 뛰어들어서일까. 겨우 두 번째 만나는 자리였는데도, 오랫동안 알고 지내온 친척들을 만나는 기분이 들었다. 간담회를 마치

復活は不可能でした。運営のノウハウやコンテンツを持っていましたから。

**李** 梁永順(サイハラ)氏が日本の高校生に踊りを教え、音楽と楽器は白頭学院·建国学校の伝統芸術部の車千代美先生にお願いしました。楽譜も新しくつくりました。ＯＢたちはそれを持って教えに回りました。

**Q** 在日同胞にワッソとはどういう意味を持っているでしょうか。

**金** 今後も永遠に続くことを願います。日本で生まれ育ったわれわれの世代ももう60代になりました。ワッソは日本で韓国人であるアイデンティティーを堂々と表現することです。それが可能な唯一の祭りです。

**崔** 私は韓国人でもなく、日本人でもない在日韓国人です。次世代にわが先祖がこうしたことをやってきたという伝道師の役割とでも言いますか。ワッソはわれわれがやるべき役割だと思います。

며, 우리는 함께 "왔~소 왔~소"를 목청껏 외쳤다.

李 ワッソは李相華という人間の骨格をつくってくれた動力でした。私の人生においてその重さは興銀と同じです。

金 孫に、ワッソはおじいちゃんが最初から最後まで参加してつくったわれわれの祭りと言ってあげたいです。

崔 ワッソは私にとって最大の趣味であり、今後もそうあり続けると思います。日本だけではなく、韓国の若者までもがこんな祭りがあることを知ってほしいです。

この３人との懇談会は初対面から６カ月ぶりだった。ワッソの取材に取り組んでいるからか、たった２回目の懇談会だったのに、昔から知っていた、親せきに会う気分だった。懇談会を終え、われわれは一緒に「ワーッソワーッソ！」と大きい声を上げた。

04

# 이노쿠마 카네카쓰 오사카 왔소문화교류협회 이사장 인터뷰

# 猪熊兼勝・大阪ワッソ文化交流協会理事長のインタビュー

현재 왔소는 제2기 시대이다. 오사카흥은과 재일한국인들이 주도한 1990년~2000년까지의 제1기 시대와 짧은 휴지기를 거쳐, 지금은 일본인들도 함께 참가하는 한일의 축제한마당이 되고 있다. 현재 왔소를 이끄는 중심인물 중 한 사람, 이노쿠마 카네카쓰猪熊兼勝 오사카 왔소문화교류협회 이사장은 한국을 깊이 이해하고 사랑하는 일본지식인이다. 제1기 시대부터 인연을 맺어온 왔소의 산증인이자, 한일고대사에도 정통한 역사학자. 이노쿠마 이사장과는 2018년 7월과 2019년 1월 두 차례 인터뷰했다. 다음은 오사카한국문화원에서 행한 두 번째 인터뷰의 요지이다.

現在の「ワッソ」は第２期の時代だ。大阪興銀と在日韓国人らが主導した1990年から2000年までの第１期時代と短い休止期間を経て、現在は日本人も共に参加する韓日の祭りとなっている。現在の「ワッソ」を率いる中心人物の一人、猪熊兼勝·大阪ワッソ文化交流協会理事長は韓国を深く理解し、韓国を愛する日本の知識人だ。第１期時代から関わってきた「ワッソ」の生き証人であり、韓日古代史にも精通した歴史学者。猪熊理事長とは2018年7月と2019年１月に２回インタビューを行った。次の内容は大阪韓国文化院で行った２回目のインタビューの要旨。

**Q** 1990년 제1회 왔소 때에도 참가하셨지요? 그날의 풍경에 대해…

**A** 그날 사천왕사 돌무대(이시부타이)에서 목격한 광경을 잊을 수 없습니다. 재일한국인 노부인이 무대에서 펼쳐지는 세리모니를 주시하면서 연신 눈물을 흘리고 있었습니다. 재일한국인들은 여러 면에서 힘든 경험을 하면서 살아왔습니다. 일본어도 한글도 제대로 배우지 못한 채 일본에 건너온 분들의 경우, 자기나라에 대해 충분하게 알지 못했을 겁니다. 제가 목격

**Q** 1990年第1回の「ワッソ」の時も参加しました。

**A** あの日、メーン舞台である四天王寺「石舞台」で見た光景を忘れられません。在日韓国人の老婦人が舞台で披露されているセレモニーを見ながら、ずっと涙を流していました。在日韓国人は様々な面で大変な思いをしながら生きてきました。日本語もハングルも十分に勉強できないまま日本に渡って来た方の場合、母国のことを十分に分かっていなかったと思います。私が目撃した老

대형목선 후나단지리 모형도(오사카한국문화원 로비)

한 노부인도 그 중 한 사람이었습니다. 모국에서 불교와 불상, 문자가 일본으로 전수됐다는 사실을 왔소를 보면서 알게 됐고, 그 세리모니를 보면서 모국을 떠올렸을 겁니다. 눈물이 날 수밖에 없는 광경입니다. 그걸 보면서 저는 '이 축제는 의미가 있다. 이 축제야말로 영원히 계속되어야 한다'는 생각을 가졌습니다. 그때를 떠올리면 지금도 눈물이 납니다. 사천왕사왔소가 재일동포의 새로운 아이덴티티의 상징이 되는 장면이었습니다.

婦人もそのうち一人でした。母国から仏教と仏像、文字が日本に伝授された事実を「ワッソ」を見て知り、そのセレモニーを見ながら母国のことを思い浮かべたでしょう。涙が出るしかない光景です。それを見て、私は「この祭りは意味がある。この祭りこそ、永遠に継続されるべきだ」と思いました。あの時を思うと今でも涙が出ます。四天王寺「ワッソ」が在日同胞の新たなアイデンティティーの象徴となる場面でした。

이노쿠마 카네카쓰 왔소문화교류협회 이사장

**Q** 왔소 축제가 일본 마쓰리와 어떻게 다르다고 할 수 있을까요?

**A** 한국의 축제와 일본의 마쓰리는 다릅니다. 일본은 농경문화가 중심이 된 이후부터 봄철과 가을철에 마을사람들끼리 축제를 하기 시작했습니다. 마을사람들은 신사를 중심으로 모여서 축제를 펼칩니다. 신神이 탄 가마를 주민들이 짊어 매고 "왓쇼이~ 왓쇼이" 하면서 걸어갑니다. 일본 마쓰리는 이처럼 참가형입니다. 반면 왔소는 참가형에 거리퍼레이드를 덧붙인 페스티벌입니다. 일본에서는 새로운 스타일의 축제입니다. 여기에 일본인에게는 낯선 격동적인 북 소리, 음악을 연주하면서 퍼레이드를 합니다. 일본인들에게 강한 임팩트, 충격을 주었죠. 왔소는 재일한국인의 축제로서 대성공을 거뒀다고 할 수 있습니다. 다만 처음부터 오사카시민 속으로 더 들어갔으면 좋았을 걸 하는 생각은 듭니다. 지금은 그런 시민축제로서의 목적은 달성했다고 봅니다. 한편 재일한국인

**Q**「ワッソ」が日本の祭りとどう違うと言えますか。

**A** 韓国の祭りと日本の祭りは異なります。日本は農耕文化が中心となってから、春と秋に村の人々が祭りを行い始めました。村の人々は神社を中心に集まり祭りを行います。神を乗せた「輿(こし)」を住民が担ぎ、「わっしょい、わっしょい」と声を上げながら進みます。日本の祭りはこのように参加型です。これに対し、「ワッソ」は参加型にストリートパレードを組み合わせたフェスティバルです。日本では新しい形態の祭りです。また、日本人に馴染みのない、激しい太鼓の音、音楽を演奏しながらパレードをします。日本人に強いインパクト、衝撃を与えました。「ワッソ」は在日韓国人の祭りとして大成功を収めたと言えます。ただ、最初から大阪市民の中に入り込んでたらもっとよかったのではと思います。現在はそんな市民祭りとしての目的は達成したと思います。一方、在日韓国

의 역동적인 아이덴티티를 어떻게 남길 것인가는 고민입니다. 저는 (왔소 설립자인)이희건 씨가 남긴 걸 그대로 지키고 싶은 입장이지만, 새로운 축제로 하자는 목소리도 있습니다.

人の力動的なアイデンティティーをどのように残すかは悩むところです。私は(ワッソ設立者の)李熙健氏が残したものをそのまま守りたい立場ですが、新しい祭りにすべきという声もあります。

**Q** 흥은 파탄 후 왔소는 존폐의 위기에 처했습니다. 그때 부활을 한 원동력은 무엇이었습니까?

**A** 건전한 신용조합(흥은)이 갑자기 파산한 건, 정치적인 힘이 크게 작용했다고 봅니다. 유감이었고, 뜬금없는 일이었습니다. 그 와중에 왔소를 어떻게든 이어가려는 노력이 있었습니다. 어떤 사람들은 재일동포들은 모두 부자니까 그들을 찾아가면 (재정지원을 받을 수 있으니까)부활할 수 있다고 말하였습니다. 하지만 저는 왔소 일로 재일동포 여러분과 친분을 쌓으면서, 재일동포들이 모두가 생각하는 것처럼 부자가 아니란 사실을 알고 있었습니다. 그런 상태에서 산요선기의 이우에 사토시井植敏 회장이 물품을 보관할 창고

**Q** 興銀の破綻後、「ワッソ」は存続の危機に陥りました。復活の原動力は何だったでしょうか。

**A** 健全な信用組合(興銀)が突然破綻したのは、政治的な力が大きく作用したと思います。遺憾であり、突拍子もないことでした。そんな中、何としても「ワッソ」を継続させていこうとする努力がありました。ある人は在日同胞はお金持ちだから彼らを訪ねれば、(財政支援をもらうことができ)復活できると言いました。しかし、私は「ワッソ」のことで在日同胞と付き合いを続けておりましたから、みんなが言うように在日同胞のみんながお金持ちではないことを知っていました。そうした中、井植敏·三洋電機会長が物品を保管できる倉庫

와 어느 정도의 자금을 지원합니다. (재일동포들 뿐 아니라) 일본 기업들도 힘을 보탰습니다. 그런 협력들이 모아진 덕분에 왔소는 부활할 수 있었습니다.

**Q** 부활 후의 첫 왔소 때, 비가 내려서 고생했다고 들었습니다.

**A** 재개하고 첫 번째 열린 왔소 때 비가 내렸습니다. 그런데 졸업반 고등학생들이 자기들이 연습한 것을 해보고 싶다면서, 비가 내리는 와중에 연주를 시작했습니다. 한국의 음악이 울려 퍼지자, 많은 사람들이 놀랐어요. 한국인만 낼 수 있는 음률이라 여겼건 걸 일본의 고등학생들이 연주한 겁니다. 그때 정말 감동했습니다. 새로운 문화가 생겨났다는 생각이 들었습니다. 왔소 부활 때부터는 재일동포 뿐 아니라 일본 고등학생, 대학생들의 참가가 늘었습니다. 지금은 한국계 백두학원 전통예술부, 일본학교 취주악부, 오사카 예술대학 등 다양한 학교에서 출연하고 있습니다. 다만 일본에는 한국처럼 이런 이벤트에 대한 행

とある程度の資金を支援してくれました。(在日同胞だけではなく)日本企業も力を添えました。そうした協力があったおかげで「ワッソ」は復活することができました。

**Q** 復活後の初大会の時、雨天のため苦労したと聞きました。

**A** 再開の初大会の時、雨が降りました(野外舞台だから公演はできない状態だった)。しかし、卒業を控えた高校生たちが練習してきたことを披露したいと、雨の中で演奏をし始めた。韓国の音楽が響き渡ると、多くの人が驚きました。韓国人だけが演奏できる音律と考えられていたものを、日本の高校生たちが演奏したんです。あの時、感動しました。新しい文化が生まれたとの思いでした。「ワッソ」の復活の時からは在日同胞だけではなく、日本の高校生や大学生の参加も増えました。現在は韓国系の白頭学院·伝統芸術部、日本学校の吹奏楽部、大阪芸術大学など、さまざまな学校のメンバーたちが出演しております。ただ、日本では韓

정적인 재정지원 시스템이 없습니다. 오로지 기업들의 기부금과 후원금으로 운영하고 있습니다.

**Q** 왔소에 많은 일본사람들이 참가하고 있습니다. 그 동력은 무엇이라고 보십니까?

**A** 오사카 내 학교들이 경쟁적으로 참가하고 있습니다. 고등학생들이 다수입니다. 왔소 부활 때를 돌이켜보면 운이 좋은 면이 있습니다. 마침 한류 붐이 일어나며 오사카시민들이 한국스타들에게 열광했습니다. 그전에는 일부만이 한국에 관심을 가졌다면, 이때부터 한국은 모두의 관심 대상이 되었습니다. 왔소의 새로운 멤버로 일본인들의 참가가 늘었고, 그게 지금도 계속되고 있습니다.

**Q** 왔소를 만든 재일동포들에 대한 평가가 한국과 일본에서 부족하다는 인상을 받고 있습니다만.

**A** 저는 재일동포 평가가 필요하다고 봅니다. 그들은 한국에서는 일본인, 일본에서는 한국인 취급을 받는 경우가 있습니다. 그분들이 양국에서 높이 평가받지 못하는

国のように行事に対する行政的な財政支援システムがありません。企業からの寄付金、後援金だけで運営しております。

**Q**「ワッソ」には多くの日本人が参加しています。その動力は何だと思いますか。

**A** 大阪内の学校が争うように参加しております。高校生が多数です。「ワッソ」復活の時を振り返ってみると、運がよかった面があります。当時、韓流ブームが起こり、大阪市民が韓国のスターに熱狂しました。その前には一部の人だけが韓国に興味を持ったならば、あの時から韓国はみんなの関心の対象でした。「ワッソ」の新しいメンバーに日本人の参加が増え、それが現在も続いております。

**Q**「ワッソ」をつくった在日同胞に対する評価が、韓国でも日本でも足りないとの印象を受けますが。

**A** 私は在日同胞に対する評価が必要と思います。彼らは韓国では日本人、日本では韓国人の扱いをされるケースがあります。彼らが両方

건 대단히 유감입니다. 왔소는 재일동포의 축제로 만들었지만, 한국의 관점에서는 일본축제로 보이기도 합니다. 왔소는 한일을 잇는 '새로운 교류' 이벤트로서 시작됐으나, 한국과 일본 양쪽에서 왔소를 만든 재일동포를 좌시하는 경향이 있습니다. 이건 인식을 바꿀 문제라고 생각합니다. 한반도 도래인의 자녀들은 통역을 하며 양국의 가교역할을 맡아왔습니다. 지금의 재일동포들도 같은 역할을 맡아왔습니다. 저는 양국의 국민들이 재일동포에 대해 보다 진지하게 생각했으면 하는 바람입니다.

**Q** 왔소를 계속해야만 하는 이유를 어떻게 설명할 수 있을까요?

**A** 한국과 일본은 운명공동체입니다. 고대에 한국이 문화를 전수해주었고, 일본은 그걸 받아 글로벌화를 일군 바 있습니다. 서로가 협력하면 더 좋은 걸 만들어낼 수 있습니다. 저는 왔소가 그걸 상징하는 축제로 자리 잡았으면 좋겠습니다. 왔소는 10년 넘게 충남의 백제축

の国で高く評価されないのはとても遺憾です。「ワッソ」は在日同胞の祭りとしてつくられたが、韓国からみると、日本の祭りとして映ったりもします。「ワッソ」は韓日をつなぐ「新たな交流」イベントとして始まったが、韓国と日本の双方は「ワッソ」をつくった在日同胞を座視する傾向があります。これは見直す必要があると思います。朝鮮半島出身の渡来人の子女たちは通訳をしながら、両国の架け橋の役割を果たしていました。現在の在日同胞も同じ役割を果たしています。私は両国の国民が在日同胞に対し、真摯に考えてほしいと願います。

**Q**「ワッソ」を継続していくべき理由をどのように説明できますか。

**A** 韓国と日本は運命共同体です。古代に韓国が文化を伝授し、日本はそれを受け、グローバル化を成し遂げることができました。お互いが協力すれば、よりよいものをつくることができます。私が「ワッソ」がそれを象徴する祭りとし

제와 제휴를 맺고 우호를 이어오고 있습니다. 일본은 백제와 1400년의 관계를 이어왔습니다. 그 우호가 영원히 이어지기를 바랍니다. 아무쪼록 한국 분들께도 왔소에 대한 지원을 당부 드리고 싶습니다.

て定着することを願います。「ワッソ」は10年以上、韓国中部·忠清南道の百済祝祭と提携し、友好を深めています。日本は百済と1400年の関係を続けてきました。その友好が永遠に継続することを願います。何卒、韓国の方にも「ワッソ」への支援をお願いしたいです。

05

# <왔소>출연자들의 목소리

이번에는 2018년 11월 4일, 오사카 주오구의 나니와궁터難波宮跡 공원에서 열린 '2018사천왕사왔소' 축제에 참가한 출연자와 자원봉사자들의 목소리를 전한다.

* 차천대미(백두학원 전통예술부 코치, 재일한국인 2세)

**Q** 일본에 사는 한국인들이 우리나라 전통문화를 배워야 하는 이유에 대해.

**A** 어릴 적에 저는 한국인이란 사실이 싫었습니다. 고등학교 때 선배들이 추는 부채춤을 보고 생각을 고쳐먹었습니다. 이렇게 훌륭한

# 「ワッソ」出演者の声

ここでは2018年11月4日、大阪中央区の難波宮跡公園で開かれた「2018四天王寺ワッソ」祭りに参加した出演者とボランティアの声を伝える。

* 車千代美(白頭学院·伝統芸術部のコーチ、在日2世)

**Q** 日本に暮らす韓国人が韓国の伝統文化を習うべき理由は。

**A** 子どもの頃、私は自分が韓国人であることが嫌いでした。高校の時、先輩たちが踊る扇の舞を見て考え直しました。こんなに素晴らしい文化を持った韓国がなぜ嫌い

문화를 가진 한국을 왜 그토록 싫어했나 후회했습니다. 지금도 재일동포 후배들 중에는 자기를 숨기고 살아가는 경우가 있습니다. 저는 아이들에게 '너의 조국은 훌륭한 문화를 갖고 있는 나라'란 사실을 체험으로 알려주고 싶습니다. 백두학원 건국학교 아이들을 지도하는 것도 아이들에게 자신감을 심어주고 싶기 때문입니다. 한국인이 일본 땅에 오래 살다보면 일본사람이 되어 갑니다. 꿈도 일본말로 꾸게 되죠. 그러다보면 자기가 어느 나라 사람인지 모르게 됩니다. 그렇기 때문에 우리의 전통예술은 일부러라도 배워야 하는 겁니다.

＊최박문(왔소OB, 오사카흥은 왔소실무팀장)

왔소는 재일동포가 이어가야 하는 축제입니다. 그건 우리의 역할입니다. 제 손자를 포함해 후손들에게 우리 선조가 일본에 이런 것들을 해왔다는 걸 알려야 합니다. 왔소는 그 사실을 보여주는 행사니까요. 저는 왔소의 전도사역을 하

だったのかと後悔しました。今でも在日同胞の後輩の中では自分が韓国人であることを隠して暮らす人がいます。私は子どもたちに「あなたの祖国は素晴らしい文化を持っている国」であることを、体験を通じ伝えたいです。白頭学院建国学校で指導するのも、生徒たちにプライドを持たせたいからです。韓国人が日本で長く暮らすと、日本人になっていきます。夢の中で話す言葉も日本語になります。そうなると、自分の国がどこなのか分からなくなります。だから、韓国の伝統文化は必ず習うべきです。

＊崔博文さん(ワッソOB、大阪興銀のワッソ実務チーム長)

「ワッソ」は在日同胞が継続いくべき祭りです。それはわれわれの役割です。私の孫を含め、次世代にわが先祖が日本でこんなことをしてきたと伝えるべきです。「ワッソ」はその事実を確認できるイベントですから。私は「ワッソ」の伝道師役を担っていきた

고 싶습니다. 그리고 일본 뿐 아니라 한국의 젊은 사람들도 이런 축제가 있다는 걸 알았으면 합니다.

いです。そして日本だけではなく、韓国の若者もこんな祭りがあることを知ってほしいです。

＊양영순(왔소OB, 49세)

간사이흥은에 근무할 때부터 왔소를 담당했습니다. 중단되고 부활하는 과정을 모두 겪었고, 흥은을 나와서도 자원봉사 활동을 하고 있습니다. 왔소는 우리가 할머니가 되어도 계속되어야 하는 축제라고 생각합니다. 역사를 박물관이

＊梁永順さん(ワッソＯＢ、49歳)

関西興銀の時から「ワッソ」を担当しました。中断してから復活する過程をみてきており、興銀を辞めてからもボランティア活動をしております。「ワッソ」はわれわれがおばあちゃんになっても続くべき祭りと思います。

2018왔소-백두학원 전통예술부의 길터기 공연

나 책으로 배울 수도 있지만, 왔소를 참가하면 마음속에서 피어오르는 무언가가 생깁니다. 그 감동을 만들어내는 축제가 왔소고, 그래서 다음에 또 보고 싶은 겁니다.

＊조경민(한양대 기계공학부 4학년)

실은 왔소를 몰랐습니다. 어느 정도 일본에 대해 관심이 있는데도 불구하고 말이죠.  한국 내에 너무 알려지지 않은 것 같아서 아쉽습니다. 이번에 왔소에 출연하면서 왔소가 얼마나 뜻이 깊고 우리가 자랑스러워해야 할 축제인지 실감했습니다.

＊여대생(간사이대, 關西大 3학년)

이번에 처음 참가했습니다. 많은 역사위인들과 당시 한반도 사람들로 분장하고 퍼레이드에 참가했습니다. 생각보다 풍부한 컨텐츠에 놀랐습니다. 관객들도 많고 호응도 좋았습니다. 참 레드카펫 위로 행진할 줄은 미처 몰랐습니다. "왔~소, 왔~소"라고 구령을 외칠 때에는 기분이 좋아졌습니다. 기회가 된다면 내년에 또 참가하고 싶습니다.

歴史は博物館や書籍などを通じて知ることもできるが、「ワッソ」に参加すると心の中から沸いてくる何かがあります。その感動をつくり出すのが「ワッソ」であり、だから次もまた見たいと思うようになります。

＊チョ・キョンミンさん(漢陽大・機械工学部４年生)

実は「ワッソ」を知りませんでした。ある程度日本に対する関心があったにもかかわらず。韓国であまりにも知られていないので残念です。今回、「ワッソ」に出演し、これがどれだけ意味があり、われわれが誇りに思うべき祭りなのか実感しました。

＊女子大生(関西大学３年生)

今回初めて参加しました。多くの歴史偉人と当時の朝鮮半島の人に扮してパレードに参加しました。思ったより豊富なコンテンツに驚きました。観客も多く、反応もよかったです。あ、そしてレッドカーペットの上を行進するとの思いもしませんでした。「ワッソ、ワッソ」と掛け声を上げる時、気

＊김은지(백두학원 전통예술부, 고3)

왔소에 참가할 수 있어 정말로 감사하는 마음이 듭니다. 한국과 일본의 연결고리가 되는 행사에 참가할 수 있었으니까요. 저는 이번에 졸업합니다만 앞으로도 쭉 우리학교 전통예술부가 왔소에 참가하기를 바랍니다. 그리고 한일관계를 좋게 만드는 이 축제가 세상에 널리 알려졌으면 좋겠습니다.

＊박선영(백두학원 전통예술부, 고3)

일본만 아니라 한국에서도 우리 공

分がよかったです。機会があれば、来年にも参加したいです。

＊キム・ウンジさん(白頭学院·伝統芸術部、高校３年生)

「ワッソ」に参加することができ、本当に感謝しております。韓国と日本のつながりになるイベントに参加できましたから。私は卒業をしますが、今後もわが学校の伝統芸術部が「ワッソ」に参加することを願います。そして韓日関係をよくするこの祭りが世の

백두학원 전통예술부 김은지(2019년 1월)

연을 많이 봐주시면 얼마나 좋을까 싶어요. '왔소'에서 우리 전통예술부 공연을 보시면 틀림없이 즐거울 겁니다. 그럼 굉장히 기쁠 것 같아요.

* 와카나카(유히가오카고, 夕陽丘高 고2)

학교에서 (방과 후)클럽활동을 하면서 참가하게 되었습니다. 전에 선배가 참가하는 모습을 보고 왔소에 흥미가 생겼습니다. 무엇보다 여러 의상을 입는 체험, 다양한 악기를 연주할 수 있는 기회가 생겨 너무 즐겁습니다.

中に広く知られることを望みます。

* パク・ソンヨンさん(白頭学院·伝統芸術部、高校３年生)

日本だけではなく、韓国でもわれわれの公演をたくさん見てほしいです。「ワッソ」の祭りで、伝統芸術部の公演を見れば、きっと楽しいはずです。そうなれば、本当にうれしいと思います。

* ワカナカさん(夕陽丘高２年生)

学校でクラブ活動をしていて、参加することになりました。前に先輩が参

왔소 기사를 읽는 백두학원 전통예술부원들(2019년 1월)

＊고미연(대학생, 22세)

재일한국민단 활동을 하는 아버지가 권유해서 왔소에 참가했습니다. 평소 한국의상들을 입을 기회가 없는데 왔소에 오니까 많은 한국 옷들이 있네요. 이번에 보니까 왔소는 일본사회에 한국에 대해 널리 알릴 수 있는 이벤트란 생각이 듭니다. 처음인데 내년에 또 참가하고 싶습니다.

＊타시로(회사원, 54세)

무엇보다 한국 문화를 접할 수 있어

加することをみて、「ワッソ」に興味がわきました。何より、いろいろな衣装を着る体験、いろいろな楽器を演奏する機会があり、本当に楽しいです。

＊コ・ミヨン(大学生、22歳)

在日本大韓民国民団で活動している父親の勧めで、「ワッソ」に参加しました。普段、韓国の衣装を着る機会がありませんが、ここに来ると韓国の衣装がたくさんあります。直接来てみると、「ワッソ」は日本社会に韓国のことを広く知

백두학원 공연-관객 대다수는 일본인이었다(2019년 1월)

좋습니다. 음악과 춤은 정말 멋있습니다. 왔소는 재일한국인들이 많이 사는 이쿠노구에 살고 있어서 익히 들어왔습니다. 전에도 참가하고 싶었는데 혼자 오기가 부끄러워 주저하고 있었습니다. 이번에 가족들과 함께 보러 오길 잘했다는 생각이 듭니다. 일본 마쓰리와는 다른 축제, 굉장히 밝은 분위기라 즐겁습니다.

* 오용호(민단오사카본부 단장, 79세)

원래 정치문제는 서로가 입장이 다르고, 경제적인 것도 상호 손익을 따지기 마련입니다. 그런 면에서 문화 사업은 아무런 저항감이 없습니다. 그건 한일관계에서도 마찬가지라고 생각합니다. 한국과 일본이 서로를 이해하는 방법으로 '왔소'같은 문화축제가 제일 좋은 방법이지요.

らせることができるイベントであると思いました。初めてだったんですが、来年にも必ず、参加したいです。

*田代さん(会社員、54歳)

何より韓国の文化に接することができ、よかったです。音楽と踊りは本当に格好いいです。在日韓国人が多く暮らす生野区に住んでいるため、「ワッソ」は知っていました。前から見に来たいと思いましたが、一人で来るのは何だか恥ずかしく来ることができませんでした。今回は家族を誘って一緒に来ましたが、来てよかったと思います。日本の祭りとは異なり、非常に明るい雰囲気なので楽しいです。

*呉龍浩さん(民団大阪本部団長、79歳)

もともと政治問題はお互い立場が異なり、経済的なものも損益を考えざるを得ません。そうした面で文化事業は何の抵抗感もありません。それは韓日関係でも同じだと思います。韓国と日本がお互いを理解する方法として「ワッソ」のような文化祭りが一番よいと思います。

第3章

# 朝鮮半島出身の渡来人をたどる

제3장

# 일본 땅
# 한반도 도래인들을
# 찾아서

01

# 오사카 속 백제-신라-고구려 다리들

# 大阪にある 百済ー新羅ー高句麗の橋

## 신라교 수수께끼

오사카에는 신라, 백제, 고구려 우리나라 삼국시대 나라이름이 붙은 다리가 존재한다. 그 중 백제와 고구려 다리는 현존하고 있고, 신라교는 본래 이름을 잃었다.

그러나 이름 잃은 신라교가 대내외적으로 제일 유명세를 떨치고 있다. 한국사람들도 오사카에 가면 들르는 신사이바시心斎橋, 바로 신라교다. 일본인들이 시라기바시(新羅橋, 신라교)라 부르던 이 다리가 언제부터 왜 이름이 바뀐 지는 연구조사로 규명할 필요가 있겠다. 하지만 여기가 분명 신라교였다는 사실은 일

## 新羅橋の謎

大阪には新羅、百済、高句麗という朝鮮半島の三国時代の橋がすべて存在する。そのうち、百済と高句麗の橋は現在も残っており、新羅橋は本来の名前を失った。

しかし、その新羅橋が最も有名なスポットになっている。韓国人観光客も大阪に行けば、必ず立ち寄る心斎橋。ここが新羅橋なのだ。日本人が新羅橋と呼んでいたこの橋がいつから、なぜ心斎橋に名前が変わったのかは研究調査で究明する必要がある。ただ、日本人もここが新羅橋だった事実は認めて

본인들도 인정하고 있다.

일본 '중학교 역사자료-오사카부판(帝国書院 간행)'의 '오사카의 역사' 편은 오사카 각지에 남아있는 도래인들의 지명을 소개하면서, 신사이바시에 대해 "옛날엔 신라교かつては新羅橋"라 명시했다. 옛날 지도에도 신라교 명칭은 남아있다.

1576년에 제작된 일본 전국시대의 장수 오다 노부나가織田信長 군대의 이시야마 혼칸사石山本願寺군에 대한 공격배치도織田信長軍 石山本願寺軍攻擊配置図, 奥田所蔵에도 그려져 있다. 또한 1230년경의 오사카 고지도에는 신라인과 백제인들이 각각 모여살던 마을인 신라주와 백제주, 그리고 두 나라 다리가 선명히 표시되어 있다.

현재의 신사이바시는 시끌벅적하다. 포장마차와 선술집들이 즐비하게 서있다. 상점가 입구 도톤보리道頓堀 강가에 있는 글리코맨 네온사인은 오사카의 상징이 됐다. 그 앞에는 언제나 기념사진을 찍는 관광객들로 붐빈다. 도톤보리 역시 한국과 관계가 깊다. 17세기에 완공된 도톤보리는 자연하천을 운하로 정비한 것인데, 당시 건설책임자가 백제의

いる。

「中学歴史資料の大阪府版」(帝国書院)の「大阪の歴史」編は大阪各地に残る渡来人の地名を紹介しており、心斎橋について、「かつては新羅橋だった」と明記した。昔の地図にも新羅橋の名称は残っている。

1576年に制作された「織田信長軍、石山本願寺軍攻撃配置図(奥田所蔵)」に心斎橋が「新羅橋」と記されており、1230年ごろの大阪の古地図には新羅人と百済人がそれぞれ集まって暮らしていた村である「新羅洲」「百済洲」と、新羅·百済両国名の橋がそれぞれ明記されている。

現在の心斎橋はにぎわう場所だ。屋台や居酒屋などが立ち並ぶ。商店街の入口前にある道頓堀川には万歳をしながらゴールする男性の看板(グリコのネオン看板)が大阪のシンボルとなり、その前には記念写真を撮る観光客で混み合う。道頓堀もまた、朝鮮半島とゆかりがある。17世紀に完成した道頓堀は自然の川を運河として整備したものだが、当時の工事責任者が百済の末裔なのだ。

후예였다.

그러나 도톤보리 현장에서 만난 관광객 가운데 이러한 역사를 아는 사람은 만나지 못했다. 한국인도 일본인도, 남녀노소 불문하고 전혀 모른다는 반응이었다. 신사이바시가 신라교였단 사실도, 도톤보리의 건설책임자가 한반도 도래인이란 사실도 말이다.

## 금융의 중심지, 고려교

오사카 주오구, 신사이바시역에서 불과 세 역 떨어진 곳에 고구려의 다리가 있다. 키타하마北浜역 근방에 있는 고려교高麗橋다. 고구려의 본래 이름은 고려다. 훗날 탄생한 고려와 구분 짓기 위해 고와 려 사이에 구句자를 넣었다. 지금도 일본에선 고구려는 고려(일본어 발음으로 고마)로 통한다.

고려교는 오사카의 중요지점이다. 역사적으로는 「오사카 최초의 철교」이고, 관서지방의 도로거리를 계산하는 기점인 이정원표里程元標가 있다. 지금도 근방에는 오사카증권거래소가 있으니, 명실공이 금융의 중심지다.

고려교는 본 이름이 정체성을 증명

しかし、道頓堀で会った観光客のうち、こうした歴史を知る人はいなかった。韓国人も日本人も、老若男女を問わず、知っている人はいなかった。心斎橋が新羅橋だった事実も、道頓堀の工事責任者が百済の末裔である事実も知らないのだ。

## 金融の中心地、高麗橋

大阪市中央区、心斎橋駅からわずか３駅離れた場所に高句麗の橋がある。北浜駅の近くにある高麗橋だ。高句麗のもともと名称は高麗だ。後日に誕生した高麗と区別するため、高と麗の間に「句」を入れた。現在も日本では高句麗のことを「高麗(こま)」と呼んでいる。

高麗橋は大阪の重要地点だ。歴史的には「大阪初の鉄橋」であり、関西地方の里程計算の起点となる里程元標がある。現在も近くには大阪証券取引所があり、名実共に金融の中心地となっている。

高麗橋は本来の名称から分かるように朝鮮半島と密接な関わりを持っている。橋の右側には高句麗の使節団や商

오사카 고려교(高麗橋)-고구려, 조선과 교류역사를 품고 있는 다리

하듯 한반도와 밀접한 연관성을 갖고 있다. 다리 동쪽에는 고구려 사절과 상인들이 머물러 가던 숙소 '고려관高麗館'이 있었다. 16세기 도요토미 히데요시豊臣秀吉 시대에는 조선과의 교역거점이었다. 오사카의 현관구이자, 조선왕조가 일본의 에도막부 시절 파견한 사절단 '조선통신사'가 상륙 직전에 들어가는 길목이었다. '왔소'란 축제이름처럼 그 옛날 우리 선조들이 "어서 오이소, 오이소, 왔어?"를 외치는 모습을 연상하기 딱 좋은 지점이 아닌가.

### 덴노지구는 백제마을

백제, 신라, 고구려 삼국 가운데 오사카와 가장 밀접한 나라는 백제다. 백제대교百済大橋. 오사카 남쪽의 히가시스미요시東住吉구에 있는 이 다리 근방에는 백제버스정류소, 백제역, 백제시계점 등 곳곳마다 백제의 명칭들이 남아있다. 현재까지도 백제의 명칭을 계속 쓰고 있다니 그걸 보는 것만으로도 신기했다. 하긴 고대부터 이 일대 지명은 구다라군 그러니까 백제군百濟郡이었다.

현장에서 흥미로운 사실을 발견했다.

人らが泊まる「高麗館」があった。豊臣秀吉が権力を握った16世紀には朝鮮との貿易拠点だった。大阪の玄関口であり、朝鮮王朝が江戸幕府に派遣した使節団「朝鮮通信使」が上陸直前にくぐった橋だった。「ワッソ」という祭り名のように、その昔、わが先祖が「オイソ(いらっしゃい)、オイソ」と声を上げることを連想するのにぴったりの場所ではないか。

### 天王地区は百済の村

高句麗、百済、新羅の三国のうち、大阪と最も密接な国は百済だ。大阪市南部の東住吉区にある百済大橋の近くには百済バス停留所、百済駅、百済時計店など、百済人の名残がある。現在も百済という名称を使っていること自体が不思議だ。確かに、古代からこの町の地名は百済郡だった。

現場でおもしろい事実を発見した。百済大橋の下を流れる川の名前が駒川ということだ。駒は「高麗(こま)」と読み方が同じだ。これは新羅の文字が転化して「白木」に変わった現象と同じ

백제대교 아래에 흐르는 강 이름이 고마가와駒川란 사실이다. 고마는 고구려高麗의 일본식 발음과 똑같다. 이는 신라新羅를 지칭하는 시라기가 생뚱맞게 백목(白木, 시라기)으로 바뀌는 현상과 같은 것이다. 실제 고마가와 근방에 고구려인들이 살았다는 이야기가 전해 내려온다. 그렇다면 고마가와 근방은 고구려와 백제 도래인들이 오순도순 모여 살았다는 이야기로 연결된다.

신神의 장난인가.

피의 이끌림인가.

여기서 멀지 않은 곳에 일본최대의 코리아타운이 있다. 이쿠노生野코리아타운과 쓰루하시시장이다. 생각해보면 이 역사 역시 신기하다. 1400년 전에 바다를 건너온 고대 도래인들과 100년 전 일제강점기 때 현해탄을 건넌 재일동포들이 옆 마을에 따닥따닥 붙어살고 있었던 것이다. 시대를 초월해 선조와 그 후손이 이웃주민이었다니, 그 사실에 소름이 돋지 않을 수 없었다.

역사적으로 백제와 일본은 불가분의 관계였다. 양국은 함께 피를 흘린 혈맹이었다. 백제왕조 멸망(660년) 후인 663년, 백제부흥군과 일본 연합군은 나당연

だ。それなら、駒川の近くでは高句麗と百済の渡来人が集まって暮らしたことになる。

神のいたずらなのか、それとも血のつながりがそう導いたのか。

ここからそれほど遠くないところに日本最大のコリアタウンがある。生野コリアタウンと鶴橋市場だ。思えばこれもまた不思議でたまらない。1400年前に海を渡って来た古代の渡来人と、100年前の日本植民地時代に玄海灘を渡って来た在日韓国人が近くの町に住んでいた隣人だったとは…。時代を超え、先祖とその子孫が隣人であることに鳥肌が立った。

歴史的に百済と日本は不可分の関係だった。両国は共に血を流した血盟だった。百済王朝滅亡(660年)後の663年、百済復興軍と日本の連合軍は、唐·新羅連合軍と戦うが、敗戦する。この時、多くの百済の人が故郷を離れ、日本列島各地に亡命した。664年には百済義慈王の子、善光は現在の大阪·天王地区にある細工谷遺跡付近の土地を賜り、大阪を亡命王族の拠点にした。1996年に発掘されたここの遺跡から

합군에 맞서 장렬히 싸웠다. 하지만 백강전투(일본에서는 백촌강전투)에서 패전하고 말았다. 이때 수많은 백제인들이 고향을 떠나 일본열도 각지로 망명했다. 664년에는 백제 의자왕의 아들인 선광(善光, 일본명 젠코)이 지금의 오사카 덴노지구에 있는 사이쿠다니細工谷유적 부근에 토지를 부여받아, 오사카를 망명왕족의 거점으로 삼았다. 1996년 발굴된 이 유적에서는 백제토기 등 이를 뒷받침하는 증거가 대량 출토됐다. 오사카는 명백히 백제 도래인들, 그중 왕족의 후예들이 살아온 지역이다. 이에 대해 2019년 1월 인터뷰에 응한 테라이 마코토寺井誠 오사카역사박물관 학예사는 한일교류사에 대해 담백하게 설명했다.

は百済土器など、それを裏付けるものが大量に発見された。大阪は明らかに百済からの渡来人、そのうち王族の子孫が暮らしてきた地域だ。これについて、寺井誠·大阪歴史博物館学芸員は2019年1月にインタビューに応じ、こう語った。

[인터뷰]

## 테라이 마코토 오사카역사박물관 학예사

**Q** 오사카는 역사적으로 한반도와 활발한 교류를 해온 도시지요?

**A** 특히 백제와의 교류가 활발했습니다. 예를 들면 백제로부터 불교 등이 전래됐는데, 이것이 일본에 문화적으로 상당한 영향을 미친 건 분명합니다. 고대 오사카 나니와는 대외교섭의 창구였습니다. 일본서기에도 오사카에 외교시설이라든가, 백제나 신라에서 온 사람들의 숙사宿舍가 있었다는 기록이 있습니다. 실제로 발굴조사를 해보니 그때의 토기가 다량 출토되었습니다. 일본서기의 문헌기록을 뒷받침한 실증이었습니다.

**Q** 오사카에서 백제유물이 유독 많이 출토되는 이유는 무엇입니까?

**A** (박물관의 관람경로 초입에 있는) 이 토기는 오사카에서 발견된 백제토기로서, 연대로 보면 7세기 때 제작된 것입니다. 마침 오사카가 일본의 대외교섭 창구로서 큰 역할

<インタビュー>

## 寺井誠・大阪歴史博物館学芸員

**Q** 大阪は歴史的に朝鮮半島と活発な交流をしてきた都市ですよね。

**A** はい、そうです。特に百済との交流が活発でした。たとえば、百済から仏教などが伝わったが、これが日本に相当な文化的影響を与えたのは間違いありません。古代大阪の難波は対外交渉の窓口でした。日本書紀にも大阪には外交使節団や百済、新羅から来た人の宿舎があったとの記録があります。実際に発掘調査をしてみると、当時の土器が大量に出土しました。日本書紀の文献記録を裏付けるものでした。

**Q** 大阪で百済の遺跡が多く出る理由は何ですか。

**A** (博物館の展示冒頭にある)この土器は大阪で発見された百済の土器で、7世紀に制作されたものです。ちょうど、大阪が日本の対外交渉の窓口として大きな役割を担っていた時期です。大阪は日本で百済の

을 다하던 때입니다. 오사카는 일본에서 백제토기가 제일 많이 출토되는 지역입니다. 오사카가 백제와의 교류거점이었다는 걸 증명한다 할 수 있습니다.

**Q** 신라토기도 나옵니까?

**A** (백제와 신라는 일본에서) 경쟁하는 관계였습니다. 백제는 일본왕권과 대단히 밀접한 관계를 맺고 있었습니다. 그렇기 때문에 고대수도인 오사카에 백제토기가 다량 출토되는 것입니다. 반면 신라는 일본의 지방정권과 교류가 활발했습니다.

土器が最も多く出土する地域です。大阪が百済との交流拠点だったことを裏付けると言えます。

**Q** 新羅の土器も出ますか。

**A** (百済と新羅は日本で)競争する関係にありました。百済は日本の王権と非常に密接な関係を結んでいました。そのため、古代首都の大阪で百済の土器が大量に出土します。これに対し、新羅は日本の地方政権と交流が活発でした。

**Q** 四天王寺近くの細工谷遺跡で明らかになったことがたくさんあ

백제대교와 그 아래 흐르는 고마가와(오사카 히가시스미요시구)

**Q** 사천왕사 근방의 사이쿠다니細工谷유적에서 밝혀진 것들이 많다고요?

**A** 사이쿠다니유적은 약 20년 전(1996년)에 발굴되었습니다. 그때 대발견이 있었습니다. 그 중 하나가 여기 박물관에 있는 구다라아마, 백제니百濟尼라는 문자가 쓰여 있는 토기입니다. 이 토기는 여기가 백제여승들이 모여 살았던 백제니사(백제계 비구니절) 자리임을 증명합니다. 일찍이 문헌사학에서는 백제니사의 존재가 밝혀져 있었습니다만. 실체가 발굴조사로 확인됐으니 큰 성과라 할 수 있습니다. 백제니 토기의 제작연대는 800년경입니다. 백제가 660년에 멸망했으니 그로부터 약 140년 뒤에 만들어진 겁니다.

테라이 씨의 설명대로라면, 재일在日 백제인들은 조국이 망한 다음에도 후손들에게 면면히 백제인의 전통을 계승하고 있었다. 그 옛날 우리선조들은 '뿌리의식이 엄청 강했구나'란 생각이 들었다.

ると聞いております。

**A** 細工谷遺跡は約20年前(1996年)に発掘されました。大発見でした。そのうち一つで、この博物館にあるのが、「百済尼」と墨書された土器です。この土器はここが、百済の尼僧が集まって暮らした百済尼寺だったことを裏付けます。すでに文献史学では百済尼寺の存在が言及されていますが、発掘調査で実体が確認されたので、大きな成果と言えます。「百済尼」と墨書された土器の制作年代は800年ごろです。百済が660年に滅亡したので、それから約140年後に制作されたのです。

寺井氏の説明通りなら、「在日百済人」は祖国が滅亡してからも、子孫に伝統を綿々と継承していたことになる。その昔、わが先祖は「ルーツに対する意識が非常に強かったんだな」と思った。

## 오사카 지명에 남은 한국의 향기

＊남바(難波, 오사카 주오구)

: 한국어로 태양을 뜻하는 날(日, 나루, ナル)과 창窓을 뜻하는 니와ニワ의 조합어로 알려지고 있다. 즉 고대 한국어인 나루니와가 나니와浪速, 浪花, 浪華, 남바難波등으로 혼용하여 불렸다는 것이다. 오늘날 남바는 오사카 남부지역의 교통거점이다. 간사이국제공항에서 오사카로 들어가는 관문으로 난카이선 공항급행열차의 출발점이다. 남바의 다른 이름인 나

## 大阪の地名に残る韓国の面影

＊難波(大阪市中央区)

「日」や「太陽」を意味する韓国語の「ナル」と、窓を意味する「ニワ」を組み合わせた言葉とされる。すなわち、古代朝鮮語の「ナルニワ」が「ナニワ(浪速, 浪花, 浪華)」、「ナンバ(難波)」などで呼ばれたのだ。今日の難波は大阪南部の交通拠点となっている。関西国際空港から大阪に入る関門である南海線空港急行の出発点だ。難波の別の

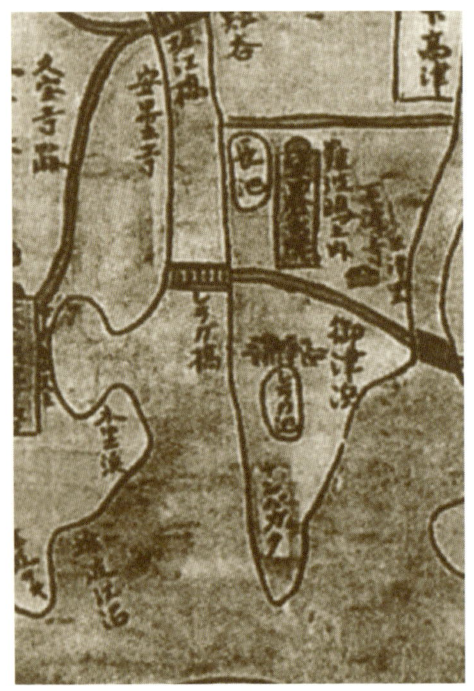

신라교(新羅橋)-しらぐ橋로 표기되어 있는 1570년경 오사카고지도

니와 역시 상용되고 있다. 오사카시내 곳곳의 간판, 자동차 번호판에서 흔히 찾을 수 있다.

* 구다라쵸(久太郎町, 오사카 주오구)

: 원래 백제百済가 큐타료久太良, 구다라久太郎로 변형됐다는 설이 유력하다. 오늘날의 구다라쵸는 백제정(百済町, 백제마을)이라 볼 수 있는 것이다.

* 신사이바시(心斎橋, 오사카 주오구)

: 일본 교과서도 옛 이름이 신라교(新羅橋, 시라기바시)라고 기재했다. 신라교라

読み方であるナニワも依然、使われている。大阪市内の各所の看板、車のナンバーなどでみることができる。

*久太郎町(大阪市中央区)

もともと百済が久太良、久太郎に訛ったとの説が有力だ。今日の久太郎町は百済町だったとみなすことができる。

*心斎橋(大阪市中央区)

日本の教科書もかつての名称が新羅橋だったと記載している。新羅橋という名称は1230年ごろの大阪の古地図、

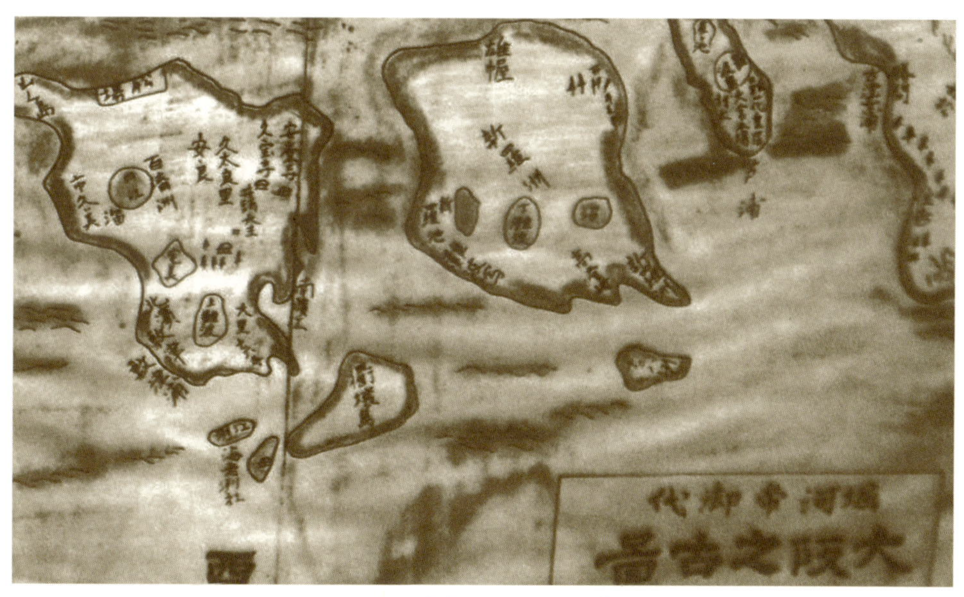


1230년경 오사카고지도-「신라주」와 「백제주」가 선명히 보인다

는 이름은 1230년경 오사카 고지도나, 조선시대 임진왜란 직전인 1576년 제작된 오다노부나가군의 이시야마 혼칸사石山本願寺군 공격배치도에도 등장한다.

1576年に制作された「織田信長軍、石山本願寺軍攻撃配置図(奥田所蔵)」などにも登場する。

＊가와치쵸(川内町, 오사카 히가시오사카시)

：옛날 오사카를 하내(河内, 가와치)라 불렀다는 설이 내려온다. 하내씨河内氏는 백제계 도래인의 성씨라고 한다.

＊川内町(大阪府東大阪市)

昔の大阪を「河内(かわち)」と呼んだという説がある。河内氏は百済系の渡来人の姓氏という。

＊하타&우즈마사(秦&太秦, 오사카 네야가와시)

：네야천(寝屋川, 네야가와) 상류지역은 신라계 도래인 진(秦, 하타)씨와 태진(太秦, 우즈마사)씨가 모여 살던 곳으로 전해진다. 진씨秦氏는 5세기 신라에서 건너온 지방호족으로 일본왕실도 무시할 수 없는 일대 세력가였다. 일본의 고대성씨 일람인 신찬성씨록新撰姓氏録은 진씨 집안의 리더인 진주공秦酒公이 진씨 백성 1만8,670명을 거느렸다고 기록했을 정도다. 교토를 중심으로 오사카 등 일본각지에 세력을 형성했다. 네야가와시 홈페이지에 따르면, 에도시대에는 진씨 집성촌으로 태진촌太秦村과 진촌秦村 마을이 있었다.

＊秦&太秦(大阪府東部・寝屋川市)

寝屋川の上流地域は新羅系の渡来人である秦(はた)氏と太秦(うずまさ)氏が集まって住んでいたとされる。秦氏は５世紀に新羅から渡って来た地方豪族で、日本王室も無視できなかった勢力家だった。平安時代の有力氏族の祖先伝承を集約した「新撰姓氏録」は、秦氏のリーダーである秦酒公が秦氏１万8670人を率いたと記録している。日本の首都だった京都を中心に大阪など各地に勢力を広げたという。寝屋川市のホームページよると、江戸時代には「秦村」「太秦村」という秦氏の集落があった。

02

## 신라 신神 모시는 교토 야사카신사

## 新羅の神を祭る京都の八坂神社

교토京都는 일본의 천년고도라 불리는 도시다. 일본제일의 역사와 전통, 자부심을 품고 있는 곳이다. 이 교토에서 제일 오래된 신사는 야사카신사八坂神社다. 이 신사가 일본인들에게 더 의미 있게 다가오는 이유는 오랜 역사와 전통을 갖고 있는 사찰이기도 하지만, 일본의 3대 마쓰리인 기온마쓰리가 열리는 곳이기 때문이다.

그런데 야사카신사의 주신(혹은 主祭神)은 다름 아닌 한반도의 신神이다. 보다 구체적으로 말하면 우리나라 삼국시대의 고대국가 신라의 신이다. 신의 이름은 소잔오존(일본명 스사노오). 그러니까 기온마쓰리는 모두가 어울려 함께 즐

京都は日本の「千年の古都」と呼ばれる都市だ。日本第一の歴史と伝統、プライドがあるところだ。そんな京都で最も歴史ある神社は八坂神社だ。同神社が日本人にとって格別な意味がある理由は長い歴史と伝統を持っていることもあるが、日本の３大祭りの一つである祇園祭を行っているからだ。

八坂神社の主祭神はほかでもない朝鮮半島の神だ。もっと具体的に言えば、朝鮮半島の古代国家、新羅の神だ。神の名は素戔嗚尊(スサノオ)。つまり、祇園祭はみんなが一緒に楽しむ祭りでありながら、同時に朝鮮半島の神を祭るセレモニーでもある。

기는 축제이면서, 동시에 한반도의 신을 모시는 양면성을 갖고 있다.

그러나 일본인은 물론 한국인들도 야사카신사가 신라 신을 모시는 사찰이란 사실을 모르고 지낸다. 현장에서 거리 인터뷰를 해보니, 단 한 사람도 정확히 이 사실을 짚는 이는 없었다. 80대의 일본인 노인이 "(한반도의 신이란 사실을) 인터넷에서 봤다"고 답했을 뿐이다.

소잔오존은 일본열도를 창조한 이자나기의 아들이다. 일본역사서 일본서기는 그가 신라국 소시모리(한국어로 소머

しかし、日本人はもちろん、韓国人も八坂神社が新羅の神を祭る神社であることを知らない。現場でインタビューをしても、この事実を知っている人は一人もいなかった。

素戔嗚尊は日本列島を生み出したとされる 伊邪那岐(イザナギ)の息子だ。日本の歴史書、日本書紀によると、素戔嗚尊は新羅国の曽尸茂梨(ソシモリ＝牛頭)に降りて日本に渡って来た。素戔嗚尊の神主を日本に移した人も朝鮮半島の人だ。656年に高句麗の使節として来

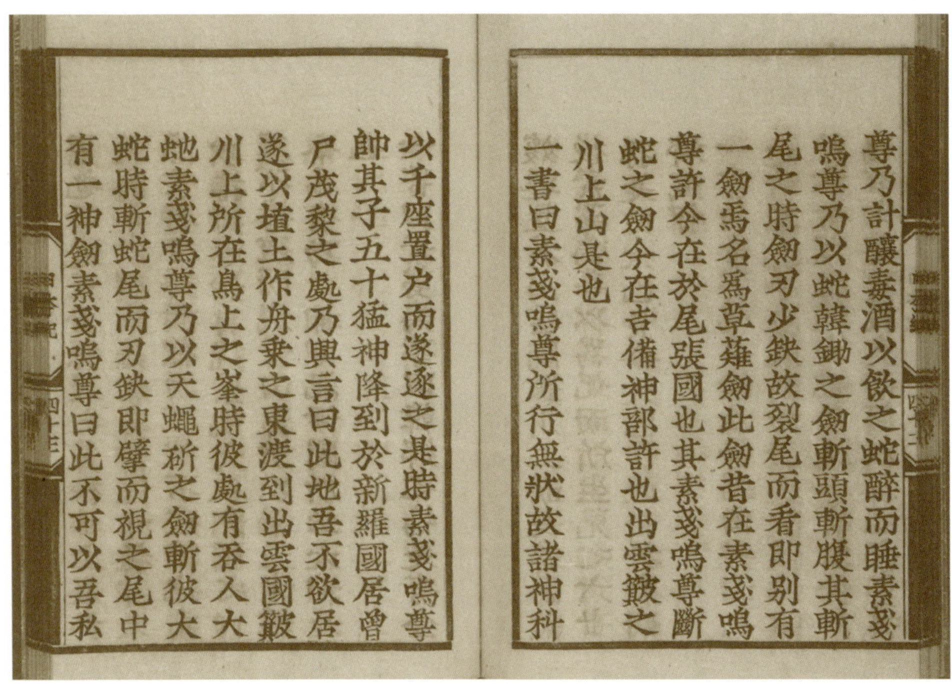

尊乃計釀毒酒以飲之蛇醉而睡素戔
嗚尊乃以蛇韓鋤之劒斬頭斬腹其斬
尾之時劒刃少缺故裂尾而看即別有
一劒焉名爲草薙劒此劒昔在素戔嗚
尊許今在於尾張國也其素戔嗚尊斷
蛇之劒今在吉備神部許也出雲簸之
川上山是也
一書曰素戔嗚尊所行無狀故諸神科

以千座置戸而遂逐之是時素戔嗚尊
帥其子五十猛神降到於新羅國居曾
尸茂梨之處乃興言曰此地吾不欲居
遂以埴土作舟乘之東渡到出雲國簸
川上所在鳥上之峯時彼處有呑人大
蛇素戔嗚尊乃以天蠅斫之劒斬彼大
蛇時斬蛇尾而刃缺即擘而視之尾中
有一神劒素戔嗚尊曰此不可以吾私

스사노오가 新羅의 神이란 기록이 등장한다(1599년 간행된 일본서기)

리, 牛頭)에 강림했다가 일본으로 건너갔다고 기록하고 있다. 소잔오존의 신주神主를 일본에 데려간 인물도 한반도 사람이었다. 656년에 고구려 사신으로 일본에 간 이리지라는 인물이다. 이에 대해선 일본역사서만 아니라 야사카신사 홈페이지도 밝히고 있는 부분이다.

소잔오존, 스사노오 이야기는 이미 제1장 06편 〈고구려인으로부터 유래된 기온마쓰리〉와 박스리포트 〈경춘선의 비밀, 일본인이 춘천에 열광하는 이유〉에서 자세하게 다룬 바 있다. 이에 따라 이번 편에서는 그에 대한 이야기보다는 일본학자의 진단과 야사카신사에서 만난 한국과 일본 시민들의 반응을 소개한다.

야사카 이야기를 들려준 일본인 전문가는 다케타니 토시오竹谷俊夫 오사카 오타니대 역사문화학과 교수. 인터뷰는 2019년 1월 오타니대학 연구실에서 진행했으며, 본서에서는 당시 취재팀이 행한 녹취록을 토대로 옮긴다.

日した伊利之使主(いりしおみ)という人物だ。この事実は日本の歴史書だけではなく、八坂神社もホームページで明らかにしている。

素戔嗚尊、スサノオの話はすでに第1章06編＜高句麗に由来する祇園祭＞と＜[98pの別のレポート]京春線の秘密、日本人が春川に熱狂する理由＞で詳しく取り扱っている。そのため、ここでは素戔嗚尊の話よりは日本学者へのインタビュー内容と、八坂神社で出会った韓日市民の反応を紹介する。

日本の歴史学者は大阪大谷大学·歴史文化学科の竹谷俊夫教授で、彼とのインタビューは2019年1月に同大学で行われた。

[인터뷰]

## 기온마쓰리 주신主神이 누군지 아세요?

＊다케타니 토시오竹谷俊夫 교수

**Q** 일본 역사에서 한반도 도래인이 미친 영향에 대하여...

**A** 선사시대로 거슬러 가면, 한반도에서 일본으로 문물이 전파된 건 기원전 10세기부터로 보입니다. 당시는 야요이시대로 이때 한반도에서 볍씨와 벼농사 기술, 풍속이 일본으로 넘어왔습니다. 이것이 도래인의 원조가 아닌가 싶습니다.

일본 역사상 도래인이 가장 많이 건너온 시기는 4세기부터 7세기까지였습니다. 백제인 왕인과 아직기 등은 천황가의 가정교사 역을 담당했습니다. 한국의 삼국시대, 일본의 고분시대인 4~5세기를 보면요. 당시 천황 무덤에서 출토된 농기구와 무기 등은 모두 한반도 기술로 만들어진 겁니다. 직물기술도 그렇고요. 분명한 건 백제의 경우, 일본 야마토정권 그러니까 천황가의 교육, 문화, 군사 등에 매우 중요한 역할을 하였다고

[インタビュー]

## 祇園祭の主神が誰か知っていますか？

＊竹谷俊夫(大阪大谷大学·歴史文化学科)教授

**Q** 日本の歴史に朝鮮半島出身の渡来人が及ぼした影響は？

**A** 先史時代に遡ると、朝鮮半島から日本に文物が伝授されたのは紀元前10世紀からだと思います。当時は弥生時代。この時、朝鮮半島から稲の種や稲作技術、風習が日本に渡ってきました。これが渡来人の元祖ではないかと思います。

日本の歴史で渡来人が最も多くやってきた時期は4世紀から7世紀まででした。百済人の王仁博士や阿直岐などは天皇家の家庭教師を努めたりもしました。朝鮮半島の三国時代、日本の古墳時代だった4～5世紀の天皇陵からは農具や武器が出土されたが、いずれも朝鮮半島の技術でつくられたものです。織物などもそうです。明らかなのは百済の場合、日本の大和

할 수 있습니다.

**Q** 오사카에 도래인 유적이 많이 남아있는데요. 구체적으로 어떤 것들을 들 수 있을까요?

**A** 7세기 이 대학 북쪽으로 신당폐사(新堂廢寺, 신도하이지)라는 백제계 절이 세워집니다. 이 사찰은 비조사(飛鳥寺, 아스카데라), 법륭사(法隆寺, 호류지), 사천왕사(四天王寺, 시텐노지) 다음으로 세워진 백제계 사찰입니다. 이 4가지 사찰은 모두 백제인의 건축기술로 세워진 것들입니다.

7세기 초에는 이 대학 서쪽으로 협산지(狭山池, 이하 사야마이케)라는 호수가 축조됩니다. 일본에서 제일 오래된 인공댐입니다. 역시 백제기술로 축조됐습니다. 616년 세워진 사야마이케는 계곡을 막아 연못으로 만든 것입니다. 목적은 농업용수를 저장하기 위해서였습니다. 둑을 만드는 기술은 부엽공법敷葉工法이라고, 댐을 짓는 데 필요한 주재료인 염토와 모래 사이사이에 나뭇잎과 나무줄기를 넣습니다. 부재료를 넣어 더 견고하게

政権、すなわち天皇家の教育、文化、軍事などで非常に重要な役割を果たしたと言えます。

**Q** 大阪に渡来人の遺跡が多く残っております。具体的にどのようなものがありますか。

**A** 7世紀にこの大学(大阪大谷大)の北側に新堂廃寺という百済系の寺院が建立されます。飛鳥寺、法隆寺、四天王寺の次に建てられた百済系の寺院です。私が言ったお寺はすべて百済人の建築技術で建立されたものです。

7世紀初めにはこの大学の西側に狭山池というため池が築造されます。日本最古のダム式ため池とされ、これもまた百済の技術でつくられました。616年に築造された狭山池は川を堰き止めて人工の池をつくりました。農業用水を確保することが目的でした。堤は敷葉工法(しきはこうほう)を用いて築かれたました。粘土と砂利を交互に突き固め、その中に葉や枝を敷き詰めて強化する工法です。同工法は韓国·全羅北道の金堤にある

만들려 했던 것이죠. 부엽공법은 전라북도 김제에 있는 벽골제 축조법과 동일합니다. 신라 16대 왕인 흘해이사금訖解尼師今때 저수지를 지을 때 썼다고도 합니다. 그러니까 일본최초의 댐은 백제 기술로 탄생한 것입니다.

**Q** 교토 야사카신사는 신라의 신을 주신으로 모십니다. 그 역사적 배경에 대해...

**A** 야사카신사의 제신은 소잔오존(素戔嗚尊, 스사노오 노미코토), 즐도전희명(櫛稲田姫命, 구시나다히메 노미코토), 팔주어자신(八柱御子神, 야하시라 노미코가미)까지 3명입니다. 신사의 탄생 경위에 대해선, 일본서기에 서기 656년 사이메이斉明 천황 2년에 고구려에서 온 이리지가 신라국의 우두산에서 제사 지내는 소잔오존을 야사카신사로 옮겨왔다는 기록이 나옵니다. 신찬성씨록新撰姓氏録의 야마시로(山城, 교토의 옛 이름)편에 야사카노 미야쓰코(야사카=八坂=이리지, 미야쓰코=造)의 유래가 기록되어 있습니다. 거길 보면 그의 선조는 '맥국인,

「碧骨堤」と同じです。新羅の第16代の王、訖解尼師今(きっかいにしきん)の時、ため池を築造する際に用いられたとされます。だから、日本最初のダムは百済の技術で誕生したことになります。

**Q** 京都の八坂神社は新羅の神を主祭神として祭っております。その歴史的背景についてお話ください。

**A** 八坂神社の祭神は素戔嗚尊 (すさのおのみこと)、櫛稲田姫命 (くしなだひめのみこと)、八柱御子神 (やはしらのみこがみ)の３柱です。神社が建立された背景については、日本書紀に656年、斉明天皇２年に高句麗から来た伊利之が新羅国の牛頭山に祭られる素戔嗚尊を八坂神社に移したとの記録があります。新撰姓氏録の「山城国諸蕃」の項には八坂造(＝伊利之)の由来が記録されています。それをみると、彼の先祖は「狛国人、之留川麻之意利佐(しるつまのおりさ)」と記してありますが、意利佐は日本書紀に登場する伊利之と同一人物とされます。だから、伊利之の子

지류천마지 의리좌貊國人, 之留川麻之意利佐'라고 쓰여 있는데, 여기서 의리좌(오리사)는 일본서기에 등장하는 이리지와 동일인물로 알려지고 있습니다. 그러니까 이리지 자손들이 야사카의 신분을 그대로 물려받았고, 대대로 야사카신사를 기려왔다고 볼 수 있습니다.

**Q** 야사카신사가 주관하는 기온마쓰리에 대해…

**A** 기온마쓰리는 점점 변모해갔습니다. 원래는 신라계 도래인들이 관여했습니다만… 기온마쓰리에서 쓰는 전통가마(신이 타는 가마, 鉾=호코)만 봐도 대단합니다. 전통가마 속을 들여다보면 실크로드를 횡단할 정도로 다양한 문화들이 응축되어 있었습니다. 전통가마를 감싸는 대형 천만 해도 대단한 공예품이었습니다. 현재 가치로 치면, 수억 엔을 들여도 만들 수 없는 뛰어난 예술작품이었습니다. 마쓰리를 치르려면 막대한 예산이 소요됩니다. 기온마쓰리를 유지한 이들은 교토의 부자들이었어요. 처음에는 도래인이 신사를 만

孫が八坂の身分を受け継ぎ、代々八坂神社の祭祀を務めてきたと言えます。

**Q** 八坂神社の祭礼である祇園祭についてお話ください。

**A** 祇園祭は徐々に変化してきました。もともとは新羅系の渡来人が関与していましたが……。祇園祭の大きな鉾(ほこ)はすごいものです。つまり、一つの鉾にはシルクロードを縦断するような文化が凝縮されています。鉾を取り巻く幕だけでも素晴らしい工芸品です。現在の価値で言えば、数億円を出してもつくられない芸術品と言いますかね。祭りを行うためにはお金が必要となります。それを支えたのが京都のお金持ちだったんです。最初は渡来人がつくった神社ですけれども、その後は京都の人と一緒になって今の祇園祭ができていると言えます。もちろん、今も素戔嗚尊は八坂神社に祭られている神の中で一番重要な神です。

들었고, 그게 차차 교토주민들과 함께 만들어가는 마쓰리로 바뀌어 간 겁니다. 그러니까 도래인이 모셔온 신을 기온마쓰리로 발전시킨 건, 도래인과 교토주민 간 협력의 산물이라 할 수 있습니다. 물론 지금도 소잔오존은 야사카신사에 모셔져 있는 신 가운데 으뜸입니다.

다음은 2019년 1월, 야사카신사 경내와 입구에서 인터뷰에 응한 한국과 일본 관람객들의 목소리다.

* 김경주 씨(한국인, 20대)

여기서 신라의 신을 모신다고요? 정말인가요. 우리나라와 관계있다니까 여기 오기를 잘한 것 같아요.

* 고교동창 대학생들 6명(한국인, 20대)

실은 여기가 뭐하는 데인지도 모르고 왔습니다. 교토의 핫스폿으로 잡혀있고, 아까 카페에서 만난 일본아주머니도 여기가 좋다고 알려주셨거든요. 그런데 여기서 신라의 신을 제신으로 모신다고요? 서울 돌아가면 친구들한테 가르쳐줘야겠어요.

次は2019年1月、八坂神社の境内と入り口でインタビューに応じた韓国と日本の観覧客の声だ。

*キム・キョンジュさん(韓国人、20代)

ここに新羅の神が祭られているんですか？本当ですか？韓国と関係があるというから、ここに来てよかったです。

*同じ高校卒業の大学生6人(韓国人、20代)

実はここが何をするところかも知らずに来ました。京都のホットスポットになっているし、カフェー会った日本のおばさんがここがよいと教えてくれました。ところで、ここに新羅の神が祭られているんですか？ソウルに戻ったら友だちに教えてあげます。

*狩野重雄さん(日本人、40代)

近くに来たついでに参拝に来ました。八坂神社はものすごい有名な神社です。韓国の神を祭るとの話は初めて聞きます。

＊카노 시게오 씨(일본인, 40대)

근처에 온 김에 참배하러 들렀습니다. 야사카신사는 아주 유명한 절이죠. 한국의 신을 모신다는 이야기는 처음 들었네요.

＊다나카 씨 부부(일본인, 60대)

이 신사에서 한국 신을 모시는 줄은 몰랐습니다. 하지만 우리 부부는 오사카 출신이라서, 아마도 한국 피가 들어있을 것 같습니다. 당연히 제 몸의 몇 분의 1은 한국의 것이 아닐까 싶습니다. 집도 사천왕사 근처고, 멀지않은 곳에 코리아타운도 있습니다. 「사천왕사왔소」 축제를 보러 간 적도 있습니다.

＊이노우에 씨(일본인, 80대)

인터넷에서 신라의 신을 모신다는 걸 봤습니다. 야사카신사 경내에서는 그 내용을 보지 못했습니다. 교토가 오랜 역사의 도시란 생각이 드네요.

＊田中さん夫妻(日本人、60代)

この神社に韓国の神が祭られていることは知りませんでした。しかし、私たちは大阪出身だからおそらく韓国の血が流れていると思います。当然、私の何分の1は韓国のものではないかと思います。家も四天王寺の近くですし、遠くないところにコリアタウンもあります。「四天王寺ワッソ」を見に行ったこともあります。

＊井上さん(日本人、80代)

新羅の神を祭ることはインターネットで見ました。八坂神社の中ではその内容を見ておりません。京都は長い歴史を持つ都市であるんだなと思います。

◇◇◇◇◇◇◇◇◇◇◇◇

## 야사카신사가 기록한 그들의 역사

1870년, 야사카신사는 『야사카사 구 기집록八坂社舊記集録』이란 책자를 상중하 편으로 발간했다. 야사카신사의 역사를 고스란히 담고 있는 이 책 상편에는 「팔판향진좌대신지기(八坂郷鎮座大神之記)」라는 1페이지짜리 문서가 붙어있다. 이 문서는 1079년에 자기선조들이 남긴 옛 기록을 그대로 베낀 것으로 전해진다. 그 기록을 해독하면, 대략 다음과 같이 풀이된다.

"사이메이斉明천황 즉위 2년(656년) 병진 8월, 한국의 조진부사 이리지사주伊利之使主가 다시 왔을 때에, 신라국 우두산에 자

◇◇◇◇◇◇◇◇◇◇◇◇

## 八坂神社が記録した彼らの歴史

1870年、八坂神社は「八坂社舊記集録」という本を上中下巻で発刊した。八坂神社の歴史を全て記録したこの本の上巻には「八坂郷鎮座大神之記」という1ページの文書が付されている。この文書は1079年に先祖が残した昔の記録をそのまま写したものと伝えられている。その記録を解読すると、おおよそ次のように解釈される。

「斉明天皇即位2年(656年)丙辰8月、韓国の調進副使、伊利之使主が再び来た時に、新羅国牛頭山に位置している

리 잡고 있는 주좌지웅존(須佐之雄尊, 소잔오존)의 신혼神魂을 목욕재계하고 황국(일본)으로 모셔와 처음으로 제사를 지냈다.

그때 조정에서 애탕군 팔판향愛宕郡 八坂鄕의 토지와 야사카 노 미야쓰코八坂造라는 성(姓)을 보냈다. 12년 후인 텐지天智천황 재위 6년 정묘(667년)에 사호社號를 '간신인'(感神院, 야사카신사)이라 하고 궁전을 지었다. 우두산에 있던 대신大神을 '우두천왕'이라 칭하고 제사를 지내게 되었다.

준나淳和천황 재위 텐조 6년(829년), 우위문독절조신 '모모쓰구'百繼에게 '간신인'의 제사관 겸 야사카 노 미야쓰코의 업業을 잇게 하였다."

奉齊御神 名記

신神 스사노오노미코토速須佐乃男 尊

須佐之雄尊の神魂を斎戒沐浴し、皇国(日本)にお連れして初めて祭祀を執り行った。

その時に朝廷で愛宕郡八坂郷の土地と八坂造(やさかのみやつこ)という姓を贈った。12年後の天智天皇在位6年の丁卯(667年)に社号(神社名)を『感神院(八坂神社)』として宮殿を建てた。牛頭山にいた大神を『牛頭天王』と称して祭祀を執り行うようになった。淳和天皇在位天長6年(829年)、右衛門督紀朝臣の百継(ももつぐ)から『感神院』の祠官兼八坂造の業を受け継いだ」

奉齊御神名記 神速須佐乃男尊

03

# 고구려인들의 오이소OISO마을 수난사

# 高句麗人の大磯(ＯＩＳＯ)町の受難史

## 오이소마을을 아시나요?

한국인에게 친숙한 인사말 '오이소'가 일본의 마을이름이란 사실을 아시나요?

왔소를 취재하면서 자꾸만 오이소를 만나는 일이 벌어졌다. 제일 먼저 만난 오이소는 줄임말인 '왔소'였다. 취재아이템이었다. 그 다음 만난 건 오사카 이쿠노코리아타운 백제문 앞, 그리고 부산 출장 때 목격한 자갈치시장 입구 현판이었다. 두 군데 모두 똑같이 '오이소, 보이소, 사이소'란 문구를 적었다. 시장에 들어가 뭐라도 사야할 것 같은 정겨운 우리말 '오이소'. 여기까지는 그런가보다 했다. 우리말이니까.

## 大磯町を知っていますか？

韓国人には親しみのある言葉「オイソ(来て)」が日本の町の名前であることを知っていますか？

「ワッソ」の取材を始めてから、「オイソ」という言葉によく出会うようになった。一番最初に出会ったのは「オイソ」の略語「ワッソ」だ。取材アイテムだった。次に出会ったのは大阪の生野コリアタウン「百済門」前。そして、釜山出張の際に「チャガルチ市場」の入り口だった。いずれも「オイソ、ボイソ、サイソ(来て、見て、買って)」と書いてある。市場に入り何か買

그런데 마지막으로 만난 '오이소'는 심히 호기심을 자극했다. 가나가와현에 있는 오이소마을(大磯町, 오이소마치)이었다. 번뜩 드는 궁금증은 일본에 왜 오이소라는 지명이 있는 거지?

이제부터 찬찬히 그 연원을 찾아가 보자. 인터넷 시대에 아무 것도 모를 때, 조사하는 정공법은 홈페이지를 찾아보는 일일 것이다. 그러나 오이소마을(大磯町, 오이소마치) 홈페이지 어디에도 한국 관련 자료는 보이지 않았다. 눈에 불을 켜고 스캔하던 중, 오이소구릉大磯丘陵에

いたくなるような、心温まる韓国語の「オイソ」。ここまでは不思議な感じはしなかった。韓国語だから。

しかし、最後に出会った「オイソ」は好奇心を刺激した。神奈川県にある大磯町だ。何で日本に「オイソ」という地名があるのか。気になって仕方なかった。

これからじっくりとその由来をたどってみよう。インターネット時代に調べ物をする正攻法はホームページを見ることだ。残念ながら、大磯町のホ

'오이소(OISO)' 글자가 선명한 등대(가나가와현 오이소 항구)

대한 설명에서 '아 이건 뭐지?' 싶은 단어를 찾았다. 고려高麗였다.

"도쿄방면에서 도카이도선이나 국도1호선으로 오이소를 방문할 때 처음 마주하는 건, 차창 오른편에 보이는 깊은 초록으로 뒤덮인 고려산(高麗山, 고마야마)입니다. 에도시대까지는 산전체가 고려사(高麗寺, 고마지)의 영역靈域으로 보호되어왔기 때문에 다종다양한 자연의 보고寶庫가 됐고 가나가와현의 천연기념물로 지정되었습니다."

오이소는 도쿄역에서 JR동해선본선 아타미행ＪＲ東海道本線・熱海行 기차로 1시간이면 다다를 수 있다. 가나가와현 남부의 인구 3만 명을 약간 넘는 사가미만相模湾을 끼고 있는 해안가 소도시다.

ームページではどこにも韓国と関連がある資料は見当たらなかった。そんな中、大磯丘陵に関する説明の中から気になる単語を見つけた。「高麗」だ。

「東京方面から東海道線や国道1号線で大磯を訪れて最初に出会うのは、車窓右手に見える深い緑に覆われた**高麗山**です。江戸時代までは山全体が**高麗寺**の霊域として保護されてきたことから、多種多様な自然の宝庫となっており、神奈川県の天然記念物に指定されています」

大磯は東京駅からＪＲ東海道本線･熱海行の列車で約１時間の距離にある。神奈川県の南部にあり、人口３万人超の小都市だ。相模湾や高麗山など、豊かな自然が暮らしの場に近接している。

## 고구려인들의 상륙지

오이소마을 홈페이지에 등장하는 고려산과 고려사는 고구려인과 밀접한 관련이 있다. 일본에서 고려는 고구려를 지칭한다. 7세기 오이소 해안으로 고구려 도래인들이 대거 상륙한 것으로 전해지고 있다. 리더는 약광(若光, 잣코)이란 인물로서, 고구려 마지막 임금인 보장왕

## 高句麗人の上陸地

町のホームページに登場する高麗山と高麗寺は高句麗人と密接な関連がある。日本で高麗は高句麗を指す。7世紀に大磯海岸に高句麗の渡来人が大勢上陸したと伝えられる。リーダーは「若光」という人物で、高句麗最後の王、宝蔵王の息子または親せきとされ

寶藏王의 아들 혹은 친척으로 알려지고 있다. 고구려가 폐망하기 직전에 사신으로 일본에 건너온 약광은 일본서기에 현무약광玄武若光이란 이름으로 등장하는 역사인물이다.

다시 고려산과 고려사 이야기로 돌아가 보자. 고려산은 오이소구릉 동쪽에 있는 표고 168m의 야트막한 산이다. 옛날부터 이 마을사람들은 이 산을 고려사산高麗寺山이라고도 불렀다. 실제로 에도시대까지는 산중에 고려사가 있었으며, 막부의 실권자인 도쿠가와 이에야스德川家康 집안이 이 절에 동조궁(東照宮, 이에야스를 기리는 사당)을 둘 정도로 소중하게 다뤘다. 산 입구에는 고려사의 부속사찰로서 일본의 토속신의 사당인 고려신사高麗神社를 뒀다. 현재 산중의 절은 사라졌으나 신사는 아직도 건재하다. 다만 웬일인지 이름이 고래신사(高來神社, 다카쿠신사)로 바뀌었다.

고려산, 고려사, 고려신사라는 이름에서 보이듯 오이소 일대는 고구려 도래인들이 살던 마을이다. 그 증거가 명확하다. 인근에 있는 고분군에서 출토된 장식품이 고구려의 것과 같은 양식으로 만들어졌다는 게 밝혀졌다.

る。高句麗が滅亡する直前に使節として日本に来た若光は、日本書紀に「玄武若光」という名前で登場する歴史人物だ。

高麗山と高麗寺の話に戻ろう。高麗山は大磯丘陵の東端にあたり、標高168メートルの低い山だ。昔からこの町の人々はこの山を高麗寺山とも呼んだ。実際に江戸時代までは山の中に高麗寺があり、徳川家が徳川家康の神影である東照宮を祭るほど、重要視した。山の入り口には高麗寺から分離された高麗神社がある。現在、山の中にあった高麗寺は廃寺となったが、神社は健在だ。ただ、何の理由か分からないが、社名は高来神社に変わった。

高麗山、高麗寺、高麗神社という名前から見えるように大磯一帯には高句麗の渡来人が住んでいた。その証拠は明確だ。近くにある古墳群から出土した装飾品が高句麗のものと同じ様式でつくられたのが確認された。

高句麗山の南側に「もろこしが原(現在は唐ヶ原)」という地名が残っているもの渡来人の痕跡と見ることができる。もろこしは唐土、すなわち文字通りな

고려산 남쪽에 모로코시가하라(もろこしが原, 현재는 唐ヶ原)라는 지명이 남아 있는 것도 도래인의 흔적으로 볼 수 있다. 모로코시는 당토唐土, 즉 문자대로라면 중국 땅이다. 하지만 꼭 중국을 칭하는 건 아니다. 당은 바다를 건너 일본에 온 도래인들을 통칭해서 부르는 말이기 때문이다.

일설에는 고구려 도래인들이 상륙했을 때 오이소는 불모지였다. 그래서 고구려인들은 식량자급을 위해 이 땅에 옥수수의 일종인 당기비唐キビ를 심어 밭을 개간했다. 옥수수는 감자, 메밀 등과 함께 척박한 땅에서도 잘 자라고, 생육기간도 짧은 구황작물이다. 옥수수는 현대 일본어로 토모로코시라 부른다. 그렇게 대입하면 '모로코시가 하라'는 '옥수수 밭'이라 풀이할 수 있다.

### 이토 히로부미의 명령(?)
### "고구려 이름을 지워라"

그렇다면 언제 고려사는 고래(高來, 다카쿠)신사로 바뀐 것일까? 다카쿠신사의 총책임자인 와타나베 류지渡辺幸臣 궁사의 설명이다.

ら中国の土地だ。しかし、必ずしも中国を指すわけではない。唐は海を渡り日本に来た渡来人をひっくるめて呼ぶ言葉であるからだ。

一説では高句麗の渡来人が上陸した時、大磯は不毛の地だった。だから高句麗人は食糧自給のため、トウモロコシの一種である唐キビを栽培した。トウモロコシはジャガイモ、ソバなどとともに、やせ地でも生育可能で、生育期間も短い救荒作物だ。トウモロコシを栽培したこのもろこしが原は「トウモロコシ畑」とみることができる。

### 伊藤博文の命令？
### 「高句麗の名前を消せ」

それならいつから高麗寺は高来神社に変わったのか。高来神社宮司の渡辺幸臣さんの説明だ。

「もともとここでは神仏を共に祭っていました。江戸時代までそうでした。しかし 時代は移り、明治時代に政府から神仏分離令が出されました。それで仏教寺は廃寺になり、神社に変わりました。(名前が変わったのは)当時、明治政府

"원래 여기는 신불(神佛, 일본신도와 불교)을 함께 모시고 있었습니다. 에도시대 때까지 쭉 그랬지요. 그런데 메이지(明治, 1868)시대에 접어들며, 정부로부터 신도와 불교를 분리하라는 명령이 내려왔습니다. 그래서 불교사찰은 폐사되고 신사로 바뀌었습니다. (이름이 바뀐 건)당시 메이지정부의 고관 몇 명이 오이소에 살았습니다. 그 사람들이 사찰이름으로 조선이름을 쓰는 건 좋지 않다고 해서, 메이지 30(1897)년에 '다카쿠高来'로 이름이 바뀌었다고 추정합니다. 규명할 길은 없지만, 조선이름이 싫다는 고관들의 지적에서 비롯된 것 같습니다."(2019년 1월 인터뷰)

일본서기와 속일본기에 약광이 일본에 상륙한 시점은 666년 10월. 오이소 고려사의 시작을 그 무렵으로 삼으면, 이름이 바뀌기까지 1200년 넘게 고려라는 이름을 유지했다는 이야기다.

이렇게 유서 깊은 이름을 누가 바꿨단 말인가?

전통을 중시하는 일본사회의 풍토를 거스를 수 있을 정도의 권력은 대체 누구란 말인가?

와타나베 궁사가 지목한 메이지정

の高官数人が大磯に住んでいました。彼らは社名に朝鮮の名を使うのはよくないと言い、明治30(1897)年に社名を「高来」に変えさせたと推定されます。究明することはできないが、朝鮮名が嫌いだった高官の指摘から始まったようです」(2019年1月のインタビュー)

日本書紀と続日本紀に若光が日本に上陸した時期は666年10月。その時を高麗寺の歴史の基点とすれば、1200年以上、高麗という名前が使われたことになる。

これだけ由緒ある名前を誰が変えたのか。

伝統を重視する日本社会の風土を逆らうほどの権力者は一体誰なのか。

渡辺宮司が言及した明治政府の高官を探すのはそう難しいことではなかった。大磯町のホームページ(www.town.oiso.kanagawa.jp/about.html)で、疑わしい人物を見つけた。

<明治20(1887)年には、大磯駅が開業しました。当初は平塚から国府津までの間に駅は必要ない、という計画でしたが、松本順(初代・陸軍軍医総監を務

부의 고관들을 찾아내는 건 그리 어려운 일이 아니었다. 오이소마을 홈페이지(www.town.oiso.kanagawa.jp/about.html)에서 의심 가는 인물을 찾았다. 거기 있는 내용을 옮겨본다.

"메이지 20(1887)년에 오이소역이 개업했습니다. 원래는 역이 필요 없다 했으나, 마쓰모토준(松本順, 초대 일본육군 군의총감)이 당시 초대 내각총리대신 이토 히로부미伊藤博文와 상담하여 오이소역이 탄생. 그 후 메이지 30(1897)년에는 이토 히로부미가 온난한 오이소의 기후가 마음에 들어 거처를 옮겼습니다."

이토 히로부미는 한국인에게 악명 높은 일본인이다. 우리에게는 일본제국주의의 선봉에 서서 1910년 한국을 병탄한 악당, 독립운동가 안중근安重根의사가 1909년 중국 하얼빈역에서 저격한 바로 그 인물이다.

1897년도.

1200년 넘게 이어온 고려사의 이름이 갑자기 고래사로 바뀐 해, 바로 같은 1897년도에 이토 히로부미가 오이소로 이사를 왔다. 이 사실만 갖고 이토가 고려사 이름을 바꿨다거나, "이름을 지우라" 명령했다고 단정할 수는 없다. 공교

めた)が当時の初代·内閣総理大臣·伊藤博文に相談し、大磯駅が誕生。その後、明治30(1897)年には、伊藤博文が温暖な大磯の気候が気に入り、居を移しました>

伊藤博文は韓国人にとって悪名高い日本人だ。日本帝国主義の先鋒に立ち、日本の朝鮮半島統治を規定した韓日併合条約(1910年)を進めたため、独立運動家の安重根が1909年に中国ハルビン駅で銃撃した人物だ。

1897年度。

1200年以上続いた高麗寺の社名が突然、高来神社に変わった年で、伊藤博文が大磯に引っ越してきた年でもある。この事実だけで伊藤が高麗寺の社名を変更させたとか、「社名を消せ」と命じたと断定することはできない。とはいえ、偶然ではないと考えるのが自然な推測だろう。

大磯には高官の住宅や別荘が多かった。1885年に海水浴場が開設してからは旅館もでき、避暑地として脚光を浴びた。首相の中では、伊藤博文、大隈重信、加藤高明、西園寺公望、寺内正毅、原敬、山縣有朋、吉田茂の８人が

로울 수도 있다. 그렇다고 이토의 일본에서의 막강권력을 생각하면 결코 우연은 아니라는 추론이 드는 건 자연스런 일일 것이다.

오이소에는 이토 말고도 고관대작들의 별장과 저택이 즐비했다. 1885년에 해수욕장이 개설되며 여관도 다수 들어섰고, 한여름 피서지로 각광받는 마을이 된 오이소. 이를 증명하듯 역대 일본총리 가운데 무려 8명이나 이곳에 저택을 두었다. 8명의 면면을 살펴보면, 이토 히로부미伊藤博文, 요시다 시게루吉田茂, 오쿠마 시게노부大隈重信, 가토 다카아키加藤高明, 사이온지 긴모치西園寺公望, 데라우치 마사타케寺内正毅, 하라 다카시原敬, 야마가타 아리토모山縣有朋다.

19세기말 일본의 공기는 한국을 정벌하자는 이른바 정한론征韓論이 득세하던 시절이다. 이토 히로부미가 아니더라도 그런 시대흐름상 고려사의 이름은 바뀌었을지 모른다. 컴컴한 과거사의 단면으로 치부할 수도 있을 것이다. 그렇다고 이름을 바꿨을지언정, 한 순간에 갑자기 고구려나 한반도와 무관한 곳으로 바뀌는 건 아니다. 와타나베 궁사는 고려사의 유래에 대해 한반도와는 관계없

大磯に邸宅を所有していた。

19 世紀末、日本では朝鮮を武力によって開国させようとする「征韓論」が起こっていた。伊藤博文がそうしなくても、時代の流れから高麗寺の社名は変わったかもしれない。暗い過去史の断面と見ることもできる。ただ、社名を変えたからといって、高句麗や朝鮮半島と関係のない神社になるわけではない。渡辺宮司は高麗寺の由来について、朝鮮半島と関係はないように説明する。

「建立がいつなのか、文書として残っていないので分かりません。推定では神武天皇(日本の初代天皇)の時代とされております。すると、歴史が2000年以上になりますね。(社名も山の名前も高麗なのに高句麗と関係はありませんか？)この山には昔から大磯の守護神(うじがみ)がいたとの伝説はあります。しかし、朝鮮半島と関連のある何かは……」と言葉を濁した。

しかし、こうした曖昧な日本人の反応とは裏腹に、高麗山の頂上には高麗という地名が高句麗人から起因したとする説明板がある。説明板は日本政府の環境省と神奈川県がつくったもの

다는 뉘앙스로 설명했다.

"창건이 언제인지는 문서로 남아있지 않으니, 알 수가 없습니다. 추정컨대 진무(神武, 제1대)천황의 치세라고 생각합니다. 그리 치면 역사가 2000년 이상 되었네요. ((신사이름도 뒷산 이름도 고려산인데, 고구려와 관계가 없다는 말인가요?)) 이 산에는 예로부터 오이소 고장의 수호신うじがみ이 살고 있다는 전설은 있습니다. 하지만 한반도와 연관된 뭔가는....."

끝내 말끝을 흐렸다.

그러나 이런 애매한 일본인의 반응과는 달리 고려산 정상에는 고려란 지명이 고구려 사람들로부터 기인된 것이란 입간판이 서 있다. 그것도 일본 환경성과 가나가와현이 세운 입간판으로, 거기에는 이런 설명이 붙어 있다.

"(고구려인들의 리더) 약광은 일족을 데리고 바다로 건너 오이소에 상륙, 이 산 기슭의 게와이자카化粧坂 근처에 살면서 이 땅에 대륙문화를 가져왔습니다. 고려 약광과 고구려 사람들이 살고 있었기 때문에, 이 땅이 '고려(고마)'라고 불리게 되었습니다."

で、次のように説明している。

「(高句麗人のリーダー)若光は一族をつれて海を渡り大磯に上陸、日本に帰化してこの山のふもとの化粧坂あたりに住み、この地に高度な文化をもたらしました。高麗若光と高句麗の人たちが住んでいたことから、この地が高麗(こま)と呼ばれるようになりました」

## 若光の一行1799人、埼玉に移住

再び7世紀に戻ろう。この時期に高句麗人がどういう事情で大磯まで来たのかは明確に確認されていない。ただ、記録では高句麗最後の王、宝蔵王の親せき(または息子)である若光が666年10月、使節として来日したことが日本書紀に残っている。彼の日本滞在中に高句麗は滅亡する。祖国の危険な状況を知らせるため、日本に来たが、二度と祖国に戻ることができなかった。彼は自分のように、日本に渡って来た祖国の人を集め、在日高句麗人のリーダーとなった。

大磯町は行き場のない高句麗人の定着地だった。定住しようとしたと推定

### 약광 일행 1799명, 사이타마로 이주

다시 7세기로 돌아가 보자. 이 시기 고구려인들이 무슨 시련을 겪었고 어떤 경로로 오이소까지 오게 됐는지는 명확히 규명되지 않는다. 다만 기록으로는 고구려 보장왕의 친척(혹은 아들)인 약광이 666년 10월 일본 야마토조정에 사신으로 왔다는 게 일본서기에 남아있다. 그가 일본에 머무는 사이에 고구려는 멸망했다. 조국의 위급한 상황을 알리기 위해 일본에 건너왔지만, 두 번 다시 조국으로 돌아가지 못했다. 대신 그는 본인처럼 일본으로 건너온 고국의 사람들을 규합하는 역할, 재일在日고구려인의 리더가 됐다.

오이소마을은 갈 곳 잃은 고구려인들의 정착촌이었다. 정주하려 했을 것으로 추정된다. 그 이유는 사찰을 건립했고, 인근 곳곳의 지명으로 남은 고구려의 흔적들이 너무나 선명하기 때문이다. 혹자는 오이소라는 지명의 유래에 대해, 여기에 먼저와 살던 신라 가야 도래인들이 경상도 사투리로 "어서 오이소"라고 인사하면서 붙여진 것이라 말한다. 그럴듯한 추론이다.

町の名前、大磯は「来た？」を意味される。その理由は、寺を建立したほか、周辺のいろいろな場所に地名として高句麗の痕跡が鮮明に残っているからだ。ある者は大磯の地名について、ここに先に来て居住していた新羅·伽倻の渡来人が慶尚道の方言で「オイソ(来て)」とあいさつしたことから由来したと言う。それらしい推論だ。

日本歴史書は若光一行の変遷ぶりも記録に残した。日本朝廷は若光に「王」の称号を与える。703年のことだ。この時から彼の名前は「高麗王若光」となる。それから13年後、若光は東国(現在の関東地方)各地に暮らしていた高句麗人を一カ所に集める。

＜霊亀2年(716年)に東国7か国に住む高麗人1799人を武蔵国に移住させて高麗郡を建郡した＞「続日本紀」

武蔵国は現在の東京と埼玉県のほとんど、神奈川県の一部を支配した日本の地方政権だ。若光一行は大磯を離れ、北方に向かった。大磯から100キロ離れた現在の埼玉県日高市一帯に移住したのだ。

일본역사서는 약광 일행의 변천사도 기록으로 남겼다. 일본 조정은 약광에게 '왕'의 칭호를 부여한다. 703년의 일이다. 이때부터 그의 이름은 '고려왕 약광 高麗王 若光'이 된다. 그로부터 13년 뒤, 약광은 동국(東國·현재의 관동지방)에 흩어져 살던 고구려 유민들을 한 군데로 모으는 역할을 맡는다.

"716년에 동국 7국에 흩어져있던 고구려 유민 1799명을 모아 무사시武藏국에 이주시키고 고려(高麗·고마)군을 건군했다."(속일본기)

する慶尚道の方言「オイソ(ＯＩＳＯ)」だ。取材中に会ったある研究者が「先に来た新羅人が『こっちにオイソ』と高句麗人にあいさつしたことから、付けられた地名のようだ」と話したことが記憶に残る。高麗寺(現·高来神社)がある山の名前は高麗山で、高来神社の現住所は高麗２番地(大磯町高麗２丁目)だ。大磯海辺に行けば、英語で「ＯＩＳＯ」と書いてある灯台を見ることができる。

다카쿠신사–뒷 산 이름이 고려산이다(가나가와현 나카군)

무사시국은 현재의 도쿄와 사이타마현의 대부분, 가나가와현 일부를 차지하고 있던 일본의 지방정권이다. 약광 일행은 오이소를 떠나 북방으로 향했다. 오이소에서 100km 떨어진 지금의 사이타마현 히다카日高시 일대에 다시 한번 재일고구려마을을 만들기 위해 장도에 올랐던 것이다.

마을이름 오이소는 "왔어?"의 경상도 버전인 오이소OISO다. 취재과정에서 만난 한 연구자가 먼저 온 신라인들이 "어서 오이소?"라고 고구려인들에게 인사하면서 지명이 붙여진 것 같다던 말이 기억에 남는다. 고려사(현 다카쿠신사)가 있는 산의 이름은 고려산, 다카쿠신사의 현주소는 고려2번지(오이소쵸 고마 2초메)다. 오이소 해변에 가면 영어로 OISO라고 선명하게 쓰여 있는 등대를 만날 수 있다.

고려2번지-다카쿠신사의 현 주소(오이소마치 고마2초메)

04

# 고구려인 향기로 가득한 사이타마현

# 高句麗人の面影があふれる埼玉県

## 장승이 환영해주는 일본 기차역

## 将軍標が迎えてくれる日本の駅

사이타마埼玉현은 도쿄와 맞닿아 있는, 도쿄 북방의 간토평야로 연결되는 수도권이다. 지명에는 '국경' 또는 '변경지'라는 뜻을 품고 있다.

도쿄에서 당일치기로 다녀올 수 있는 사이타마는 일본에서도 유독 고구려 도래인들의 발자취가 많이 남아 있다. 그 가운데서도 고구려인 향기가 진하게 풍기는 히다카日高시. 이 인구 5만7천 명의 작은 소도시는 언제나 손님으로 북적댄다. 사시사철 외래에서 찾아오는 발길이 끊이지 않는 인기스폿이다.

"왜?"

埼玉県は東京に接し、東京北方の関東平野につながる首都圏だ。地名には「国境」もしくは「辺境の地」という意味が込められている。

東京から日帰りできる埼玉は、日本でも特に高句麗からの渡来人の足跡が多く残る。なかでも高句麗人の面影が感じられるのは日高市。人口５万7000人の小都市は、常に人々でにぎわっている。年中訪問客が絶えない人気の地域だ。

「なぜだろう？」

「まさか高句麗の面影を探しに？」

"설마 고구려 자취를 찾으려고?"

맞다. 시는 고구려를 외래객 유치의 마케팅 수단으로 내걸었고, 그게 실제로 통하고 있다. 히다카에서 제일 인기 있는 고구려 흔적은 고려신사(高麗神社, 고마진자)다. 이곳 역사의 시작은 재일고구려인 후손들이 자신들의 리더 약광(若光, 잣코)을 추모하기 위해 세운 사당에서 유래한다. 1300년 넘는 역사를 자랑하는 살아있는 유적인 신사는 지금도 약광의 후손이 지키고 있다. 한국에선 찾을 수 없는 신기한 관광스폿, 일본인에게는 참배지이기도 한 이 신사를 취재타깃으로 삼는 건 주저할 이유가 없었다.

고려신사는 뚜벅이라도 찾아가기 어렵지 않다. 일본에서 제일 보편적 이동수단인 기차로 가려면, 반드시 들러야 하는 기차역이 있다. JR히가시닛폰 고려천역(高麗川驛, 고마가와역)이다. 개찰구를 빠져나오면 바로 오른편에 한국인이라면 낯익은 조형물과 마주하게 된다. 마을의 수호신 천하대장군과 지하여장군 장승이다.

나무로 만들어진 장승 사이에는 지도판을 붙여 놨다. 그 안을 들여다보면 가히 '이 동네는 고구려 마을이네'를 실감

その通り。市は高句麗を観光客誘致のマーケティングに活用している。日高で最も人気のある高句麗の痕跡は高麗(こま)神社だ。ここの歴史の始まりは、在日高句麗人の子孫たちがリーダーの若光を追悼するために建てた社に由来する。1300年以上の歴史を誇る生きた遺跡である神社は、今も若光の子孫が守っている。韓国では見つからない不思議な観光スポット、日本人には参拝の地でもあるこの神社を取材ターゲットにするのをためらう必要はなかった。

高麗神社は交通の便が悪い場所ではない。日本で最も一般的な移動手段の電車で向かうために必ず通る駅がある。ＪＲ東日本の高麗川駅だ。改札口を出るとすぐ右側に韓国人なら親しみ深い造形物、将軍標(チャンスン)が立っている。集落の守り神、天下大将軍と地下女将軍だ。

木でできた将軍標の間には地図がある。それを覗くと、まさに「ここは高句麗の町だなあ」と実感させられる。高麗神社しか知らない人は驚くに違いない。高麗郷土民家、高麗橋、高麗

케 한다. 고려신사만 알고 갔다면 틀림없이 놀랄 것이다. 고려향토민가, 고려교, 고려향, 고려고개... 학교, 마을회관, 아파트 이름에도 고려  글자가 붙어있다. 지도 아래 부분에는 기분이 좋아지는 한글 안내문까지 붙여놓았다.

"고대 조선반도(한반도)의 고구려와 역사적으로 깊은 관련이 있는 히다카시에서는 하이킹코스에서도 '장승'을 발견할 수 있습니다. 고구려에서 '장승'은 마을의 부적(수호신)으로 세워졌습니다. 관광객이나 시민여러분들이 무사히 지낼 수 있도록 언제든지 지켜줍니다."

### 민단, 장승 부서지자 더 튼튼한 걸 기증

이렇게 장승의 보호를 받는 기분으로 히다카 취재를 시작했다. 목적지인 고려신사로 가기에 앞서, 오사카에서처럼 도래인 흔적이 있는 다리에 들렀다. 히다카시를 가로지르는 강의 이름은 고려천(고마가와). 물길로 갈라진 땅을 이어주는 다리들에도 고려천교, 고강교高岡橋 등 고구려 이름이 새겨져 있다.

사람이 모여 사는 데는 예나 지금이나 어김없이 물이 있기 마련이다. 고려

郷、高麗峠……学校、町内会館、マンションの名前にも高麗という字がついている。地図の下部には読むと気分がよくなるハングルの案内文も貼ってある。

「古代朝鮮半島の高句麗と歴史的関わりが深い日高市では、ハイキングコースでも『チャンスン(将軍標)』を見つけることができます。高句麗で『チャンスン』は村の魔除けとして建てられていました。観光客や市民の方々が無事に過ごせるようにいつでも守ってくれています」

### 民団、将軍標が破損すると さらに丈夫なものを寄贈

こうして将軍標に守られている気分で日高取材紀行を始めた。目的地の高麗神社に行く前に、大阪の時と同じように渡来人の痕跡が残る橋に立ち寄った。日高市を横切る川の名前は高麗川(こまがわ)。水路で分かたれた土地をつなぐ橋にも高麗川橋、高岡橋など高句麗の名前が刻まれている。

人々が集まって住む場所には今も昔も水が流れているものだ。高麗川の周辺に朝鮮半島北方に住んでいた高麗人

천 주변으로 한반도 북방에서 살던 고구려인들이 모여 살았다는 상상을 해봤다. 그러나 직접 눈으로 보고도 믿겨지지 않았다. 서울에서 도쿄까지 직선거리로 1300km, 하늘을 나는 비행기는 금세 날아가는 거리다.

하지만 그 옛날 고구려 땅을 연상하면 완전히 사정이 달라진다. 한반도 중에서도 일본에서 제일 멀리 떨어진 곳이 아닌가. 고대인들은 험한 산을 넘고 넘어, 속이 시커멓고 거칠다고 해서 이름 붙은 현해탄을 건너 일본 땅에 상륙했다. 다시 내륙으로 수백 km를 걸어야지만 여기까지 다다를 수 있다. '이게 가능한 일인가' 싶었다. 하지만 역사적 사실이다. 전편에서 다룬 바와 같이 고구려인 정착기는 역사서에도 등장하고, 이를 증명하는 고구려 후손들이 일본 땅에 살고 있기 때문이다.

잔잔하게 흐르는 고려천의 물줄기를 바라보며 엉뚱한 상상을 하고서, 발길을 고려신사로 향했다. 가는 길은 아주 가깝다. 고려천역에서 1.5km이니까 걸어서 30분 정도면 갈 수 있다. 굽이굽이 좁다란 길 모양이 우리나라 시골길을 걷는 기분이었다.

が集まって暮らしていたと想像してみた。しかし、直接目で見ても信じられなかった。ソウルから東京まで直線距離で1300キロ、空を飛ぶ飛行機ならすぐに飛んで行く距離だ。

だが、かのいにしえの高句麗の地だとすれば完全に話は変わる。朝鮮半島の中でも日本から最も遠く離れた場所ではないか。古代人は険しい山を越え、荒波を渡り、そして波が黒く荒いことから名付けられた玄界灘を越えて日本に上陸した。それから内陸へ数百キロを歩きに歩いてここまでたどり着くことができた。「こんなことが可能だろうか」と思った。だが歴史的事実だ。前編で触れたように高句麗人の定着記は歴史書にも登場し、これを証明する高句麗の子孫たちが日本の地に住んでいるからだ。

静かに流れる高麗川を見ながら突拍子もない想像をした後、高麗神社に向かった。ごく短い道のりだ。高麗川駅から1.５キロだから、徒歩30分ほどで行ける距離だ。曲がりくねった細い道の雰囲気が、韓国の田舎道を歩いている気分だった。

고려신사 입구에 들어서자, 먼저 환영해주는 건 이번에도 장승이다. 성인 남자 키의 2배는 훌쩍 넘는 크기의 대형 석石 장승이다. 왼쪽에는 천하대장군, 오른쪽에는 지하여장군이 지키고 있다. 장승 뒤에 적힌 문구가 눈길을 사로잡았다.

"(민단이) 1992년 10월 25일, 기증한 바 있는 목木 장승이 자동차 사고로 도괴(倒壞, 넘어져서 부서짐)되어, 이번에 석 장승을 제작"

이 석 장승은 2005년 10월, 민단(재일본대한민국민단, 당시 중앙본부 단장 김재숙)이 한일국교정상화 40주년과 '한일우정의 해'를 기념하여 제작, 고려신사에 기증한 것이다. 현지에서 들은 이야기로는 이전에 민단이 기증한 목 장승이 부서진 건, 한국을 혐오하는 한 일본인이 고의적으로 자동차로 들이받아 일어난 일이라 한다. 넘어지면 오뚝이처럼 다시 일어서면 된다고 했던가. 재일동포들은 일본의 압박에 굴하지 않고, 한푼 두푼 모금한 돈으로 이젠 자동차로 들이받아도 부서질 수 없는 튼튼한 돌로 장승을 만들어, 다시 고려신사 앞에 세웠다.

高麗神社の入り口を入ると、最初に迎えてくれるのはまたしても将軍標。成人男子の身長の２倍をはるかに超える大型の石の将軍標だ。左を天下大将軍、右を地下女将軍が守っている。この像の裏に書かれた文句に目を奪われた。

「(民団が) 1992年10月25日に寄贈した木の将軍標が自動車事故で倒壊し、今回新たな石の将軍標を製作」

この石の将軍標は2005年10月に民団(在日本大韓民国民団、当時の中央本部団長、金宰淑)が韓日国交正常化40周年と「韓日友情年」を記念して製作し、高麗神社に寄贈したものだ。現地で聞いた話では、以前に民団が寄贈した高麗神社の木の将軍標が倒壊する前、韓国を嫌うある日本人がわざと自動車をぶつけたのだという。倒れても起き上がりこぼしのように再び立ち上がればよいというではないか。在日同胞は日本の圧力に屈さず募金を集め、今度は自動車がぶつかっても壊れなさそうな丈夫な石で将軍標を作り、再び高麗神社の前に設置した。

일본 속의 고구려-사이타마 고려신사

민단이 다시 세운 석장승(고려신사 경내 입구)

## 고구려왕족 60대손이 지키는 신사

그럼 고려신사는 어떻게 세워졌고, 어쩌다가 고구려 사람들이 여기까지 와서 살게 된 것일까? 신사 안에 서 있는 히다카시가 제작한 안내판은 그걸 압축적으로 설명하는 자료다.

"고려신사는 고구려국의 왕족 고려왕 약광을 기리는 신사다. 고구려 사람은 중국대륙의 송화강 유역에 살던 기마민족으로, 한반도에 진출해 중국대륙 동북부부터 한반도 북부를 영유하여 약 700년을 군림했다. 그 후 당나라와 신라 연합군의 공격을 받고 668년에 멸망했다. 이때의 난亂을 피해 나온 고구려국 귀족이나 승려 등이 다수 일본으로 건너왔고, 주로 동국(東國, 현재의 간토지방)에 살았다. 그러다가 716년 그 중 1799명이 무사시국(현재의 히다카시, 고려신사 주변)으로 이주, 새롭게 고려군(高麗郡, 고마군)을 설치했다.

고려왕 약광은 고려군 군사(郡司, 오늘날의 군수)에 임명되어 무사시노 개발에 진력, 다시는 고국 땅을 밟지 못하고 이 땅에서 타계했다. 군민들은 그 유덕遺德을 추모하고 영혼을 기리며 고려명신高麗

## 高句麗王族の60代子孫が守る神社

それでは高麗神社はどのように建てられ、どうして高句麗人がここまで来て住むようになったのだろうか？神社の中にある日高市が作った案内板は、それを端的に説明する資料だ。

「高麗神社は、高句麗国の王族高麗王若光を祭る社である。高句麗人は中国大陸の松花江流域に住んだ騎馬民族で、朝鮮半島に進出して中国大陸東北部から朝鮮半島の北部を領有し、約700年君臨していた。その後、唐と新羅の連合軍の攻撃にあい668年に滅亡した。この時の乱を逃れた高句麗国の貴族や僧侶などが多数日本に渡り、主に東国に住んだが霊亀２年(716)そのうちの1799人が武蔵国にうつされ、新しく高麗郡が設置された。

高麗王若光は、高麗郡の郡司に任命され、武蔵野の開発に尽くし、再び故国の土を踏むことなくこの地で没した。群民はその遺徳をしのび、霊を祭って高麗明神とあがめ、以来現在に至るまで高麗王若光の子孫によって社が護られており、今でも多数の参拝客が

明神으로 숭상, 그때부터 현재에 이르기까지 고려왕 약광의 자손이 신사를 지키고 있고, 지금도 많은 참배객들이 찾고 있다."

고려신사는 2017년 9월 일약 화제의 대상이 된 바 있다. 아키히토明仁 천황이 개인 차원에서 여기를 전격적으로 방문한 것이다. 아키히토 천황은 1990년 방일한 노태우 대통령에게 "나의 모계에 한국계 인물이 있는 것 같다"고 속삭였다는 이야기가 전해 내려온다. 뿐만 아니라 천황은 2001년 12월 본인의 생일 기자회견에서 "간무桓武 천황의 생모가 백제 무령왕의 자손이라 한국과 인연을 느끼고 있다"고 밝힌 바 있다.

공개석상에서 '내 몸에는 한국인의 피가 흐르고 있다'고 밝힌 천황이 6년 만에 한국 관련 공개행보를 한 곳이 바로 고려신사다. 그런데 왜 백제가 아닌 고구려인의 숨결이 녹아있는 터전을 찾았는가. 한국의 사서인 '삼국사기'에도 나오지만, 고구려와 백제의 왕실은 고대 부족국가 '부여'라는 같은 뿌리를 갖고 있다. 따라서 아키히토 천황의 고려신사 방문은 천황가의 직계라는 백제 뿐 아니라, 넓은 의미에서는 고구려를 그 뿌리

訪れている」

高麗神社は2017年9月、一躍話題になったことがある。明仁天皇が個人としてここを電撃訪問したのだ。明仁天皇は1990年に訪日した盧泰愚大統領に「私の母系に韓国系の人物がいるようだ」と耳打ちしたという話が伝えられてきた。それだけでなく、天皇は2001年12月に自らの誕生日の記者会見で「桓武天皇の生母が百済の武寧王の子孫であると、続日本紀に記されていることに、韓国とのゆかりを感じています」と明らかにした。

公の場で「私の体には韓国人の血が流れている」と明らかにした天皇が6年後に韓国関連の場所を訪れたのがまさに高麗神社だ。ところで、なぜ百済ではなく高句麗人にゆかりのある場所を訪れたのか。韓国の史書「三国史記」にも出てくるが、高句麗と百済の王室は古代部族国家「扶余」に同じルーツを持っている。したがって明仁天皇の高麗神社訪問は天皇家の直系という百済だけでなく、広い意味では高句麗もそのルーツの延長線上と判断した動きと解釈できる。

의 연장선으로 판단해 움직인 일로 해석할 수 있다.

고려신사는 1300년 역사의 일본 내 코리안타운, 재일在日 고구려촌의 거점이다. 놀랍게도 지금도 선조의 성인 고려씨를 갖고 살아가는 사람들이 있다. 고려신사의 대표이자 책임자인 고마 후미야쓰高麗文康 궁사 역시 고려씨다. 약광의 60대 후손임을 자부하는 그는 해박한 역사지식의 소유자였다. 서글서글한 인상에 이야기를 잘하는 달변가였다. 고구려인의 후손이라서인가. 처음 만났는데도 예전부터 알던 사이 마냥 자연스럽게 대화를 이어갔다. 고마 궁사와의 인터뷰는 2019년 1월, 신사 안 고려씨의 전통가옥이자 일본의 지정문화재인 고마가高麗家 옆에서 가졌다.

高麗神社は1300年の歴史を持つ日本のコリアンタウン、在日高句麗集落の拠点だ。驚くべきことに、現在も先祖の姓である高麗氏を名乗って暮らしている人々がいる。高麗神社の高麗文康(こま·ふみやす)宮司の姓も高麗だ。若光の60代目の子孫であると自負する彼は該博な歴史知識の持ち主で、優しそうな印象の雄弁な口達者だった。高句麗人の子孫だからだろうか、初対面にもかかわらず以前から知り合いだったように自然に対話が続いた。高麗宮司とのインタビューは2019年1月、神社の境内にある日本の重要文化財に指定された古民家、高麗家住宅のそばで行った。

[인터뷰]

## 고마 후미야쓰 고려신사 궁사

**Q** 고려신사(高麗神社, 고마진자)는 어떤 의미를 갖는 신사입니까?

**A** 고려신사에서 모시고 있는 분은 7세기 고구려 도래인 약광(若光, 잣코)입니다. 고구려 왕족으로 666년에 사절使節로 일본에 왔고, 머무는 동안 고구려가 멸망(668년)했습니다. 이후 야마토정권의 귀족이 되었고, 최종적으로는 이 땅(히다카시 일대)에 자리를 잡았습니다. 고마군高麗郡이 세워질 때는 초대 군수를 맡아 고구려마을을 개척하는 지도자가 되었습니다. 그분이 타계하자 후손들이 영혼을 모시는 사당을 지었고, 그게 고려신사의 시작입니다.

**Q** 한반도 북방에서 여기까지 왔다는 게 가능한 일인가 싶기도 합니다.

**A** 당시 고구려는 존망의 위기에 처해있었습니다. 오랜 기간 동맹이던 백제도 멸망한 상태였죠. 홀로 신라, 당나라와 대립하고 있었기

[インタビュー]

## 高麗文康・高麗神社宮司

**Q** 高麗神社はどのような意味を持つ神社ですか？

**A** 高麗神社で祭っている方は7世紀の高句麗からの渡来人、若光です。高句麗王族で、666年に使節として来日し、滞在中に高句麗が滅亡(668年)しました。その後、大和政権の貴族になり、最終的にこの地(日高市一帯)に定着しました。高麗郡が設けられた時は初代郡司を務め、高句麗集落を開拓する指導者になりました。他界後は子孫が霊魂を祭る社を建て、それが高麗神社の始まりです。

**Q** 朝鮮半島の北からここまで来たというのは可能だろうかとも思います。

**A** 当時、高句麗は存亡の危機に瀕していました。長い間同盟だった百済も滅亡した状態でした。単独で新羅、唐と対立していたため、国が生き残るためには何でもしなければならない緊急事態でした。海

에 나라가 살아남으려면 뭐라도 해야 하는 위급한 상황이었습니다. 바다 건너 일본으로 오는 건, 하나의 선택지였을 겁니다.

**Q** 약광은 어떤 인물입니까?

**A** 고구려는 666년에 일본에 두 차례 사절단을 파견했는데, 약광은 그해 10월 2번째 사절단의 일원으로 일본에 왔습니다. 일본서기에는 사절 가운데 현무약광(玄武若光, 겐부잣코)이란 이름이 기록돼 있습니다. 우리는 그분을 지금 고려신사에서 모시고 있는 약광과 동일인물로 보고 있습니다. 고구려 왕족으로 사절단 가운데는 넘버3였습니다. 그땐 백제도 황태자가 일본에 들어와 있었죠. 위기에 처한 나라를 위해 일본의 구원군을 끌어내려고 오지 않았을까요.

**Q** 약광은 일본에서 어떤 역할을 했습니까?

**A** 고구려가 멸망하면서 많은 사람들이 일본으로 건너왔습니다. 특히 관동지방(무사시국)으로 많이 들어왔고, 최종 집결지가 여기 고려군(고마군)입니다. 716년 고려군

を渡って日本に来たのは一つの選択肢だったのでしょう。

**Q** 若光はどんな人物ですか？

**A** 高句麗は666年に日本に２回使節団を派遣しましたが、若光はその年10月に２回目の使節団の一員として日本に来ました。日本書紀には使節の中に玄武若光という名前が記録されています。私たちはその方を現在高麗神社で祭っている若光と同一人物とみています。高句麗の王族で、使節団の中ではナンバー３でした。その時百済も皇太子が日本に来ていました。危機に瀕した国を救うため、日本から救援軍を連れていこうとして来たのではないでしょうか。

**Q** 若光は日本でどのような役割をしたのですか？

**A** 高句麗が滅亡し、多くの人々が日本に渡ってきました。特に関東地方(武蔵国)に多くやって来て、最後に集った場所が高麗郡でした。716年、高麗郡ができた時に集まった高麗人は1799人、この時の郡司が若光です。すでに高齢だ

이 생길 때 모인 고구려인은 1799명, 이때의 군수가 약광입니다. 이미 고령이었을 테지만, 약광은 리더로서 고구려의 자손들을 이끌고 불모의 땅을 개척하였습니다.

**Q** 망국으로 바다를 건넜다면 보트 피플이라 볼 수 있지 않나요?

**A** 약광은 외교사절로 왔으니까 보트 피플이라 볼 수는 없습니다만. 말씀한 패턴이 상당히 많았을 겁니다. 고구려 멸망을 전후해 많은 사람들이 목숨 걸고 바다를 건넜을 테니까요.

**Q** 2017년 9월 아키히토 천황이 이곳을 방문했습니다. 그때의 풍경이 궁금합니다.

**A** 지금의 천황폐하는 고대 일본을 창건하는 데 공헌한 도래인들의 족적에 대해 지대한 관심을 가진 분입니다. 고려신사를 방문하기 전에 스스로 공부를 하고 오셨다고 들었습니다. 일본고대사, 동아시아 관계사를 연구하는 전문가들에게 여기를 포함해 일본에 온 도래인의 족적에 대해 공부를 했다고 합니다. 여기 오셔서도 저에게

ったと思われますが、若光はリーダーとして高句麗の子孫を率い、不毛の地を開拓しました。

**Q** 国が滅びて海を渡ったとすれば、ボートピープルとみることもできるのでは？

**A** 若光は外交使節としてやって来たのでボートピープルとはいえませんが、おっしゃるようなパターンが相当多かったことでしょう。高句麗の滅亡と前後して多くの人々が命をかけて海を渡ったでしょうからね。

**Q** 2017年９月に明仁天皇がここを訪れました。その時の様子が気になります。

**A** 今の天皇陛下は、古代日本を創建するのに貢献した渡来人たちの足跡について大きな関心を持った方です。高麗神社を訪問する前に自ら勉強してこられたと聞きました。日本古代史、東アジア関係史を研究する専門家に、ここを含めて日本に来た渡来人の足跡について習ったそうです。ここに来られた時も私にたくさ

많은 질문을 했습니다.

**Q** 구체적으로 어떤 것에 관심을 보였는지요?

**A** 고려신사 자료들을 매우 자세하게 열심히 보셨습니다. 예를 들면 우리집안에는 무사시국의 고려씨계(무사시노쿠니노 고마씨계)라는 족보가 내려옵니다. 그걸 보여주면 대개의 사람들의 반응은 그저 이해했다며 고개를 끄덕입니다. 그런데 천황께선 "여기에 이런 게 쓰여 있군요", "정말로 쓰여 있어요"라며 확인해가는 모습이었습니다. 마치 연구자 같다고 할까요. 고려군이 탄생할 때 고구려인들은 무슨 일을 했는가... 이런 류의 도래인에 대한 질문이 전부였던 것으로 기억합니다. 천황께선 여기에 오셔서 일본이 국가왕조를 만들 때 한반도에서 온 도래인들이 '어떤 역할을 했는가', '어떤 힘을 발휘했는가'를 직접 확인하고 싶어하지 않았을까요.

**Q** 신사에 참배객이 많아서 놀랐습니다. 이렇게 많이 찾는 이유가 있나요?

ん質問されました。

**Q** 具体的にどのようなことに関心を示しましたか？

**A** 高麗神社の資料は非常に詳しく、熱心にご覧になりました。例えば、私の家には武蔵国の高麗氏系という家系図が伝えられています。それをお見せすると、大概の人の反応はただ分かったとうなずくだけです。でも、天皇陛下は「ここにこのようなことが書かれていますね」「本当に書かれています」と確認されていました。まるで研究者のようだとでもいいましょうか。高麗郡が誕生する時に高麗人たちはどんなことをしたのか……全てこういった渡来人についての質問だったと記憶しています。天皇陛下はここに来て日本が王朝を作る時に朝鮮半島から来た「渡来人たちがどのような役割を担ったのか」、「どのような力を発揮したのか」を直接確認したかったのではないでしょうか。

**Q** 神社に参拝客が多くて驚きました。このように多くの人が訪れる

A 어느 날부터인가, 여기에 '출세의 신神'이 있다고 했어요. 실제로 근대화(메이지유신) 이후 참배한 분들 중에 총리대신, 대법원장 등 출세한 분들이 다수 나왔습니다. 실제로 그런 사례들이 나와서인지 몰라도 많이들 오십니다. (그때 필자를 쳐다보더니) 오늘 참배하고 출세해보는 게 어떻겠습니까? (하하)

理由は何でしょうか？

A いつからか、ここには「出世の神」がいるといわれています。実際に近代化(明治維新)後に参拝した方のうち総理大臣、最高裁長官など出世した方が多数出ました。実際にそんな事例があるからかは分かりませんが、たくさんの方がいらっしゃいます。(ここで筆者を見つめて)今日参拝して出世してみてはいかがですか？(笑)

고려신사 현판-고구려 문구가 선명하다

[정보]

## 고려왕 약광 워크와 고려1300

재일고구려 선조들이 걸어온 길을 답사하는 프로그램이 있다. '고려왕-약광 워크Walk'다. 고구려 후손들과 지역 일본인, 재일동포들이 함께 펼치는 화합의 프로그램이다.

약광 워크가 탄생한 건, 2016년 고려군 창군 1300년 기념기획으로 시작됐다. 고구려 후손들의 초기 정착지인 가나가와현 오이소마을 고래(高來, 다카쿠) 신사에서 고구려인들이 마지막으로 정착한 고려군의 거점인 고려(高麗, 고마)신사까지 약 100km를 걸어보자는 것. 하루에 25km씩 4일 동안 걷는 강행군이다. 하지만 워커들은 지나는 길목마다 도래인과 한일관계 유적들을 답사하며, 온몸으로 역사를 배우는 기회를 만끽한다. 바쁜 사람은 하루만 참가할 수도 있다.

해마다 재밌는 세리모니가 펼쳐진다. 첫해에는 행사 사무국 멤버들이 고구려 고분벽화에 그려진 옛 선조복장을 하고 선, 100km를 완파한 워커들을 위해 유쾌한 환영식을 열어줬다. 직후 그들에게 대접한 식사는 재일고구려풍 특식, 일

[情報]

## 高麗王・和光ウオークと高麗1300

在日高句麗人の先祖が歩んできた道をたどるプログラムがある。「高麗王·若光ウオーク」だ。高句麗の子孫たちと地域の日本人、在日同胞たちが共に繰り広げる和合のプログラムだ。

若光ウオークが誕生したのは2016年、高麗郡創郡1300年の記念企画として始まった。高句麗の子孫たちが最初に定着した神奈川県中郡大磯町の高来神社から、高麗人が最後に定着した高麗郡の拠点である高麗神社まで約100キロを歩くものだ。1日に25キロずつ、4日間歩く強行軍だが、ウオーカーたちは通る道ごとに渡来人と韓日関係の遺跡を巡り、全身で歴史を学ぶ機会を満喫する。忙しい人は1日だけ参加することもできる。

毎年面白いセレモニーが催される。初年度にはイベント事務局のメンバーたちが高句麗古墳壁画に描かれた昔の先祖の衣装を着て、100キロを踏破したウオーカーのために楽しい歓迎式も行った。その直後に彼らにふるまった

명 '고려전골(高麗鍋, 고마나베)'이었다. 김치와 고려인삼, 히다카(日高)시의 특산야채를 함께 끓인 국물요리로, 한국과 일본의 콜라보레이션 메뉴다. 음식을 맛본 사람들은 1300년을 이어온 재일고구려 마을의 전통을 느꼈다고 즐거워했다.

2016년의 워크이벤트 풍경을 민단의 기관지 민단신문(5.11일자)은 이렇게 전했다.

"조상이 걸었던 길을 왁자지껄 즐겁게 다닐 수 있어 기뻤습니다."(재일동포 이성임 씨, 53세)

"1300년 역사의 한 페이지가 됐습니다."(고마이 마사하루 駒井正治 히다카시관광협회 회장)

첫 해 82명이던 약광 워크 참가자는 해마다 늘어나, 이제는 200명이 참가하는 정례 이벤트가 됐다. 2018년 '도래渡來에서 미래로'란 테마로 개최한 약광 워크는 올해도  열린다. 재일고구려 1300년의 낭만Roman을 음미하고 싶다면, 고려1300 사무국으로 신청하면 된다.

[사무국 홈페이지&전화  http://komagun.jp& +081-42-978-7432]

食事は在日高句麗風特別料理、その名も「高麗鍋(こまなべ)」だった。キムチと高麗人参、日高市特産の野菜を一緒に煮込んだ鍋料理で、韓国と日本のコラボレーションメニューだ。食事を味わった人々は、1300年続いてきた在日高句麗集落の伝統を感じたと喜んだ。

2016年のウオークイベントの風景を民団の機関紙、民団新聞(5月11日付)はこのように伝えた。

「先祖が歩いた道を、みんなでわいわい楽しく歩くことができた」(在日同胞の李性任さん、53歳)

「1300年の歴史の1ページになった」(駒井正治・日高市観光協会会長)

初年度は82人だった若光ウオークの参加者は年を追うごとに増え、今では200人が参加する定例イベントになった。2018年「渡来から未来へ」をテーマに開催された若光ウオークは今年も開かれる。在日高句麗1300年のロマンを味わいたいなら、高麗1300事務局に申し込めばよい。

[事務局ホームページ&電話http://komagun.jp&042-978-7432]

05

## 나가노현 선광사 스님들은 경상도 사람?

## 長野善光寺の僧侶たちは慶尚道出身？

### 도깨비가 사는 고장으로

### お化けが住む地方へ

'이웃집 토토로(1988년)', '원령공주(1997년, 모노노케히메)', '센과 치히로의 행방불명(2001년)'...

「となりのトトロ」(1988年)、「もののけ姫」(1997年)、「千と千尋の神隠し」(2001年)……。

우리나라에도 마니아층이 탄탄한 지브리스튜디오의 애니메이션이다. 화면 속에서 펼쳐지는 놀라운 이야기에 빠져들다 보면, 어느새 엔딩자막이 올라가고 있다. 사람의 마음을 훔치는 이들 애니메이션의 공통점은?

韓国にもマニアの多いスタジオジブリのアニメーションだ。画面の中で繰り広げられる驚くべき物語に夢中になっていると、いつの間にかエンドロールが流れている。心を奪われるこれらのアニメーションの共通点は？

자연만물이 모두가 신神이 될 수 있다는 일본인의 독특한 세계관을 엿볼 수 있다. 나무에도 정령이 있고, 발길에 차이는 돌멩이도 신일지 모른다는... 애니

万物に神が宿っているという日本人の独特な世界観をかいま見ることができる。木にも精霊が宿り、足で踏まれる石ころも神かもしれないという……

메이션에서 숲속에 사는 신비로운 동물로 보이는 '토토로'도 알고 보면 숲의 정령이다.

アニメーションで森の中に住む不思議な動物として描かれる「トトロ」も、実は森の精霊だ。

일본에 있는 신을 모두 합하면 800만 개라니, 일본이란 나라는 샤머니즘, 애니미즘, 토테미즘이 짬뽕된 자연종교의 천국이다. 이런 일본에서도 가장 영성이 강한 고장이 나가노長野현이다. 그런 믿음을 증명하듯, 나가노에는 유서 깊은 절과 신사가 사방에 널려 있다.

日本には八百万(やおよろず)の神がいるというから、日本という国はシャーマニズム、アニミズム、トーテミズムがごちゃ混ぜになった自然宗教の天国だ。こんな日本で最も霊性が強い地方が長野県だ。そんな確信を証明するように、長野には由緒ある寺や神社があちこちに点在している。

그건 나가노의 옛 지명인 신주(信州, 신슈) 속에도 녹아 있다. 신주의 뜻은 '신앙의 고장'이란 의미다. '신주'란 지명의 유래는 일본 토착신을 숭배하는 신사 수와대사(諏訪大社, 스와타이샤)가 있기 때문이란 설이 유력하다. 나가노 스와호 주변에 4개의 신사를 갖고 있는 이 신사는 일본전국의 스와신사 2만5000개의 총본사다. 제신으로 모시는 건 '타케미나카타建御名方'라는 일본신화에 등장하는 기원전 토착신이다. 나가노에서는 메밀국수부터 은행, 가게이름까지 신주가 붙은 걸 흔하게 보는데, 그 의미를 알고 나가노를 보면 '여긴 도깨비의 고장이 아닌가'란 생각이 들 것이다.

それは長野の昔の地名である「信州」の中にも溶け込んでいる。信州とは「信仰の地方」という意味だ。信州という地名の由来は日本の土着神を祭る神社、諏訪大社(すわたいしゃ)があるからだという説が有力だ。長野の諏訪湖周辺に四つの神社を持つこの神社は、日本全国の諏訪神社2万5000社の総本社だ。祭神として祭るのは「建御名方(たけみなかた)」という日本の神話に登場する紀元前の土着神だ。長野では蕎麦から銀行、店まで名前に信州とつくのが一般的だが、その意味を知って長野を見れば「ここはお化けの地方ではないか」と思うほどだ。

이번 왔소 취재의 마지막 목적지가 나가노현이었다. 그건 아주 우연한 계기에서다. 일본 3대 불교 사찰로 꼽히는 선광사(善光寺, 젠코지)에 신라계 스님들이 많다는 제보를 받아서다. 선광사는 백제 성왕이 일본왕실에 주었다는 일본에서 제일 오래된 불상이 있는 곳으로 유명하다. 백제 연관설로 가득 차 있는 이 절을 어찌하여 신라 후손들이 스님으로서 지키고 있단 말인가. 그 이야기만으로도 취재자의 호기심을 발동시키기에는 충분했다. 일본열도 4개의 섬 가운데 제일 큰 섬인 혼슈, 그 중앙부에 터를 잡고 있는 '도깨비의 나라' 나가노행 신칸선에 올랐다.

### 선광은 백제 의자왕의 아들

왔소 스토리 제1, 2장을 읽은 독자라면 알아차렸을 것이다. 절의 이름인 선광(善光, 젠코)이 사람이름이란 사실을 말이다. 선광은 백제 마지막 임금인 의자왕의 아들 부여용夫餘勇이다. 선광은 어릴 적에 형인 부여풍夫餘豊, 豊王과 함께 일본에서 생활한 것으로 전해진다. 663년 9월 백촌강(금강 유역)전투 때는 백제부흥

今回のワッソの取材で最後の目的地が長野県だった。それは全く偶然のきっかけだった。日本の三大仏教寺院に数えられる善光寺に新羅系の僧侶が多いという情報を聞いたからだ。善光寺は百済の聖王(聖明王)が日本の皇室に献呈したとされる、日本で最も古い仏像がある場所として知られている。百済との関係が濃いここに、どうして新羅の子孫の僧侶がいるというのか。その話だけでも取材者の好奇心をくすぐるには十分だった。本州の中央部に位置する「お化けの国」長野行きの新幹線に乗った。

### 善光は百済義慈王の息子

ワッソの物語の1、2章を読んだ読者なら、寺の名前の善光が人名だという事実にお気づきだろう。善光は百済王朝の最後の王、義慈王の息子の扶余勇だ。善光は幼い頃に兄の扶余豊璋 (韓国では豊王)とともに日本で暮らしたと伝えられている。663年9月、白村江(韓国南西部·錦江流域)の戦いの時には百済復興軍、日本支援軍と唐·新羅連合軍との戦

군과 일본지원군이 나당연합군에 맞서 싸울 때 참전했다. 하지만 백제부흥군은 패전, 이때 풍은 고구려로 망명하고 용은 일본으로 몸을 피했다고 한다.

멸망한 백제왕조 후예들의 말로는 비참했다. 죽거나, 인질이 되거나, 숨어 지내거나... 살아남은 이 가운데 가장 빛난 백제의 후예는 부여용, 선광이다. 일본에서 선광은 재일백제인사회의 원조 리더였다. 664년 일본왕실은 그에게 '백제왕'이란 성씨와 함께, 지금의 오사카 텐노지구인 나니와의 토지를 부여했다. 백제인들이 오사카를 거점으로 삼은 흔적은 사이쿠다니細工谷유적, 백제니사, 백제사, 백제왕신사 등에서 확인할 수 있다.

그런데 어찌하여 선광의 이름이 나가노현에 절로서 생겨난 것일까?

선광사는 홈페이지에서 "안타깝게도 초창기를 설명해주는 사료는 남아있지 않다"며 "헤이안후기, 12세기 후반 편집된 '이로하자류초伊呂波字類抄'는 8세기 중엽에 선광사 본존이 일본에서 제일 오래된 영불靈佛로서 중앙에도 알려졌다는 기사를 전하고 있다"고 밝혔다.

여기서 말하는 본존은 서기 552년 백제 제26대 성왕(聖王, 일본에서는 聖明王

いに参戦したが、百済復興軍は敗戦。豊璋は高句麗に亡命し、弟の勇は日本に逃れたという。

滅亡した百済王朝の後裔たちの末路は悲惨だった。死ぬか、人質になるか、隠れて暮らすか……。生き残った者のうち最も活躍した百済の後裔が扶余勇、善光だ。日本で善光は在日百済人社会のリーダーだった。664年に日本の皇室は彼に「百済王」という姓とともに、現在の大阪市天王寺区である難波の土地を与えた。百済人たちが大阪を拠点にした痕跡は細工谷遺跡、百済尼寺、百済寺、百済王神社などで確認できる。ところで、どうして善光の名前が長野県の寺の名前になったのだろうか？

善光寺はホームページで「草創期を語る史料は残念ながら善光寺には残っていません。……平安後期・12世紀後半に編集された『伊呂波字類抄』は、8世紀中頃に善光寺の御本尊が日本最古の霊仏として中央にも知られていたことを示す記事を伝えています」と明らかにした。

ここでいう本尊は、西暦552年に百

이라 부른다)이 흠명(欽明, 조메이)천황에게 보내준 '백제 일광삼존 아미타여래一光三尊阿弥陀如来様' 불상을 일컫는다. 일본에서 제일 오래된 불상이자, 일본의 국보다.

선광사의 전설을 옮기면 대략 이런 스토리가 구성된다. 백제성왕이 일본 왕실에 보낸 불상을 신라계 도래인의 대표격인 모노노베物部씨가 나니와(지금의 오사카)의 호리에강難波の堀江에 내다버렸다. 모노노베씨는 불교를 없애자는 폐불파였고, 소가蘇我씨로 대표되는 백제계 도래인들은 숭불파였다.

済第26代王の聖明王が欽明天皇に贈った「百済一光三尊阿弥陀如来」像を指す。日本最古の仏像で、日本の国宝だ。

善光寺の伝説をひもとくと、おおよそこのようなストーリーが構成される。百済の聖王が日本に贈った仏像を新羅系渡来人の代表格である物部氏が難波(現在の大阪)の堀江に投げ捨てた。物部氏は仏教をなくそうとする廃仏派で、蘇我氏に代表される百済系渡来人たちは崇仏派だった。

それから50年後、信濃(現在の長野県)

일본인들이 소에게 끌려서라도 가야 한다고 믿는 선광사 본당(나가노현)

그로부터 50년 후, 시나노(信濃, 지금의 나가노현) 출신의 본전선광(本田善光, 혼다 젠코)이라는 사람이 오사카를 지나던 중, 강에서 눈부신 빛이 비치더니 부처님이 그의 등에 올라타면서 이런 말을 했다고 한다.

"성왕이 환생한 선광아, 나를 데려가서 이 나라 중생들을 구제하라."

이 말을 들은 본전(혼다)이 불상을 갖고 나가노로 돌아왔고, 그때 세운 절이 바로 선광사(젠코지)란 것이다.

出身の本田善光という人物が大阪を通りがかったところ、川からまばゆい光が放たれ、仏様が彼の背中に乗りながらこのように言ったとされる。

「聖王の生まれ変わりである善光よ、私を連れて行ってこの国の衆生を救いなさい」

この言葉を聞いた本田が仏像を持って長野に戻り、その時建てた寺こそが善光寺だというものだ。

한국식 치마저고리 좌법을 하고 있는 선광사 창건자의 부인상(오른쪽, 나가노현 선광사)

## 소에 끌려서라도 선광사는 참배하라

시간이 흐르고 흘러, 요즘 일본에서는 일본불교가 백제에서 도래한 것이란 이야기는 듣기가 어려워졌다. 그런데 오직 선광사만은 예외다. 사찰 본당 안쪽에 있는 '어삼경간'御三卿間이란 공간에는 3명의 조각상에 대해서도 재밌는 에피소드가 있다. 가운데 인물은 절을 세운 본전선광(本田善光, 혼다 젠코), 오른쪽은 그의 부인인 미생어전(彌生御前, 야요이 고젠), 왼쪽은 장남인 선좌(善佐, 요시스케). 선광사가 2008년에 간행한 '바로 아는 선광사 참배よくわかる善光寺参り'는 부인이 앉아있는 자세를 가리키며 이런 설명을 덧붙였다.

"야요이 고젠님께서 오른쪽 무릎을 세우고 앉아계신 것이 주목됩니다. 이것은 조선반도의 치마저고리チマチヨゴリ를 입은 귀부인의 정식 좌법座法입니다."

선광사는 일부러 부인이 도래인임을 어필한 것이 아닌가 싶다. 한국문화의 전래에 대해 애매한 태도로 일관하는 일본정서를 감안하면 아주 특이한 현상이다. 일본속담에는 "소에게 끌려서라도

## 牛に引かれて善光寺参り

時が流れ、近ごろ日本では仏教が百済から渡来したという話を聞くことが少なくなった。だが、善光寺だけは例外だ。本堂の奥の「御三卿の間」に安置された３人の像にも興味深いエピソードがある。真ん中の人物は寺を建立した本田善光、右側は夫人の弥生御前(やよいごぜん)、左側は息子の善佐(よしすけ)だ。善光寺が2008年に刊行した「よくわかる善光寺参り」は、夫人が座っている姿勢を指してこのように説明した。

「弥生御前様が右ひざを立てて座っておられるところが注目されます。これは朝鮮半島のチマチョゴリを着た貴婦人の正式な座法です」

善光寺はわざと夫人が渡来人であることをアピールしたのではないかと思う。韓国文化の伝来に対してあいまいな態度を取る日本の情緒を考えると非常に特異な現象だ。日本のことわざに「牛に引かれて善光寺参り」という言葉がある。これは獣である牛でも仏

선광사는 참배하라牛に引かれて善光寺参り”는 말이 있다. 이는 짐승인 소조차도 부처님의 자비가 깊고 높음을 아는데, 하물며 만물의 영장인 인간이 그걸 몰라서야 되겠느냐는 의미다. 그래서일까. 일본인들에게 선광사는 죽기 전에 꼭 가봐야 하는 절로 인식되고 있다.

の慈悲が深く尊いことを知っているのに、ましてや万物の長である人間がそれを知らなくてどうするのかという意味だ。だからだろうか。日本人にとって善光寺は死ぬ前に必ず訪れるべき寺と認識されている。

### “나는 경상도 사람”이란 스님들

이제부터는 현장에서 취재한 이야기를 해보고자 한다. 앞서 기술한 대로 사전조사는 했으나, 막상 선광사에서 신라 도래인의 후손을 자처하는 스님을 만날 수는 없었다. 그가 산다는 집을 수소문해서 초인종을 울리기를 수차례, 몇 시간 지나서 다시 찾았으나 역시 부재중이었다. 끝내 만나지 못하고 돌아와야 했다.

그렇다고 전혀 성과가 없었던 건 아니다. 선광사에서 구한 자료를 살펴보니, 절의 스님은 총 38명이며 이중 10여명이 지인이 알려준 스님과 성姓이 같다는 사실을 확인했기 때문이다. 본인을 만나 인터뷰한 것이 아니므로, 이 책에서는 지인에게서 들은 그 스님에 대한 이야기를 전한다.

### 「私は慶尚道出身」という僧侶たち

ここからは現場で取材した話を紹介したい。先に記したように事前調査は行ったが、実際に善光寺で新羅渡来人の子孫を自任する僧侶に会うことはできなかった。その人が住んでいるという家を調べて訪れ、呼び鈴を何度も鳴らし、数時間後に再び訪れたが不在だった。結局会えずに帰らなければならなかった。

だからといって全く成果がなかったわけではない。善光寺で入手した資料を調べると、寺の僧侶は全部で38人で、このうち約10人が知人が教えてくれた僧侶と姓が同じだいう事実を確認したからだ。本人に会ってインタビューしたわけではないため、この本では知人から聞いたその僧侶についての話

"스님 본인이 신라에서 건너온 도래인의 후예라고 했습니다. 신라계 84대손으로 일본에서 산 지 1600년 됐으며, 가문 대대로 내려오는 족보가 있다고 했습니다. 스님이 농담처럼 '나는 경상도 대구사람'이라 할 정도로 한국에 대해 친근감을 갖고 있었습니다."

이 지점에서 의구심이 생기게 된다. 선광사는 백제와 관계가 깊은 절이다. 문헌대로라면 소가 씨 등 백제 도래인들은 당시 신흥종교인 불교를 일본에 갖고 들어오려 했고, 모노노베 씨 등 신라 도래인들은 이를 막으려고 했던 폐불파이자 백제계의 정적이었다. 불교전래를 둘러싼 소가-모노노베蘇我·物部 대립은 일본 역사에서도 꽤 유명한 이야기다. 그럼에도 불교를 반대한 신라계가 어찌하여 선광사 스님이 되어 있는 것일까.

이와 연관되는 수수께끼가 선광사에 남아 있다. 본당 내진內陣에 우뚝 솟아 있는 '수옥주守屋柱'라는 기둥이다. 수옥守屋은 일본어로 모리야로 발음되는 데, 이 인물은 587년에 소가 씨와의 불교전쟁에서 패배한 모노노베 가문 사람이다. 어쩌면 이 기둥이 모노노베 가문의 생존을 말해주는 건 아닐까, "나는 경상도 사

を伝える。

「僧侶本人が新羅から渡ってきた渡来人の子孫だといいました。新羅系84代の子孫で日本に住んで1600年になり、一家代々に伝わる家系図があるそうです。僧侶が冗談のように「私は慶尚道の大邱の出身」と言うほど韓国に親近感を持っていました」

ここで疑問が浮かんだ。善光寺は百済と関わりの深い寺だ。文献通りなら蘇我氏など百済の渡来人は当時新興宗教である仏教を日本に持ち込もうとし、物部氏など新羅の渡来人はこれを防ごうとした廃仏派で百済系の政敵だった。仏教伝来を巡る蘇我—物部の対立は日本の歴史でもかなり有名な話だ。それなのに、仏教に反対した新羅系がどうして善光寺の僧侶になっているのだろうか。

これに関する謎が善光寺に残っている。本堂内陣にそびえる「守屋(もりや)柱」という柱だ。この人物は587年に蘇我氏との仏教戦争で敗北した物部家の人だ。もしかしたらこの柱が物部家の名残を示しているのではないか、

람"이라 말하는 스님과 관계있는 건 아닐까 상상하게 한다.

선광사가 품고 있는 수수께끼는 또 있다. 이 절의 탄생기원인 '아미타여래불상'이다. 바로 백제 성왕이 주었다는 일본국민의 수호불이다. 하지만 이 절 스님들조차 한 번도 본 적이 없다는 비밀의 불상이다. 단지 그걸 모방해서 만들었다는 가마쿠라시대(1192~1333)의 청동불상인 '전립본전前立本尊'만이 7년에 한 번씩 일반공개된다. 공개행사 때는 이 가짜를 보려는 사람들로 인산인해, 선광사 경내는 발 디딜 틈조차 없다고 한다.

직역하면 '백제는 없다'라는 뜻을 가진 '구다라나이'라는 일본어가 있다. 여기서 '구다라'의 원뜻은 '큰 나라大いなる國'라는 의미라 한다. 일본인들에게 큰 나라였던 백제, 백제 도래인의 리더인 '선광', 나가노에 선광사가 세워진 진짜 히스토리, 신라 도래인 스님들의 이야기까지 선광사가 품고 있는 엄청난 크기의 비밀상자는 언제쯤 열릴 것인가.

「私は慶尚道出身」と言う僧侶と関係があるのではないかと想像させた。

善光寺を巡る謎はまだある。この寺の誕生起源である「阿弥陀如来像」だ。百済聖王が贈ったという日本国民の守護仏だが、この寺の僧侶すら一度も見たことがないという秘仏だ。ただ、それを模して作ったという鎌倉時代(1192～1333)の青銅製の仏像、「前立本尊」だけが7年に1回ずつ一般公開される。公開行事にはこの偽物を見ようと人々が押し寄せ、善光寺境内は足の踏み場もなくなるという。

「百済はない」という意味を持つ「くだらない」という日本語がある。ここでくだらの元の意味は「クンナラ、(大いなる国)」の意味だったという説がある。日本人にとって大きな国だった百済、百済の渡来人のリーダーの「善光」、長野の善光寺が建てられた本当の物語、新羅の渡来人の僧侶の話まで、善光寺が抱えるとてつもない大きさの秘密の箱はいつごろ開けられるのだろうか。

[인터뷰]

## 오공태 동경한국학교 이사장

오공태吳公太 동경한국학교 이사장은 나가노현에서 나고 자란 재일동포 2세다. 2019년 1월 선광사를 취재할 때, 현장에서 오공태 이사장으로부터 현지 재일동포사회의 사정을 들을 수 있었다.

**Q** 나가노지역 재일동포사회에 대해.

**A** 일제식민지 시대에는 약 3만6천 명 정도의 동포들이 살았습니다. 징용으로 건너온 사람, 먹을거리를 찾아온 사람 등 사연은 각기 달랐으나 다 합치면 그 정도였습니다. 그러던 것이 1945년 8월 해방이 되자 대다수 귀국했고, 남은 동포들이 5000명 정도가 됐습니다. 그 후손들이 오늘날 나가노 재일동포사회를 지탱하는 축이라 할 수 있습니다.

**Q** 나가노는 일본이 끝까지 싸우려던 지역이었다고 하던데요.

**A** 일제식민지 시대에는 마쓰모토라는 곳에 일본군 기지가 있었습니다. 근방에는 군수공장도 많았습

[インタビュー]

## 呉公太·東京韓国学校理事長

呉公太·東京韓国学校理事長(前民団中央本部団長)は、長野県で生まれ育った在日同胞２世だ。呉理事長から善光寺の取材時に現地の同胞社会の事情を聞くことができた。

**Q** 長野地域の在日同胞社会について。

**A** 日本の植民地時代には約３万6000人程度の同胞が住んでいました。徴用されて来た人、食べ物を求めて来た人など事情はそれぞれ違いましたが、全部合わせるとその程度でした。それが1945年８月に解放されるとほとんどが帰国し、残った同胞は5000人程度でした。その子孫たちが今日の長野の在日同胞社会を支える軸だといえます。

**Q** 長野は日本が最後まで戦った地域だったといいますが。

**A** 日本植民地時代に(長野県)松本という場所に日本軍の基地がありまし

니다. 태평양전쟁 말기에는 나가노 마쓰시로松代藩번에 천황을 옹립해 죽을 때까지 일전을 치르겠다고 나선 결사대까지 있었습니다. 그것 때문에 우리 재일동포들이 터널공사에 징용되었고, 그 수가 6~7000명에 달했습니다. 재일동포 1세들은 정말 엄청난 고생을 했었지요.

**Q** 예로부터 나가노에는 도래인들이 많았다고 듣고 있습니다만.

**A** 나가노와 선광사에 백제계만 있다고 하는 건 오해입니다. 옛날부터 여기는 신라사람, 고구려사람도 많이 왔다고 들었습니다. 특히 선광사는 백제불상이 모셔진 곳이고, 한반도의 선조들과도 떼려야 뗄 수 없는 곳입니다. 이래저래 깊은 인연을 느끼고 있습니다.

**Q** 일본인들은 선광사를 왜 죽기 전에 한번은 와봐야 하는 절로 여기는지요?

**A** 이 사찰은 종파가 없습니다. 한국에서의 조계종이나 천태종 등과 같은 구분이 없어요. 그러니까 누구라도 올 수 있는 절, 소에게 끌

た。近くに軍需工場も多くありました。太平洋戦争末期には長野の松代藩に天皇を避難させ、死ぬまで戦おうとした決死隊までいました。そのために在日同胞がトンネル工事に徴用されました。その数が6000〜7000人に達したといいますから、在日同胞1世たちは非常に苦労しました。

**Q** 昔から長野には渡来人が多かったと聞いていますが。

**A** 長野県と善光寺に百済系だけがいるというのは誤解です。昔からここには新羅の人、高句麗の人も多く来たと聞きました。特に善光寺は百済の仏像を持ってきてわれわれの先祖と関係があるため、深い因縁を感じています。

**Q** 日本人はなぜ善光寺を死ぬ前に一度は訪れるべき寺と考えるのでしょうか？

**A** この寺は宗派がありません。韓国の曹渓宗や天台宗というような区分がありません。ですから誰でも行ける寺、牛に引かれても行くべき寺なのです。そのよ

려서라도 와야 하는 절이죠. 그런 면에서 일본에서도 흔치 않은 대단히 개방적인 절이라 할 수 있습니다.

**Q** 2천년의 한일교류사, 긴 역사의 흐름으로 볼 때 지금의 냉각기는 이례적인 상황이 아닌가요?

**A** 맞습니다. 도래인들은 한반도에서 먼저 건너온 사람들이고, 우리(지금의 재일동포들)는 제일 마지막에 일본에 온 사람들이죠. 한국과 일본관계가 나쁜 건 바람직하지 않은 일입니다. 제 눈에 두 나라 사람들은 같은 민족이에요. 바로 옆 나라에 살면서 사이좋게 지내야죠. 지금은 양국 정부 간 관계가 좀 불편해보이지만, 충분히 극복할 수 있다고 생각합니다.

うな面で日本でも珍しい開放的な寺といえます。

**Q** 2000年の韓日交流史、長い歴史の流れから見て現在の韓日関係の冷え込みは異例の状況ではないでしょうか？

**A** その通りです。渡来人たちは朝鮮半島から先に渡ってきた人々で、われわれ(現在の在日同胞)は一番最後に日本に来た人々です。韓国と日本の関係が悪いのは望ましくないことです。私にとって両国は同じ民族です。すぐ隣の国に住んでいるのに、仲良くしなければなりません。今は(両国政府間)関係がこじれていますが、十分に克服できると考えています。

## 에필로그

# 백문불여일견, <왔소>를 보러 오이소!

오사카 한복판에서 울려 퍼지는 우렁찬 우리말 함성~

"왔소~", "왔소~".

"어서 오이소"를 "왔소"로 축약, 축제 이름에 그대로 투영한 〈왔소〉.

〈왔소〉는 재일동포가 만든 역사한류歷史韓流 페스티벌이다. 신라부터 조선까지 역사 속 한반도 7개국 도래인들이 일본과 교류하는 장면을 재현한 무대다. 도래인들이 일본의 옛 수도, 오사카의 영빈관(사천왕사)에 행차하는 장면을 퍼레이드로 만날 수 있다.

이 상상 같은 이야기를 축제로 구현한 주역은 한국계 금융기관인 오사카흥

## あとがき

# 百聞は一見に如かず、「ワッソ」を見にいらっしゃい！

大阪の中心に響き渡るパワフルな韓国語の掛け声。

「ワッソ」「ワッソ」

「こちにオイソ（来て）」を意味する「ワッソ」を、そのまま祭りの名前に反映した。

「ワッソ」は在日同胞がつくった歴史韓流フェスティバルだ。新羅から朝鮮まで朝鮮半島７カ国の渡来人が日本と交流する様子を再現した。渡来人が日本のかつての首都、大阪の迎賓館（四天王寺）へ向かう様子をパレードで見ることができる。

無茶すぎるように思えるこの祭りを

은(大阪興銀, 훗날 간사이흥은)이었다. 흥은의 창립자인 고 이희건李熙健 신한은행 명예회장을 비롯한 재일동포 1, 2세들이다. 이들이 1990년에 〈왔소〉를 만든 이유는? 일본 땅에 살아갈 우리후손들에게 '민족적 자긍심'을 심어주어, 한국인으로 당당하게 살아가길 바라는 간절함의 발로에서다. 자기가 어느 나라 사람인가, 정체성의 혼란을 겪었던 본인들의 아픔을 물려주고 싶지 않았기 때문이다.

참가학교 30개, 참여단체기업 30개, 스텝 1300명, 관람객 5만 명.

2018년도 〈왔소〉의 실적이다.

흥은 시대에는 더 화려했다. 스텝 4000명과 46만 명의 관람객이 오사카 타니마치스지谷町筋를 가득 메웠다. 그에 비해 초라해진 것 같지만, 지금도 결코 작지 않은 규모다.

해외동포들이 협동해서 만든 축제중 이토록 대규모의 대중을 설득해낸 축제가 또 있을까? 한 해도 빠짐없이 출연자로, 코치로, 그리고 자원봉사자로... 구석구석에서 묵묵하게 축제를 지탱하는 이들이 적지 않다. 〈왔소〉를 빛나게 하는 또 다른 요소는 한국과 일본시민들이 자

実現させた主役は、韓国系金融機関である大阪興銀(後の関西興銀) だった。興銀の創立者、故李熙健・新韓銀行名誉会長をはじめとする在日同胞１、２世だ。彼らが1990年に「ワッソ」をつくった理由は？日本で暮らしていくわが子孫に「民族的自負心」を植え付け、韓国人として堂々と生きていくことを願う思いからだった。また、自分はどこの国の人なのか、そんなアイデンティティーの混乱を次世代に引き継がせたくなかったからだ。

参加学校３０校、参加団体・企業30、スタッフ１300人、観覧客５万人。

2018年「ワッソ」の記録だ。

興銀時代はもっと輝かしかった。スタッフ4000人と観覧客４６万人が大阪の谷町筋を埋め尽くした。それに比べ、現在はみすぼらしくなったように映るが、現在も決して小さくない規模だ。

海外同胞が力を合わせてつくった祭りが、これだけの大規模の大衆を説得した祭りが、ほかにあるだろうか。毎年欠かさず、出演者として、コーチとしてそしてボランティアとして……隅

발적인 참여로 만들어가는 순수성이다. 상대국을 존중하는 양국 국민들이 함께 손에 손을 잡고 만드는 화합의 축제 한마당이다.

일본 땅 한복판에서 펼쳐지는 우리축제 〈왔소〉.

그 속에 담겨있는 이야기들은 한국과 일본의 역사이자, 재일동포들의 자긍심이다. 해마다 11월 첫째 주 일요일, 오사카 나니와궁터에서 되살아나는 한일교류의 역사. 한나절 구경하는 것만으로, 천년을 넘게 이어온 한일의 역사를 익힐 수 있다니, 놀랍지 아니한가.

백문불여일견(百聞不如一見).

〈왔소〉를 보러 오이소(OISO)!!!

々で黙々と祭りを支える人は少なくない。「ワッソ」を輝かせるもう一つの要素は韓国と日本の市民が自発的な参加でつくっていく純粋さだ。相手国を尊重する両国国民が共に手を握ってつくる和合のフェスティバルだ。

日本の大都市で行われるわが祭り「ワッソ」。

その中に盛り込まれている物語は韓国と日本の歴史であり、在日同胞の自負心だ。毎年11月第1週目の日曜日、大阪の難波宮跡でよみがえる韓日交流の歴史。半日観覧するだけで、千年以上続いてきた韓日の歴史を振り返ることができるから、驚かざるを得ない。

百聞は一見に如かず、「ワッソ」を見にいらっしゃい！

〈왔소〉를 보러 오이소(OISO)!

# 韓流축제의 再발견
# 왔소에 오이소~

**발행일** 2019년 4월 2일
**발행처** 統一日報
**발행인** 강창만
**기 획** (재)이희건한일교류재단
**지은이** 이민호
**번 역** 최민서
**펴낸곳** 통일일보
**주 소** 서울 종로구 삼일대로 461 SK허브 101동 713호
일본국 도쿄도 미나토구 모토아카사카 1-7-4
**연락처** 02.725.4161 ggilsan0@naver.com
**사이트** www.lhkef.or.kr
**디자인** 디자인죠셉
**편 집** 박요셉, 현애정
**등 록** 1990.05.14. 제300-1990-81호
**스태프** 김명신, 이명, 이민호, 최민서

ISBN 978-89-967807-3-1


• 이 책은 (재)이희건한일교류재단의 후원으로 발간되었습니다.